三聯學術

# 铸典宣化

"文明等级论"之下的"旧邦新造"

Proclaiming Civilisation by Forging Constitutions

章永乐 著

生活·讀書·新知 三联书店

Copyright © 2024 by SDX Joint Publishing Company.
All Rights Reserved.
本作品版权由生活·读书·新知三联书店所有。
未经许可，不得翻印。

**图书在版编目（CIP）数据**

铸典宣化："文明等级论"之下的"旧邦新造"/ 章永乐著. -- 北京：生活·读书·新知三联书店，2024. 9. -- ISBN 978-7-108-07870-4

Ⅰ. D693.2

中国国家版本馆 CIP 数据核字第 2024ZC5520 号

| | |
|---|---|
| 责任编辑 | 钟　韵 |
| 装帧设计 | 薛　宇 |
| 责任校对 | 陈　格 |
| 责任印制 | 李思佳 |
| 出版发行 | 生活·讀書·新知 三联书店 |
| | （北京市东城区美术馆东街 22 号 100010） |
| 网　　址 | www.sdxjpc.com |
| 经　　销 | 新华书店 |
| 印　　刷 | 三河市航远印刷有限公司 |
| 版　　次 | 2024 年 9 月北京第 1 版 |
| | 2024 年 9 月北京第 1 次印刷 |
| 开　　本 | 880 毫米 × 1092 毫米　1/32　印张 8.75 |
| 字　　数 | 180 千字 |
| 印　　数 | 0,001 – 5,000 册 |
| 定　　价 | 69.00 元 |

（印装查询：01064002715；邮购查询：01084010542）

献给亡友刘海波

他说：自成体系，自建光荣

# 目 录

绪论 作为"文明"事业的立宪 1
    一 立宪、国家组织力与文明 8
    二 世界大战的冲击与"20世纪之宪法"观念的兴起 30
    三 "文明"的话语与"中国式现代化" 40

第一章 大国协调、文明等级论与立宪 45
    一 维也纳体系及其全球扩展 47
    二 殖民秩序与"文明等级论"的引入 69
    三 立宪与"文明" 90
    四 余论 98

第二章 激辩《明治宪法》 101
    一 为何以日为师：梁启超的理由 104
    二 出洋考察大臣奏折中的"立宪"与"文明" 125
    三 立宪、革命与文明：革命派的论述 139
    四 余论 158

第三章 世界大战与"文明"观念在中国的渐变 163
    一 德国作为典范："一战"前的论述 166

二　战争初期的德国形象　180

　　三　战争局势与舆论之渐变　192

　　四　战后世界的"文明"观念　205

　　五　余论　217

第四章　渡河之舟　223

　　一　"20世纪之宪法"观念的生成　230

　　二　"20世纪之宪法"观念的时代影响　238

　　三　新宪法与新文明　252

　　四　余论　260

后　记　267

# 绪论　作为"文明"事业的立宪

　　光绪三十二年七月（1906年9月），清政府以光绪皇帝名义颁布《宣示预备立宪先行厘定官制谕》，宣示"预备立宪"正式开始。诏书认定"各国之所以富强者，实由于实行宪法，取决公论，君民一体，呼吸相通，博采众长，明定权限"，宣示"参用各国成法，妥议立宪实行期限，再行宣布天下，视进步之迟速，定期限之远近"。[1]诏书颁布后，北京、上海、天津、江苏、南京、无锡、常州、扬州、镇江、松江等地都举行了立宪庆贺会，《申报》报道称："海内士夫……莫不奔走相告，额手相庆曰：中国立宪矣，立宪矣，转弱为强，萌芽于此。"[2]当年11月25日，北京各学堂师生万人集会于京师大学堂，庆祝"预备立宪"及慈禧太后寿辰；扬州商学界还创作了《欢迎立宪歌》，歌词中有："运会来，机缘熟，文明输灌真神速。天语煌煌，奠我家邦，强哉我种黄。"[3]

　　1908年7月24日，在青年土耳其党人的压力下，土耳

---

[1]《宣示预备立宪先行厘定官制谕》，故宫博物院明清档案部编：《清末筹备立宪档案史料》（上册），中华书局1979年版，第43、44页。
[2]《论报馆恭祝立宪》，《申报》1906年9月16日。
[3]《各省新闻：商学界欢迎立宪歌》，《北洋官报》1906年第1133册。

其苏丹阿卜杜勒·哈米德二世宣布恢复1876年宪法。这一消息使土耳其臣民欢腾不已。当年7月下旬到访伊斯坦布尔的康有为，写下华丽的诗句，描述土耳其臣民当时的狂欢场景："百夫挝鼓吹笳悲，千夫塞巷拥马嘶。万户舞破半月旗，倾城士女酣歌嬉。大呼万岁祝主釐，公园灯火不掩扉。拥观演说百千围，鼓掌拍破管鼓徽。烟火射争星月辉，释囚破狱会逢稀。十日大酺何淋漓，苏丹视巡盛銮仪。金幢羽葆校尉靡，折槛阑宫民纵娱。警卒立仗不敢讥，国民欢舞千载期。"[4]

无论是1906年的中国，还是1908年的土耳其，臣民对于立宪的热情，都具有极其复杂的来源。在今天，"立宪"被广泛理解为以宪法制度规范统治者的权力、保障臣民/公民权利的事业。但如果仅仅在"统治者"与"被统治者"的二元框架中，将立宪解释为臣民/公民向统治者争取权利的运动，并不足以充分理解像近代中国与土耳其这样的半殖民地国家的近代立宪。对于当时中国和土耳其街头欢庆的臣民而言，还存在一种比本国统治者更为强大的力量，那就是在当时中国知识界被称为"民族帝国主义"的殖民帝国——正是清王朝和奥斯曼帝国的统治者面对列强入侵不断丧权辱国，使得本国的传统统治方式在臣民眼中丧失了原有的权威，臣民才将眼光投向列强的政治组织方式，尤其是期待通过模仿后者制定成文宪法，克服本国积贫积弱的局面，在国际秩序

---

[4] 康有为：《欧东阿连五国游记》，姜义华、张荣华编校：《康有为全集》（第八集），中国人民大学出版社2007年版，第453页。

中获得更有尊严的地位。1906年扬州商学界的《欢迎立宪歌》将模仿列强进行立宪称为"文明输灌",体现出一种自居弱势地位并渴求承认的心态。

近代中国与土耳其的"立宪"运动试图创制的,并非一般意义上的政治制度,而是成文宪法。绝大部分延续到近代的区域性文明都具有成文法的传统。1906年,在朝野热议"立宪"之时,御史刘汝骥曾上书慈禧太后,论述"我国固立宪之祖国也",并不需要从外部引进宪法。[5] 刘汝骥将《尚书》中的"二典"(《尧典》《舜典》)、"三谟"(《大禹谟》《皋陶谟》《益稷》)、夏书、商誓,以及《周礼》和《春秋》,视为中国古代的宪法文献。清廷当年颁布的《宣示预备立宪先行厘定官制谕》也宣示"我朝自开国以来,列圣相承,谟烈昭垂,无不因时损益,著为宪典"。[6] 不过,上述文本中提到的文献虽然具有成文的形态并记载了某种立国精神,但都很难在严格意义上等同于西方近代发展出来的成文宪法。全面记载国家机关运作之规范与臣民基本权利的成文宪法,确非中国首创。晚清立宪运动面对的首要问题是:制定成文宪法对于中国究竟有什么益处?其次是:中国需要选择何种宪法模式?而要理解时人对于这两个问题的回应,从根本上需要我们对成文宪法的全球传播进程进行深入考察。

近代以来,成文宪法加速在西方内部传播,并深刻

---

[5]《御史刘汝骥奏请张君权折》,故宫博物院明清档案部编:《清末筹备立宪档案史料》(上册),第108页。

[6]《宣示预备立宪先行厘定官制谕》,故宫博物院明清档案部编:《清末筹备立宪档案史料》(上册),第43页。

影响到全球各区域。英国帝国史与全球史学者琳达·科利（Linda Colley）的近著《枪、船与笔》（*The Gun, the Ship, and the Pen*）进一步发展了查尔斯·蒂利（Charles Tilly）等学者对于战争与国家建设（state building）之间关系的历史社会学理论，从战争与宪制关系的角度，提炼和考察了成文宪法在近代世界加速传播的具体机制：战争规模的扩大和战争方式的不断升级，带来了巨大的财政开支和对人力资源的征用，由此引发的社会压力和政治矛盾，在一些国家引发了深刻的政治变革，法国大革命尤为引人瞩目，在这场革命中，旧贵族的统治被推翻，规范国家权力运作与保障臣民权利的成文宪法获得推行，国家的汲取能力（extractive capacity）与强制能力（coercive capacity）都实现了飞跃，由此释放出的战争力量对其他国家造成的压力，又进一步促进了新的政治模式的传播。许多国家的统治者认识到，制定成文宪法，赋予臣民一定的自由与权利保障，可以起到一种塑造政治认同的作用，从而更有效地加强财政汲取和军事动员，确保臣民能够为国家提供充足的兵源与财源，加强国家组织化，以更有效地参与国际竞争。在这一时代背景下，即便是官方奉行"不成文宪法"的英国，也有不少精英人物将其中世纪的法律文件《大宪章》（*Magna Carta*）论证为成文宪法，从而论证英国是一个具有成文宪法传统的国家[7]；边沁（Jeremy Bentham）等英国精英还积极为非西方国家撰写

---

[7] Linda Colley, *The Gun, the Ship, and the Pen: Warfare, Constitutions, and the Making of the Modern World*, Liveright, 2021, pp. 84–88.

宪法草案。[8]

琳达·科利为成文宪法的全球传播与接受提供了极具启发性的机制解释，特别是指出战争及其动员机制在其中所发挥的作用。不过，近代非西方国家的现代化进程是在强大的西方主导的国际体系的压力之下启动的，西方列强在侵入非西方地区时，带来的不仅是水平更高的组织化暴力和经济扩张、渗透能力，还有一套将西方既有实践论证为"文明"的强大话语。在军事和经济的成功之下，"文明"的话语具有越来越强大的影响力，使得许多非西方国家的精英对自身社会的传统组织方式产生深刻的自我怀疑，认为这些组织方式不仅缺乏实效，而且是文明程度低下，甚至"野蛮"的。这种自我怀疑和自我批判带来的是对西方列强"文明的标准"的内化，以及根据"文明的标准"进行自我改革的种种努力。琳达·科利的著作多处提到"文明"的概念，但并未对"文明"的话语在成文宪法传播中所发挥的中介作用进行充分解释。《枪、船与笔》对于中国的研究更显薄弱，该书虽然从康有为对1908年青年土耳其党人恢复1876年宪法的观感开始论述，但并没有真正展开对中国近代"立宪"道路、观念与话语的探讨。

美籍华人学者江文汉（Gerrit W. Gong）1984年出版的具有广泛影响力的著作《国际社会中的"文明"标准》（*The Standard of "Civilization" in International Society*）从国际法

---

[8] Linda Colley, *The Gun, the Ship, and the Pen: Warfare, Constitutions, and the Making of the Modern World*, pp.179–181.

史的角度,对源于近代欧洲的"文明"话语进行了深入研究,其第五章专门讨论了近代中国与"文明"标准之间的复杂关系,在问题意识上具有相当的启发性,其论述已经揭示了近代中国法制变革背后对国际平等、消除领事裁判权的追求,但并没有对清末民初成文宪法制定的观念与实践展开讨论。[9]

在21世纪初,国内法学界出现了一系列研究,探讨近代中国的"立宪"观念与"富强"观念之间的关系,其侧重点在于批评宪法在近代中国成为国家追求富强的工具,因而偏离了保障人权和限制权力的西方立场。[10]亦有主张认为追求富强并非由于认识不到位,而是因为民族危机的深重,不得不然。[11]而另外一些作品指出,近代中国对于"富强"的追求,一度是通过"文明"这一观念的中介,而"文明"话语本身是东西方列强面对中国时所使用的共同话语,并得到了相当一部分中国知识分子的接受和追随。[12]将"文明"

---

[9] Gerrit W. Gong, *The Standard of "Civilization" in International Society*, Oxford University Press, 1984.
[10] 王人博:《宪政的中国语境》,《法学研究》2001年第2期;王贵松:《中国宪政为何难实现——宪政与富强、民主、文明之关系的历史思考》,《杭州商学院学报》2002年第6期;门中敬:《中国富强宪法的理念传承与文本表征》,《法学评论》2014年第5期。
[11] 张晋藩:《中国宪法史》,吉林人民出版社、人民出版社2011年版,第12页。
[12] 如黄兴涛:《晚清民初现代"文明"和"文化"概念的形成及其历史实践》,《近代史研究》2006年第6期;许纪霖:《从寻求富强到文明自觉——清末民初强国梦的历史嬗变》,《复旦学报(社会科学版)》2010年第4期;赖骏楠:《十九世纪的"文明"与"野蛮"——从国际法视角重新看待甲午战争》,《北大法律评论》第12卷第1辑,(转下页)

观念引入讨论具有重要意义，不仅有助于理解近代历史，也有助于在当代语境之下，思考现行宪法与"社会主义核心价值观"中的"富强"与"文明"两个"标识性概念"之间的关系。在研究路径上，本书非常赞同将近代历史行动者的意义世界置于优先地位，但同时认为，对于"立宪"与"文明"观念之间关系的考察，也需要引入上文琳达·科利的研究所展示的全球史眼光，将"文明"观念与话语置于近代资本主义全球化、殖民扩张与被压迫民族的反抗的语境之中进行深入探讨，并从中国在全球殖民体系中的位置出发，理解近代中国精英的思考路径。

在思想史和社会理论领域，汪晖的《世纪的诞生》[13]在全球秩序变迁的语境中，探讨了近代中国所遭遇的时、空两个维度的革命，阐述"世纪"的观念如何应运而生，为理解时人对时势变化的回应提供了一个新的叙事框架。《世纪的诞生》对于"19世纪"与"20世纪"之分如何在中国语境中出现和演变的探讨，可以启发进一步的提问：宪法思想领域的"19世纪"与"20世纪"之分，究竟是如何出现的？而对这一问题的探讨，恰恰通向对于近代"立宪"与"文

---

（接上页）北京大学出版社2011年版；赖骏楠：《清末立宪派的近代国家想象：以日俄战争时期的〈东方杂志〉为研究对象（1904—1905）》，《中外法学》2018年第4期；金欣：《中国立宪史上的"宪法-富强"观再探讨》，《交大法学》2018年第1期；郑晓岚：《林译〈斐洲烟水愁城录〉尚"力"文明话语的修辞建构》，《福州大学学报（哲学社会科学版）》2017年第4期；王鸿：《辛亥革命前十年间的"文明"观念》，《史林》2022年第3期；王鸿：《文野之辨：晚清"文明"观念研究》，华东师范大学历史学系2000年博士论文。

[13] 汪晖：《世纪的诞生》，生活·读书·新知三联书店2020年版。

明"观念之间关系的深入反思。渠敬东《作为文明研究的社会学》则回顾了近代以来中西方学人回应"文明"和"文明化"进程而产生的社会理论的谱系,并倡导"将中国的现代化探索从学理层面上升到人类根本处境的高度"。[14] 两位前辈学者的探索,对于本书有很大程度的启发。不过,近代中国"立宪"观念与"文明"观念的关系,究竟具有何种具体的形态,仍是有待深究之议题,从而为本书的探索留下了空间。

综上所述,深入探讨"文明"话语与成文宪法传播之间的关系,从根本上需要一种贯通国际体系与国内秩序、国际法与宪法的理论视野,在这一视野中,宪法不仅仅是一国之内不同政治力量互动的产物,更是一个国家自我整合以参与全球互动的中介环节。本书试图从既有研究的"薄弱环节"入手,在国际体系变迁的背景之下,探讨近代世界的"文明等级论"与近代中国的"立宪"观念/话语之间的关系,进而思考第一次世界大战带来的国际体系与国际法的剧变如何推动中国国内宪法观念与话语的范式转换。

## 一 立宪、国家组织力与文明

"文明"是古汉语中的固有词。就词源而言,"文"意味着纹理、花纹,而缺乏纹理、纹饰的粗朴状态,被称为"质"。从"文"的这种本义,后来衍生出礼节、仪式、制度、文字、文章、文献、经典乃至道德的含义。而"明"意味着光亮,或照明,与"离"卦相关联,"离"卦象为火,

---

[14] 渠敬东:《作为文明研究的社会学》,《中国社会科学》2021年第12期。

故指向光明。《周易·离卦·象传》更有云:"离,丽也;日月丽乎天,百谷草木丽乎土,重明以丽乎正,乃化成天下。""明"在"光明"的基础上,进而衍生出彰显、完备之义。而"文"与"明"的连用,出现在《周易·贲卦·象传》之中:"刚柔交错,天文也;文明以止,人文也。观乎天文以察时变,观乎人文以化成天下。"天之四时运行所呈现出的经纬交错的纹理,谓之"天文",而人类社会的"文",谓之"人文"。唐代经学家孔颖达疏"文明以止"曰:"用此文明之道,裁止于人,是人之文、德之教。"《周易·乾卦》中有"见龙在田,天下文明",孔颖达将此处的"天下文明"解释为"天下有文章而光明",又疏《尚书·舜典》中的"濬哲文明,温恭允塞"如下:"经天纬地曰文,照临四方曰明。"由此可见,"文明"是对"文"的彰显,而"人文"是通过观照"天文"形成与展开的,其核心在于文德与教化。而中国古代"文明"概念对于"化成天下"的强调,在空间上可谓至大无外,和欧洲"文明"(civilisation)一词在词源上与"城市"的根本关联,形成鲜明对比。

在中国古代,"文"与"明"也是评价领导人品质的关键词。《逸周书·谥法解》释"文"曰:"经纬天地曰'文',道德博厚曰'文',勤学好问曰'文',慈惠爱民曰'文',愍民惠礼曰'文',锡民爵位曰'文'。"可见"文"的重点在于文德教化。《谥法解》释"明"曰:"照临四方曰明,潜诉不行曰明。"[15] 所谓"潜诉不行",是指谗毁攻讦的现象得

---

[15] 黄怀信:《逸周书校补注译》,西北大学出版社1996年版,第288—289页。

到有效遏制，体现领导者的明察，亦凸显文德。前燕开国皇帝慕容皝、北魏临朝称制的冯太后都获得过"文明"这一谥号。中国古代典籍中"文明"两字连用的例子更是汗牛充栋，通常用以凸显"文德辉耀"或"文教昌明"的意涵。

明末清初文学家李渔的《闲情偶寄》中曾出现"若因好句不来，遂以俚词塞责，则走入荒芜一路，求辟草昧而致文明，不可得矣"[16]，这一用法，常被今人视为一种接近现代"文明"意涵的用法。但李渔是在戏剧创作的语境中对比"草昧"和"文明"，二者指向写作的两种境界，而非特定的社会发展阶段。中国古代的"文质相复"史观本身更是与线性的历史进步论具大相径庭。《论语·雍也》有云："质胜文则野，文胜质则史。"在这一语境中，野蛮与文明都具有某种相对性，关键在于"质"与"文"之间的比例关系。"文明"并不能保证军事上的绝对优势，礼乐文教完备的中原王朝，也有极大的可能被"质胜文"的游牧渔猎民族打败。清代君主目睹八旗兵入关后战斗力的迅速下降，于是刻意将东北的索伦部（大体包括今鄂温克族、达斡尔族和鄂伦春族）保持在渔猎状态，以从中产生彪悍的战士"索伦兵"，作为八旗的王牌部队，可谓对于"文质相复"原理的积极运用。但即便是打败了中原王朝的游牧渔猎民族，也不会仅仅因为其军事战绩，而获得"文明"的声誉。

以"文明"一词来对译具有线性历史观意涵的

---

[16] 李渔著、郁娇校注：《闲情偶寄》，江苏凤凰文艺出版社2019年版，第62页。

civilisation，首见于近代来华传教士。来自普鲁士的新教传教士郭实腊（Karl Friedrich August Gützlaff）于19世纪30年代在华编写《东西洋考每月统记传》时，以"文明"对译civilisation，但在当时并没有在中国知识界产生显著影响。"文明"与civilisation之间对位关系的定型，是近代日本知识风气影响的结果：明治时期日本知识界以"文明"或"开化"翻译civilisation，其集大成者即为福泽谕吉的《文明论概略》，这一译法在甲午战争之后，被越来越多的中国知识分子接受。而明治时代的日本也努力地向西方列强证明自己是一个符合西方标准的"文明国家"，并最终成功地跻身于列强行列。于是，19世纪西方的主流文明观，经过日本的中介和示范作用，在中国产生了巨大的影响，其高峰期恰在19、20世纪之交到"一战"爆发之间。

在欧洲，用以指称人类社会进步的总体状态的civilisation一词，最早出现于1757年法国重农学派作者米拉波侯爵（Victor de Riqueti, Marquis de Mirabeau）所作的《人类之友或人口论》（*L'ami des hommes: ou Traité de la population*）之中[17]，在英语世界则首次出现于苏格兰思想家亚当·弗格森（Adam Ferguson）1767年出版的《论文明社会史》（*An Essay on the History of Civil Society*）之中。civilisation源于拉丁语词civitas（城邦形态的政治共同体）和civis（公民）。在诞生之初，civilisation与一个礼仪端庄的城市社会关联在

---

[17] 关于米拉波侯爵对"文明"一词的用法，参见高毅：《浅论"文明"概念的原始内涵及其现实意义》，《全球史评论》2023年第1期。

一起，尤其与宫廷有密切的关系[18]，因而从词源上看，就具有一种空间上的分隔和等级性。相比之下，古汉语中的"文明"并不具备这种空间上的分隔和等级性的意涵，且因其与"离"卦的关联，而具有打破界限，"化成天下"的意涵。而当civilisation与"野蛮"形成两极的时候，实际上就产生了一种对人类社会总体成果的评价尺度。

到了19世纪下半叶，欧洲的著述家已经按照"进步"（progress）乃至"进化"（evolution）的先后顺序，以生产方式（渔猎、游牧、农业、工商业）与政治组织方式为线索，建立了一个"文明等级"论述，将不同的民族和国家置于一条时间线的不同位置，区分出"文明"、"半文明"与"野蛮"。"文明国家"居于最高等级，构成所谓的"国际大家庭"（the family of nations）或"国际社会"（international society）。自近代以来，这个特权俱乐部的自我认同，经历了从"基督教世界"（Christendom）扩展到"西方"（West），再扩展到"文明国家"（civilised states）的过程。"西方"可以包含基督教和其他宗教信徒乃至无神论者，而"文明国家"又可以比"西方"更具包容性，处于西方之外的"半文明国家"在理论上可以通过遵循西方列强所设定的"文明的标准"（Standard of Civilisation），晋身于"文明国家"。然而"文明的标准"究竟有哪些内容，其实并没有一锤定音的说

---

[18] 关于"文明"的概念与宫廷礼仪的关系，参见〔德〕诺贝特·埃利亚斯：《文明的进程：文明的社会起源和心理起源的研究》，王佩莉、袁志英译，上海译文出版社2009年版。

法，后来的研究者可以从形形色色的话语中，提取一些比较常见的内容，如充分保障"文明国家"侨民的生命、自由与财产，履行在欧洲国际法之下做出的有约束力的承诺，等等。[19]但19世纪下半叶的历史行动者往往只有一种比较模糊的判断，即需要将欧洲列强与美国作为"文明"的典范加以模仿，但究竟应当模仿什么内容，往往又是见仁见智的。在此背景下产生了明治日本的"鹿鸣馆外交"——日本外交官在特意建设的欧式建筑"鹿鸣馆"（Rokumeikan）之中，穿洋装，以西洋礼仪来与西洋人交往，试图通过展示"欧化"的决心来获取西洋各国的承认。

但即便"文明的标准"的内容在具体历史语境中往往是模糊的，我们可以确定的是，19世纪欧洲对于"文明"的主流理解与儒家对于"文德"的推崇有很大的精神差异。被殖民帝国支配的弱势国家和民族从自身的弱势位置出发，不难发现，不管殖民帝国为"文明"提供了多少道德与宗教光环，"文明"仍在极大程度上指向一个社会自我组织、参与群体竞争并获得承认的能力。不同社会组织化程度的高下，集中体现为其战争的能力。英国国际法权威学者维斯特莱克（John Westlake）公开将一个国家政治组织是否符合"文明国家"标准的关键指标设定为组织起来自我防卫的能力。[20]而这一立场很容易得出这样的推论：一个国家如果在自我防卫的战争中失败，失败本身就证明其"文明程度"不足，于

---

[19] Gerrit W. Gong, *The Standard of "Civilization" in International Society*, p.24.
[20] John Westlake, L. Oppenheim ed., *The Collected Papers of John Westlake*, Cambridge University Press, 1914, pp.2,103.

是不仅是"落后就要挨打",而且是"挨打证明落后""落后证明该挨打"。这一逻辑在西方列强对广大殖民地、半殖民地的征服之中广泛存在,甚至20世纪30年代意大利对于非洲阿比西尼亚的侵略,也诉诸类似的逻辑。[21]

欧洲殖民者的"挨打证明落后""落后证明该挨打"的逻辑,与工业革命带来的自信有着极大的关系。罗马帝国曾被游牧的蛮族所征服,在工业革命之前,欧洲保留着对于野蛮民族征服文明民族的深刻恐惧。经历工业革命之后,欧洲列强的武器与军事组织方式与其他地方产生了明显的代差,其他社会缺乏动员大量社会财富和人员参加战争的能力,因而在竞争中步步后退。对于工业化的民族而言,在历史上经常打败农耕民族的游牧渔猎民族已经不构成实质威胁。欧洲在军事上的优越感很快转变为对于自己社会组织方式的极大信心。在此背景之下,18世纪启蒙时代欧洲伏尔泰(Voltaire)、魁奈(Quesnay)等"慕华派"思想家对中国的推崇,在工业革命之后几乎荡然无存。以欧洲为文明中心,并将欧洲人之外的族群所组织的社会置于较低文明等级,成为19世纪欧洲通行的认知模式。

"文明等级论"不仅对外将不同的民族与国家纳入"文明""半文明""野蛮"这些不同的等级,以建立起稳定的支配关系,同时也对内给不同的社会阶级乃至种族打上不同"文明程度"的标签,贫穷而缺乏受教育机会的下层阶级,刚被解放不久的黑人奴隶,经常被认为"文明程度"低下,

---

[21] Frank Hardie, *The Abyssinian Crisis*, Batsford, 1974, p. 94.

允许其直接参政反而会降低政治决策的质量。如此，殖民地、半殖民地民族对于殖民帝国秩序的不满，无产者对于有产者的反抗，有色人种对于白人统治的反抗，都可以很容易地被视为"文明程度"低下的人群对文明秩序的攻击。[22]

"文明等级论"在西方的对外殖民过程中获得了广泛的运用，以证明殖民本身并非仅仅为了殖民者的利益，同时也在推进"文明化的使命"。曾在1868—1869年间担任美国驻华公使的劳文罗斯（J. Ross Browne）曾于1869年致信英美在华商人，认为美国是"文明国家"，中国是"低劣国家"，因而"优越者不能进入一种后退的路程去适应低劣者；如果他们之间有任何关系存在的话，这些关系必须基于像较强者可能愿意采取的那种公允条件而存在"。[23] 他认为英美商人应该这样对待中国："在他们能够在文明国家社会中站稳平等立场以前，他们必须停止破坏一切交往；他们必须把国家开放……我们有全权去强迫他们遵守条约的义务。"[24] 如此，所谓"文明国家"对于"低劣国家"的强制，就具有了一种"教化"的意义。

在"文明等级论"影响下，甚至梁启超都曾在1902年做出这样的论断："夫以文明国而统治野蛮国之土地，此天演上应享之权利也。以文明国而开通野蛮国之人民，又伦理

---

[22]〔德〕卡尔·施米特：《罗马天主教与政治形式》，《政治的概念》，刘宗坤等译，上海人民出版社2003年版，第77页。
[23]〔美〕马士：《中华帝国对外关系史》（第2卷），张汇文等译，上海书店出版社2000年版，第479页。
[24]〔美〕马士：《中华帝国对外关系史》（第2卷），第481—482页。

上应尽之责任也。"[25]以近代殖民帝国为尺度,梁启超一度对历史上中国中原王朝不积极对外开拓表示不满,认为满足于分封属国纯属君主好大喜功,只有广泛殖民才能够惠及本国国民。[26]然而,英国的理论家霍布森(John Hobson)在1902年出版的《帝国主义》一书中即以英帝国为例,深入驳斥过所谓高等种族教化低等种族的理论,认为帝国主义者总是为了自己的利益,而非被统治者利益来行事,霍布森尖锐地指出:"在与低等种族打交道的时候,帝国主义的卑劣之处在于,它甚至都不肯装出要把国内教育和进步的原则应用于低等种族的样子。"[27]

19世纪欧洲国际法的理论基础之一,正是"文明等级论":只有"文明国家"才被认为具有完整的国家主权,而"半文明国家"和"野蛮国家"并没有真正的主权可言。剑桥大学的权威国际法学家拉萨·奥本海(Lass Francis Lawrence Oppenheim)在1905年出版的《国际法》(*International Law*)第一版中,将国际法界定为"在文明国家(civilised states)相互交往中被视为具有法律约束力的习惯和条约规则的整体",此后的各个版本维持这个定义,直到劳特派特(Hersch Lauterpacht)修订的1955年的第八版去掉civilised

---

[25] 梁启超:《张博望班定远合传》,张品兴主编:《梁启超全集》,北京出版社1999年版,第799页。

[26] 梁启超:《张博望班定远合传》,张品兴主编:《梁启超全集》,第807—808页。

[27] 〔英〕约翰·阿特金森·霍布森:《帝国主义》,卢刚译,商务印书馆2017年版,第213页。

states这一表述中的形容词civilised。[28]既然"半文明国家"和"野蛮国家"并没有真正的主权,"文明国家"的殖民主义与帝国主义行为,因而也不被认为是侵犯它们主权的。

近代西方主流国际法学家们认为,由于"半文明国家"和"野蛮国家"的法律过于落后,让"文明国家"的公民接受后者的司法管辖是不正当的。而这就带来了对领事裁判权和片面最惠国待遇的合理性的证明。曾出洋考察各国立宪的清廷重臣载泽在1907年这样描述过列强在华领事裁判权如何从管辖本国人延伸到管辖中国人:"顾昔也仅藉口于文明人之身体、财产,惟文明法律始足以治之,而要求设立领事裁判权,今也更进而谓法权不完全之国,不足以自治其人民,且有越俎代谋之渐。于是若英则已于通商口岸更于领事裁判权之上,添置高等按察司矣。美则继起效尤,拟于通商各埠设立高等裁判所矣。其他若德之于青岛,日本之于旅大,特开法院,更无论矣。凡此侵害我法权,即为侵害我主权。"[29]从列强的角度来看,既然中国并不被认为是一个具有完整主权的国家,那么领事裁判权的设立与扩大,

---

[28] Lass Oppenheim, *International Law*, Longmans, Green and Co., 1905, p.3. Lass Oppenheim, *International Law*, Longmans, Green, and Co., 1955, p.4.

[29]《编纂官制大臣泽公等原拟行政司法分立办法说帖》,《东方杂志》1907年第4年第8期。载泽等人的奏折可能参考了御史吴钫前一年进呈的相近主题的奏折,该奏折指出:"中国通商以来,即许各国领事自行审判,始不过以彼法治其民,继渐以彼法治华民,而吾之法权日削。近且德设高等审判司于胶州,英设高等审判司于上海,日本因之大开法院于辽东,其所援为口实者,则以中国审判尚未合东西各国文明之制,故逐越俎而代谋。"《御史吴钫奏厘定外省官制请将行政司法严定区别折》,故宫博物院明清档案部编:《清末筹备立宪档案史料》(下册),第821—824页。

谈不上对中国主权的侵犯。而晚清的司法改革，因此具有一个鲜明的目标：证明中国的法律已经达到列强的"文明"标准，从而取消列强在华领事裁判权。

西方列强既然以自身为"文明"的尺度，在其眼中，以中国为中心的东亚朝贡体系内部的礼法规则，并不构成真正的"法"。列强纷纷以国际法来拆解朝贡体系，如以清廷不直接管理朝鲜、琉球与越南外交与内政为理由，否认中国的宗主权。日本亦仿效西方列强，以国际法为借口，吞并琉球，侵略朝鲜。而随着朝贡体系的崩溃，中国自身也一步步沦为半殖民地社会。士大夫对于中国固有的"大一统"政治传统，信心日益低落。

中国被迫进入一个列国并立的国际秩序，带来的是春秋战国这一古代历史镜像的复兴，以注释和阐述孔子编纂的《春秋》为工作重点的今文经学迎来了一个繁荣时期。[30] 1864年，美国新教传教士丁韪良（William Alexander Parsons Martin）在总理各国事务衙门的支持下，翻译出版了美国国际法学家亨利·惠顿（Henry Wheaton）的《万国公法》（*Elements of International Law*），之后更是大力倡导"春秋国际法"的观念，通过论述类似当代欧洲国际法的规则在中国"古已有之"，推动中国士大夫接受当代欧洲国际法。作为传教士，丁韪良对于国际法的理解，具有强烈的自然法（他翻译为"性法"）色彩。将国际法翻译为"万国公法"，也凸显

---

[30] 对晚清今文经学复兴的研究，参见张广生：《返本开新：近世今文经与儒家政教》，中国政法大学出版社2016年版。

了"公"的观念,在晚清士大夫的"天理世界观"向"公理世界观"的转变过程中,发挥了重要作用。[31]

《万国公法》也在很大程度上影响了今文经学家对于国际法的理解。廖平于1880—1885年间作《公羊春秋补正后序》,将春秋朝聘会盟制度与欧洲列强的会议条约乃至《万国公法》做类比。[32] 1890年,康有为与廖平在广州第一次相见。不久后,康有为及其门人故旧成为晚清最热衷于将格劳秀斯、《万国公法》与孔子、《春秋》相类比的思想群体。康有为在"三世说"(据乱世,升平世,太平世)的框架里探讨世界秩序的演进,将"太平世"的全球一统作为"最终目标",承认中国需要在列国并立的时代,学习西方文明的一系列元素,只不过康有为是"托古改制",认为这些是孔子教导中固有的元素。在流亡之前,康有为及其门人知道《万国公法》的实施是具有等级性的,但仍然认为其具有浓厚的道德性。丁韪良在《万国公法》中译本中将雨果·格劳秀斯(Hugo Grotius)之名译为"虎哥"。[33] 而梁启超、徐仁铸、宋育仁、刘铭鼎、唐才常都在论述中将《春秋》与国际公法关联起来。[34] 徐仁铸称:"西人之果鲁西亚士虎哥等,以匹夫而

---

[31] 汪晖:《现代中国思想的兴起》(下卷 第一部:公理与反公理),生活·读书·新知三联书店2008年版。
[32] 廖平:《公羊春秋补证后序》,郑振铎编:《晚清文选》,上海书店出版社1987年版,第634—635页。
[33] 〔美〕惠顿:《万国公法》,丁韪良译,何勤华点校,中国政法大学出版社2003年版,第5—8页。
[34] 宋育仁:《采风记》,王东杰、陈阳编:《中国近代思想家文库·宋育仁卷》,中国人民大学出版社2014年版,第103页。刘铭鼎之论述,见刘铭鼎:《春秋盟书即今条约考》,宝轩编:《皇朝蓄艾文编》(转下页)

创为公法学，万国遵之。盖《春秋》一书，实孔子所定之万世公法也……"[35]在1897年所作的《读〈春秋〉界说》中，梁启超称"西人果鲁士西亚、虎哥皆以布衣而著《万国公法》"，强调格劳秀斯以"布衣"身份而著公法，类似于孔子以"素王"身份作《春秋》。[36]欧阳中鹄在1899年的一封书信中批评其学生谭嗣同"盖惑于康氏太平世之说，欲如虎哥等以空文维世，不知公法惟强国可用，弱国并不能用，缓急失序，宜致颠蹶"。[37]可见在康有为门下，将"虎哥"与孔子相类比是多么普遍的风气。而欧阳中鹄的批评也表明，谭嗣同等人并没有充分认识到国际法对于弱国的残酷性。

简而言之，在《万国公法》中译本问世后的三十多年里，中国士大夫经常将国际法理解为一套"公理"引导的规则体系，这套规则具有等级性，但如同春秋战国时期的"夷夏之辨"一样，具有内在的道德性。然而，在经受甲午战争冲击，进而阅读严复所翻译的赫胥黎（Thomas Henry Huxley）《天演论》（*Evolution and Ethics*），并接触到日本所

---

（接上页）卷十三《法律》，台北学生书局1965年版，第1241页。唐才常的论述，见唐才常：《公法通义》，谭中清主编：《传世文选·晚清文选（三）》，西苑出版社2009年版，第149—150页；唐才常：《公法学会叙》，尹飞舟编：《湖南维新运动史料》，岳麓书社2013年版，第442—445页。

[35] 徐仁铸：《輶轩今语》，《湘学报》1898年第31册。另见尹飞舟编：《湖南维新运动史料》，岳麓书社2013年版，第284页。
[36] 梁启超：《读〈春秋〉界说》，汤志钧、汤仁泽编：《梁启超全集》（第一集），中国人民大学出版社2018年版，第305页。
[37]《欧阳中鹄复蔚堂（节录）》光绪二十五年五月二十六日，贾维、谭志宏编：《谭继洵集》（下），岳麓书社2015年版，第663页。

转述的国际法之后，不少中国知识分子对于国际法的"公理"想象，逐渐淡去。在中国士大夫从道德的视角来看"万国公法"，试图从中提取某些"公理"之时，日本早已以一种实证主义眼光来看待国际法，将其规则作为工具，侵略台湾、吞并琉球、进占朝鲜。福泽谕吉甚至公开说："百卷万国公法不如数门大炮，数册和亲条约不如一筐弹药。"[38]

同样是出身于春秋公羊学背景，杨度于1904年参加了日本法政大学速成科，修习了法学博士中村进午讲授的国际法课程，其对国际法的理解很快摆脱了前一阶段春秋公羊学家们的认识范式。1907年，杨度在《金铁主义说》中主张："今日有文明国而无文明世界，今世各国对于内则皆文明，对于外则皆野蛮，对于内惟理是言，对于外惟力是视。故自其国而言之，则文明之国也；自世界而言之，则野蛮之世界也。"[39]杨度以国际法为例来说明"野蛮之世界"：一些人从"性法"（即自然法）的概念出发，认为国际法的基础在于"性法"，是真正的法律；而另外一些人认为国与国之上并没有权威裁断纠纷，国际纠纷往往以战争解决，因而国际法不是真正的法。目前"文明国"的国内法以自由、平等为原则，但国际法却以国家的不平等为原则，"若夫一强一弱，则弱者直可谓无言国际法之资格"。[40]这就是说，被归为"半文明"或"野蛮"的国家并不被视为具有主权资格，平

---

[38]〔日〕福泽谕吉：《通俗国权论》，《福泽谕吉全集》（第四卷），东京：岩波书店1969年版，第636页。
[39]刘晴波主编：《杨度集》，湖南人民出版社1986年版，第218页。
[40]刘晴波主编：《杨度集》，第218页。

等主权国家之间的国际法无法适用。

杨度《金铁主义说》断定,国际法"法由强国而立,例由强国而创",这意味着,国际法的规则创新,往往是以强国违反之前的法律,造成新的事实为前提的。平时国际法是如此,战时国际法有过之而无不及。而中国历年与列强签订的条约,"类皆权利归人,义务属我,无一可云两利者"。杨度进一步指出,所谓"文明国"之所以达到"文明","未尝不由于列国并立,外患迫切,非极力以治其内则不足以图存。彼惟以外之野蛮迫为内之文明为其原因,则以内之文明发为外之野蛮为其结果,亦自然之数,无足怪者……"[41]正是激烈的国际竞争,迫使列强不断改进本国的内部组织方式,增加自身的组织力。

而"立宪"又是如何与"文明"关联在一起的呢?在19世纪早期,西方列强自身在是否有成文宪法这一点上高度不统一,成文宪法的制定不可能成为无争议的"文明"基本构成要素。美国与法国从18世纪以来形成了制定成文宪法的传统,但英国虽有17世纪的克伦威尔政权制定过《政府约法》(*Instrument of Government*),其正统王朝却一直没有制定过成文的宪法典[42],1814—1815年维也纳会议之后欧洲大陆君主制国家所要捍卫的王朝与贵族统治的秩序,也不以制

---

[41] 刘晴波主编:《杨度集》,第219页。
[42] 近代英国一些人士将13世纪的《大宪章》视为英国的成文宪法,见 Linda Colley, *The Gun, the Ship, and the Pen: Warfare, Constitutions, and the Making of the Modern World*, pp. 84–88。但严格意义上,《大宪章》只是封建等级之间的一个契约。

定成文宪法为要务。成文宪法在"文明"话语中的重要性逐渐上升,乃是以成文宪法在欧洲的迅速传播为前提的。在法国大革命、拿破仑战争与1848年革命等事件带来的震荡之下,许多国家的统治者意识到,制定成文宪法有助于加强国家的内部整合,调动臣民的积极性,从而赢得对外战争,因而主动或被动地接受了成文宪法。

到了19世纪下半叶,随着越来越多欧洲列强制定了成文宪法,"立宪"已经在欧洲的"文明"话语中占据了重要地位。但国际法学家们的"文明国家"认定标准一直比公众舆论界的"文明"标准更为严格,即便到了20世纪初,欧洲的国际法学家们在政治组织方面强调的还是对于国土的防卫与有效统治,其中包括了保护外国人和本国臣民生命、自由与财产的能力。英国法学家维斯特莱克特别强调了国家有效自我防卫的能力。在这些讨论中,制定成文宪法并没有被认定为是加入"文明国家"的必要条件[43],事实上也不可能有这样的认定,因为自命为"文明国家"典范的英国并不拥有成文宪法法典。

即便欧洲国际法学家通常并不认为制定成文宪法是"文明国家"的基本要求,越来越多西方列强拥有成文宪法的事实,也会给半殖民地国家带来一种强烈的心理暗示。在1856年克里米亚战争结束之后的巴黎会议上,奥斯曼帝国从形式上被承认为欧洲"国际大家庭"(the family of nations)

---

[43] Gerrit W. Gong, *The Standard of "Civilization" in International Society*, pp.16–17.

的一员，但名至而实不归，欧洲列强在奥斯曼帝国的领事裁判权一仍其旧，列强在奥斯曼帝国境内的干预有增无减。于是，奥斯曼帝国继续推进自我改革，其高潮是在1876年颁布了一部成文宪法，尽管其效力持续时间很短，奥斯曼帝国的外交家们在当时还是针对欧洲展开了宣传，认为奥斯曼帝国的制宪，标志着其已经符合欧洲"文明"的标准，理应获得"文明国家"的相应待遇。

如果说1876年的奥斯曼帝国精英就已经感受到有必要通过"立宪"来证明自身符合欧洲的"文明"标准，与欧洲距离遥远的中国，产生这种意识要更晚一些。中国有着源远流长的法典传统，但并未产生近代意义上的宪法典，在遭遇外部挑战的时候，"维新变法"的观念先于"立宪"的观念出现。但即便是在这一阶段，"维新变法"的推动者也已经将他们的主张与提升中国在"文明等级"中的地位关联在了一起。康有为常年阅读传教士主办的《万国公报》，他敏锐地感知到，在甲午战争后，在华西洋人对于中国的"文明等级"评定正在下降。在1898年1月向清廷上奏的《外衅危迫宜及时发愤革旧图新呈》(即《上清帝第五书》)中，康有为表达了他的恐惧：中国正在从列强眼中的"半教之国"坠落到国际秩序中的底层，即将与非洲的黑人土著部落同列，完全被置于欧洲国际法的保护之外。维新变法，也被康有为视为维系中国在文明等级中的地位的必要之举。与康有为同属今文经学家的皮锡瑞在同一时期认为"欧洲重公法，待野蛮无教化之国，与待文明有教化之国不同"，对于前者，"杀其人不为不仁,夺其地不为不义"。[44]而熊希龄与皮锡瑞等商议,主张湖南应当加快改革,"将来诸事办成,民智开通,或可冀其不来,即来而我属文明之国,不至受其鱼肉"。[45]这就是期待通过改革,使得中国尽快被承认为"文明之国",从而可以根据国际公法,避免"野蛮无教化之国"所受到的压迫。

而"立宪"意识与话语在近代中国的发展,更多地源于日本所带来的示范效应。日本在1889年颁布《大日本帝国宪法》(即《明治宪法》),1894年7月16日,在中日甲午战争爆发之前,英国与日本签订《日英通商航海条约》("Treaty of Commerce and Navigation between Great Britain and Japan"),英国正式放弃在日本的领事裁判权。接下来,日本在1894—1895年的甲午战争中打败中国,又在1904—1905年的日俄战争中打败俄国。在日俄战争前后,欧洲国际法学家普遍承认,日本已经被完全接纳为"国际大家庭"(family of nations)的一员。[46]

以日本颁布《明治宪法》为起点,从1889年至1914年第一次世界大战爆发的几十年间,从欧、亚两洲到拉丁美洲,

---

[44] 皮锡瑞:《师伏堂未刊日记》戊戌闰三月二十九日,《湖南历史资料》1959年第1期。

[45] 皮锡瑞:《师伏堂未刊日记》戊戌三月初四日,《湖南历史资料》1958年第4期。

[46] 1904年出版的亨利·惠顿的《国际法原理》英文版第四版提到"日本获得完整的国际地位"的意义,并设了"非基督教国家的国际地位"这一小标题,见 Henry Wheaton, J. Beresford Atlay ed., *Elements of International Law*, 4th English edition, Stevens and Sons, 1904 , p. vi。

涌现了一批成文宪法。拉丁美洲一系列国家颁布新宪法：巴西（1890）、古巴（1895、1901）、多米尼加共和国（1896、1907、1908）、厄瓜多尔（1897、1906）、洪都拉斯（1894、1904）、尼加拉瓜（1905）和巴拿马（1904）；委内瑞拉则于1893年、1901年、1904年、1909年、1914年颁布了五部不同的宪法。1905年，位于巴尔干半岛的黑山颁布了其第一部宪法；1888年，塞尔维亚颁布了一部新宪法，允许大多数男性居民参与投票，该宪法于1901年被"四月宪法"所取代，1903年时又恢复了效力并进行了修订，一直维持到了1918年南斯拉夫王国成立。在英属印度，1895年印度民族主义者向英印政府提交了《斯瓦拉吉法案》（自治法案），首次尝试在英帝国的框架内为整个印度次大陆起草一部私拟成文宪法。波斯于1906年颁布第一部宪法，并在1907年进行了修订。在奥斯曼帝国，1908年青年土耳其党人通过革命行动，迫使当权者恢复了1876年颁布的宪法。不仅是日本，其他国家的立宪思想家与行动者也都纷纷诉诸"文明"话语，为"立宪"的事业提供正当性论证。

日本国际地位的提升，给中国的旅日精英带来了巨大的冲击。当时中国的舆论领袖们纷纷将日俄战争视为"立宪国"与"专制国"之间的战争，日本因为"立宪"而加强了内部的组织化，而俄国因为"专制"而上下离心，无法形成合力。论者经常举出俄国民粹派暗杀当权者的例子，证明"专制"已经穷途末路，甚至危害到了统治者自身的安全。由此得出的结论是，"立宪"加强了社会的组织化，使得统治者与被统治者各安其位，体现了"文明"程度的提升，是富国强兵的必由之路。正是在这一背景下，中国朝野纷纷倡导学习日本明治维新，"仿行立宪"。

1905年，清廷模仿日本1871年12月派出的岩仓具视使节团，派遣五大臣出洋考察，其中载泽等人对于日本的考察尤其深入详细。1906年载泽向慈禧进呈的《吁请立宪折》中，载泽称"明治变法，采用立宪帝国主义，行之三十年而治定功成，蔚为强国矣"。[47] 载泽进呈的《镇国公载奏请宣布立宪密折》更是这样陈述立宪的预期效果："今日外人之侮我，虽由我国势之弱，亦由我政体之殊，故谓为专制，谓为半开化，而不以同等之国相待。一旦改行宪政，则鄙我者转而敬我，将变其侵略之政策为平和之邦交。"[48] 因而，"立宪"的关键在于去除与"专制"相关的"半开化"标签，从而在国际体系中实现与列强的平等。而袁世凯在天津推动编写的《立宪纲要》更明确地宣布："外人自称为文明者，以有宪法故，其视吾国为不文明者，以无宪法故。宪法成则国与国同等，彼既为文明先进之国，自必乐观其成。"[49] 这一主张不仅认为立宪可以使中国跻身于列强，而且论证列强对中国的立宪与国际地位提升，也将乐观其成。

1907年9月，清廷派遣汪大燮、于式枚、达寿等分赴德、英、日进行第二轮考察。清廷1908年颁布的《钦定宪

---

[47] 载泽：《吁请立宪折》，胡绳武主编：《清末立宪运动史料丛刊·清廷的预备仿行立宪》（第一卷），山西人民出版社2020年版，第26页。

[48] 载泽：《镇国公载奏请宣布立宪密折》，胡绳武主编：《清末立宪运动史料丛刊·清廷的预备仿行立宪》（第一卷），第29页。

[49] 天津自治研究所编：《立宪纲要》，《东方杂志》1907年临时增刊《宪政初纲》。

法大纲》模仿了日本的《明治宪法》，尤其是其中关于皇权的规定，甚至照抄了《明治宪法》关于君主"万世一系"的表述。而革命派的主张是在"种族革命"后制定共和宪法，对清廷学习日本《明治宪法》持激烈批判态度，认为日本《明治宪法》既有强大的君权，又保留了贵族制度，清廷模仿《明治宪法》的结果，只会是加强满人对于政权的垄断。但对于"立宪"与"文明"之间的关联，大部分革命派与立宪派几乎共享同一套话语，二者均诉诸"物竞天择，优胜劣败"的话语，论述只有具有良好内部组织力的"文明国家"才能够在"民族帝国主义"时代的国际竞争中生存壮大，而"立宪"或"革命"则是提升"文明程度"的必由之路；在讨论中国国内各族群关系的时候，革命派与立宪派都会运用"文明等级论"，对不同族群的"文明程度"进行排序。革命派与立宪派都致力于论证，自己的变革方案并不违反现有的国际法，不会像义和团运动那样，招致列强的干涉。而无论是革命还是立宪，变革的目的都是要在国际体系中获得"文明国"地位，从而与列强并驾齐驱。

基于对国际体系与"文明等级"的认知，1911年辛亥革命爆发后，革命政权以"中华民国军政府鄂军统帅"的名义照会列强驻汉口领事，宣布清朝与列强签订的条约继续有效，各省政府将按期偿还清政府应付的赔款与外债。可以说，辛亥革命的领导人和参与者不乏批判帝国主义思想者，但辛亥革命本身并不是一场直接反对帝国主义的革命。立宪派与革命派都寻求列强主导的国际体系的承认，而这带来的结果是，袁世凯通过列强"大国协调"的支持，成为革命果实的收割者。[50]作为清廷重臣,袁世凯很早就获得了英美列强的格外欣赏。他在山东主政时强力镇压义和团、参加"东南互保",作为直隶总督兼北洋大臣,在天津严控"抵制美货"运动。所有这些,从列强的眼光来看,都是能够有效控制"排外",保护列强侨民的生命、自由与财产的表现,因而是趋于"文明"的。而在宣传中喜欢诉诸"文明国"的孙中山,并没有获得列强同等程度的信任,毕竟革命派反对美国《排华法案》的记录,以及与日本"亚洲主义者"和菲律宾反美人士的联系,在西方列强眼中都是可疑的。君主制已经倒台,中国仍然走在一条通过自我改造寻求所谓"文明国家"承认的道路上。

然而,立宪派和革命派获得所谓"文明国家"平等承认的愿望,在清末民初始终未能得到实现。在1906年9月清廷宣布预备立宪后,列强舆论的一个突出的反应,是希望清廷未来的宪制改革不要违反与列强的条约,不要"排外"。[51]而辛亥革命爆发后,即便革命派宣布保护列强的既得利益,列强仍然担心中国会爆发类似义和团运动那样的对列强既得利益的冲击。[52]列强如果承认中国是"文明国家",就意味着要取消自身在中国的种种特权,如领事裁判权与对海关的控制权,而这意味着巨大的利益损失。因而,最符合列强自

---

[50] 章永乐:《"大国协调"与"大妥协":条约网络、银行团与辛亥革命的路径》,《学术月刊》2018年第10期。
[51] 《外论选译》,《东方杂志》1907年临时增刊《宪政初纲》。
[52] 〔美〕李约翰:《清帝逊位与列强(1908—1912):第一次世界大战前的一段外交插曲》,孙瑞芹、陈泽宪译,江苏教育出版社2006年版,第374页。

身利益的做法,是将通往"文明国家"的上升之路,变成一场漫长的、看不到尽头的考试。在国际体系的压力之下,"一战"前的不少中国精英确实抱有浓厚的"考生"心态。然而,一场突然爆发的世界大战,不仅改变了世界的面貌,也开启了不同道路的可能性。

## 二 世界大战的冲击与"20世纪之宪法"观念的兴起

自1914年"一战"爆发,欧洲战争的变化,时刻牵动着中国舆论界的目光。自诩"文明"的列强在欧洲战场上进行着猛兽式的搏杀,上千万条人命灰飞烟灭。而德国的战败尤其具有冲击力。战前中国主流舆论界的不少精英从以社会达尔文主义为底色的"文明等级论"出发,认定德国是西方最为先进的力量,德国与英国的争霸,是"新"与"旧"的斗争,"进步"与"落后"的斗争。而德国的战败,导致人们对战前的"文明"话语产生深刻的怀疑。"竞争""优胜劣败""军国主义"这些在战前舆论中占据主导地位的观念,逐渐被视为导致相互毁灭的思想根源。而欧洲精英在"一战"后更是对自身的文明进行了深入的反思,对战前流行的许多思潮做出了否定。1918年德国学者斯宾格勒(Oswald Arnold Gottfried Spengler)出版《西方的没落》,将"文明"(zivilisation)视为"文化"(kultur)发展从高峰走向衰亡的最后阶段,从而将德语世界中"文化"(kultur)与"文明"(zivilisation)的观念对立推到一个新的高峰。梁启超在1919年访欧期间就拜访了法国哲学家柏格森(Henri Bergson)与德国哲学家倭铿(Rudolf Christoph Eucken),听取他们对于欧洲文明的反思。而1920—1921年访华的英国哲学家罗素（Bertrand Arthur William Russell）则在中国公开批评以资本主义为基础的近代西方文明，赞赏中国传统的人生态度。这一切都对中国的舆论界产生了影响。

在"一战"之前，将"东方文明"与"西方文明"相并列的用法在中国舆论界较为少见。"一战"的推进带来思想界格局的变化，这种并列的用法与日俱增，而这意味着"文明"观念正在从一种一元的、等级性的范式，转向一种多元的、更为平等的范式。中国秦汉以来形成的大一统、崇尚和平的传统，在"一战"之前的中国舆论界饱受批评，被认为压抑了竞争，从而导致中国在与所谓"文明国"的竞争中处于下风。"一战"中列强的相互厮杀，使得越来越多的人对"东方文明"做出正面评价。"竞争"观念地位的下降导致了"协作""和平"观念地位的上升，社会主义获得了更为正面的评价，越来越多的人致力于论证：中国的古代传统中包含着社会主义的因素，甚至孔孟都可以被视为早期的社会主义者。

就国际体系的结构而言，"一战"打破了原有的君主国占主导地位的"大国协调"体系，释放出了被"大国协调"压抑的工人运动与民族独立运动。1917年俄国十月革命爆发，1918年德国十一月革命爆发，协约国取胜，德意志第二帝国覆灭，奥匈帝国、奥斯曼帝国解体，一系列民族在帝国的废墟上建立新共和国或复国（如波兰），这导致共和政体在欧洲不再处于边缘地位，自下而上的"人民主权"的法理，获得了广泛的承认。在战前"文明等级论"的视野里，工人与农民被视为"文明程度"低下,缺乏行使政治权力的责任能力。然而,当马克思的"劳动价值论"获得普及,"劳动创造文明"[53]成为新的信条,占人口绝大多数的工人与农民就摆脱了在19世纪文明论中的"内部野蛮人"的地位,获得了前所未有的政治上的正当性。而俄国十月革命后的布尔什维克政权,更是将工农的政治地位推到了新的高度。布尔什维克支持广大殖民地、半殖民地的民族解放运动,对殖民主义的"文明等级论"产生了巨大的冲击。

我们可以从秉持19世纪"文明等级论"的人士的反应,来观察这种冲击的规模和力度。在1923年初版的《罗马天主教与政治形式》(Römischer Katholizismus und politische Form)一文中,时年35岁的德国公法学家卡尔·施米特(Carl Schmitt)这样评论俄国十月革命:"自19世纪以来,欧洲出现了两大反对西欧传统和教育的人群,两大漫溢河岸的川流:进行阶级斗争的大城市无产阶级;与欧洲疏离的俄国群众。从传统西欧文化的观点来看,这两大人群都是野蛮人。当他们感觉到自己的力量时,他们就骄傲地自称为野蛮人。"[54]施米特在此仍然是站在19世纪欧洲主流的文明论立场来看待十月革命,将其视为欧洲边缘民族和无产阶级两股"野蛮人"的合流。在19世纪的文明等级论之下,他们被视为"文明程度"不足、需要被拒绝乃至延迟进入政治场域的

---

[53] 瞿秋白在1923年旗帜鲜明地提出"文明是人类劳动的创造"。瞿秋白:《现代文明的问题与社会主义》,《东方杂志》1923年第21卷纪念号。
[54]〔德〕卡尔·施米特:《罗马天主教与政治形式》,《政治的概念》,刘宗坤等译,第77页。

力量，是欧洲"教化"的客体。而与之相反的是，1920年3月，不到27岁的毛泽东在致周世钊的信中热情洋溢地评论："我觉得俄国是世界第一个文明国。我想两三年后，我们要组织一个游俄队。"[55] 显而易见，毛泽东抛弃了19世纪的主流"文明"尺度，而以战后新的"文明"尺度来看待俄国十月革命以及苏俄。

当然，由于美国战时官方宣传机构公共信息委员会（Public Information Committee）在华的运作，1917年十月革命爆发后，中国媒体对其报道和评论的频率，还比不过对威尔逊政府对于战后国际秩序主张的报道。美国的威尔逊总统在中国一度享有极高的威望。许多中国舆论界的精英往往无法分辨威尔逊的主张与列宁的主张有什么实质差别，却对前者寄托了很多的希望。然而，威尔逊为了推动自己的国际联盟计划，在巴黎和会与日本做了交易，同意将德国在中国山东的特权转让给日本，导致了中国舆论界对于威尔逊的印象极速转向负面。而列宁则主张废除俄国旧政权与中国签订的不平等条约，与威尔逊形成了鲜明的对比。在20世纪20年代初，列宁支持了中国共产党的创建与中国国民党的改组，国共进行了第一次合作，启动国民革命，提出"打倒列强、除军阀"的口号，要求废除不平等条约。广州国民政府的"反帝"主张，推动北洋政府也对列强提出了废除不平等条约的主张，直接冲击列强在中国的殖民主义统治秩序。

---

[55] 中共中央文献研究室、中共湖南省委《毛泽东早期文稿》编辑组编：《毛泽东早期文稿（1912.6—1920.11）》，湖南出版社1990年版，第476页。

就内政来看，无论民初的中国政坛多么风云变幻，宪法话语始终在政治正当性话语中具有极强的存在感，大多数具有一定实力的政治势力都试图掌握"法统"，主导国会，控制宪法制定或解释权。[56]这种状况的持续，一方面固然是因为中国国内没有任何一派势力具有压倒性的力量，因而还需要通过"法统"话语来凝聚政治盟友；另一方面，则是因为以"立宪"获得列强主导的国际秩序承认的思维与行为惯性仍然在持续。而在"一战"之前与"一战"初期，我们在民初的法统政治中，仍然可以看到相当密集的"文明"话语。试举几例，在1913年刺宋案爆发后，岑春煊等提出质疑，袁世凯于1913年5月9日回电称："当宋君被刺之始，尚未获凶，即有人预设成心，诬指政府。继又凭影射之词，牵混之据，断章取义之文电，预侵法官独立职权，实为文明国所未有。"[57]而1915年袁世凯称帝，各地反袁势力纷纷以"文明"话语，对袁世凯进行谴责。唐继尧于1915年12月31日通电列强驻北京各全权公使，驻天津、重庆、上海

---

[56]"法统"在中国古代主要是一个佛教词语，在民初围绕正统的斗争中上升为一个核心词。在1916年袁世凯称帝失败后关于究竟是回到"民元约法"还是"民三约法"的争论中，冯国璋等通电主张恢复"民元约法"，并称"大总统选举法为宪法之一部，法统既正，存废自明"。此电文在"法统"成为一个法律概念的过程中，起到了极大的推动作用。参见《冯国璋等主张速开国会制定宪法电》，《政府公报》第167号，1916年6月22日。而在1922年直系推动的"法统重光"过程中，"法统"一词迎来了最为高光的时刻。

[57]《袁世凯复岑春煊等请来京调查电》，中国社会科学院近代史研究所、中华民国史研究室主编：《中华民国史资料丛稿：民初政争与二次革命》（上编），上海人民出版社1983年版，第339页。

各领事馆,宣布袁世凯"谋叛民国,自为帝制,拂全国进步之人心,逆世界文明之趋势,自背受职之誓言,不纳友邦之劝告"。而通电的目的在于"愿我最亲睦之各友邦,共守善意之中立,互敦永久之睦谊"。[58] 1916年1月1日,唐继尧发布誓师文,称共和的创建乃是"应世界之文明,为友邦所承认"[59],讨伐背叛民国、复辟帝制的袁世凯,乃是"恭行天罚"。1916年5月5日,山东护国军都督吴大洲也发表讨袁通电,称行动宗旨在于"廓清妖孽,誓使海表雄邦再睹天日,东亚圣域重现文明。上报国恩,下尽天职"。[60] 1916年3月梁启超发布《在军中敬告国人》,抨击袁世凯:"夫处今日文明竞进之世,而行中古权谲残刻之政,外袭众建之名,内蹈专欲之实,黜全国之智,钳全国之力,涸全国之资财,摧全国之廉耻,而以资一时便安之计,成一姓篡窃之谋,生于其心,害于其政,取子毁室,率兽食人。循此迁流,更阅年载,则人道且将灭绝于中国,而中国更何由自存于世界者。"[61] 而在袁世凯取消洪宪帝制,但仍自称大总统之时,伍廷芳致书袁世凯劝其下野,称其"仅到朝鲜一国,未曾遍历东西洋,未亲见各友邦文明政治,又不谙外国语言文字",

---

[58]《云南政府照会各国公使文》,云南省志编纂委员会办公室编:《续云南通志长编》(上册),1985年,第1215—1216页。

[59]《唐都督誓师文》,云南省志编纂委员会办公室编:《续云南通志长编》(上册),第1214页。

[60]《山东护国军起义讨袁之露布》,淄博市政协文史资料委员会、周村区政协文史资料委员会编:《山东护国运动》,山东人民出版社1996年版,第195页。

[61] 梁启超:《在军中敬告国人》,汤志钧、汤仁泽编:《梁启超全集》(第九卷),中国人民大学出版社2018年版,第403—404页。

所以不知如何实行共和。[62]

将帝制与共和制的差异，表述为野蛮与文明之别，称袁世凯违反文明进化之公理，可谓当时反袁话语中的常见要素。甚至孙中山在1917—1919年写作的《建国方略》之中，仍然致力于总结反对袁世凯称帝的法律依据，指出袁世凯背弃大总统誓言，从而背叛民国："今世文明法治之国，莫不以宣誓为法治之根本手续也……其既宣誓而后，有违背民国之行为者，乃得科以叛逆之罪，于法律上始有根据也。"[63]这一话语模式也体现在舆论界对于1917年张勋复辟的反应。1917年7月3日，段祺瑞誓师马厂，发布檄文，批判张勋"反全国人之心理，冒天下之大不韪，当文明之世，而欲效古代挟天子令诸侯之事"。[64]冯国璋通电称，若不声讨张勋，"彼恃京师为营窟，挟幼帝以居奇，手握主权，口含天宪，名器由其假借，度支供其虚糜，化文明为野蛮，委法律于草莽，此而可忍，何以国为"[65]！在张勋复辟失败之后，陈独秀作《复辟与尊孔》，认为复辟的思想根源在于孔教："愚之非难孔子之动机，非因孔子之道之不适于今世，乃以今之妄人强欲以不适今世之孔道，支配今世之社会国家，将为文明进化之大阻力也……"[66]陈独秀预设君主制是"文明进化"的阻力，而尊孔导致君主制复辟，因而也成了"文明进化"的

---

[62] 荣孟源、章伯锋主编：《近代稗海》（第3辑），四川人民出版社1985年版，第246页。
[63]《孙中山选集》（下卷），人民出版社1981年版，第158—160页。
[64]《段总司令檄徐州定武军文》，《东方杂志》1917年第14卷第8号。
[65]《冯副总统声讨张勋通电》，《兴华》1917年第14卷第28期。
[66] 陈独秀：《复辟与尊孔》，《新青年》1917年第3卷第6号。

阻力。

1916年，梁启超为反袁的护国军打造了一套捍卫共和宪法的论述；而到了1917年，当梁启超与段祺瑞站在一起，拒绝恢复《临时约法》时，孙中山却借鉴了梁启超在1916年的宪法论述，打出了"护法"的旗号；甚至到了1922年，当直系军阀试图打掉孙中山"护法"旗帜的正当性，推动南北统一时，使用的还是法统政治的手段：直接宣布恢复《临时约法》法统，实现"法统重光"，试图让南方的"护法运动"无法可护。1923年，孙中山断然放弃了"护法"旗帜，转向国共合作，发动新的革命。而这场革命不再像辛亥革命那样，承认列强在华的特权，致力于通过自身"文明等级"的提升，让列强承认中国为平等的国际法主体；相反，它将矛头对准了列强主导的秩序本身，主张立即废除列强在华通过不平等条约获得的种种特权。

从国际体系的角度来看，列强"大国协调"的国际秩序，在"一战"期间已经分裂了，在战后也未能获得有效重建，通过"立宪"来获取列强承认"文明国"的思路，当时已经找不到一个能够全面控局的承认方。而与孙中山建立合作关系的苏联，恰恰是被战后的凡尔赛体系排斥的力量，致力于改造而非融入既有的国际体系。列宁的《帝国主义是资本主义的最高阶段》在极大程度上改变了对于西方列强的命名——战前的"文明国"，现在被视为"帝国主义国家"。瞿秋白作于1923年的《东方文化与世界革命》集中体现了这种命名的倒转："……东方诸国，其在政治上经济上的发展既落后，及渐与先进（文明）国家相接触，迎受西方文化——资本主义,遂不得不成为此等国家的殖民地;而西方'文明国'输入资本主义的形式,就是帝国主义。"[67]瞿秋白尖锐地指出,帝国主义在侵略殖民地的时候,往往会扶植当地的封建势力。因而,对于中国而言,只有同时推进"反帝"与"反封建",才能摆脱原有的被剥削与压迫的状态。因此,需要推进的正是"世界革命",而非"立宪"。

"一战"之前,"立宪"的形式本身就具有"文明等级论"的意义;在战后,"立宪"形式本身的重要性显著下降了,而宪法文本所规定的实质内容的重要性却在上升。本书最后一章将探讨"20世纪之宪法"话语在中国的兴起。"一战"之后,无论是在欧洲还是中国都出现了一个制宪热潮。梁启超领导的"研究系"的重要代表人物张君劢翻译介绍了德国《魏玛宪法》,将其定位为"20世纪之宪法",并与所谓的"19世纪之宪法"相对比,在当时中国的舆论界产生了很大的影响。"20世纪之宪法"被视为具有社会主义色彩,关注劳动者的权益保护,而"19世纪之宪法"的自由主义外表下掩盖的是对有产者的保护。正如汪晖指出的那样,在清末民初的中国,所谓"19世纪"是在"20世纪"的话语出现之后,才获得追溯性命名的[68],这一点在当时的宪法论述中也表现得非常明显:论者先产生了"20世纪之宪法"的观念,然后才有了对"19世纪之宪法"的追谥。在战后中国

---

[67] 瞿秋白:《东方文化与世界革命》,《瞿秋白文集·政治理论编》(第二卷),人民出版社2013年版,第18页。
[68] 汪晖:《世纪的诞生》,第93页。

的舆论界，一些论者甚至将两个世纪的划分用于对民初《天坛宪法草案》的反思，认为其体现的仍然是"19世纪之宪法"的概念，重在保护有产者而非劳动者。20世纪20年代的一系列宪法草案都在不同程度上汲取了"20世纪之宪法"的理念，并参考德国《魏玛宪法》的创新，制定了一些相似条文。

然而，20世纪20年代初中国国内的制宪热潮，其领导与推动力量要么是北洋集团及其合作者，要么是介于北洋集团与广州政府之间的"联省自治"力量，虽然"20世纪之宪法"提出了如何保护占人口绝大多数的工人与农民的权利问题，但北洋集团与非北洋的地方实力派真正依靠的力量仍然是军队、地方士绅与列强。在"联省自治"中，一些真正希望发动基层民众参与省域政治的人士，遭到了挫败。而国共两党在1923年启动的合作，决定性地将宪法问题的重点，从"宪定权"（constituted power）转向了"制宪权"（constituent power），亦即，必须先解决哪些力量属于"国民"或"人民"这个制宪权主体的问题，才能进一步规定宪法的形式。

于是，"20世纪之宪法"的话语如同"渡河之舟"，国共两党继续前行，形成了自身的宪法话语传统。力主"20世纪之宪法"观念的张君劢参与了1946年《中华民国宪法》的制定，这部宪法在许多方面汲取了《魏玛宪法》的规定，但立宪所依赖的"军政－训政－宪政"的三阶段论以及"五权宪法"的基本话语，源于孙中山所奠定的宪法思想传统。对于国民党而言，"军政"与"训政"都是立宪之前的预备与过渡阶段，此后将开始正式宪法长期统治的阶段。而对共产党人而言，在共产主义社会实现之前的社会形态都是过渡性的，所有宪法都需要根据社会形态的变化而与时俱进。20世纪30年代在中央苏区的制宪，在很大程度上沿用了苏联的理论，尚未产生系统的本土宪法理论。但经过延安时期的马克思主义中国化，中国共产党人在宪法理论上也取得了新的突破，毛泽东于1940年发表《新民主主义论》，区分"资产阶级专政的共和国""无产阶级专政的共和国"，并提出"几个革命阶级联合专政的共和国"[69]；1949年发表的《论人民民主专政》将"几个革命阶级联合专政的共和国"的理念进一步发展为"人民民主专政"的理念[70]，而"人民民主专政"的理念成了《共同纲领》的理论基础。

"20世纪之宪法"的名称貌似从后续的历史进程中消失了。但对于中华人民共和国的第一代领导集体而言，"一战"结束之后的"觉醒年代"，正是他们思想的形塑期，当时舆论界关于宪法与时代精神的讨论，对于他们思想的成熟，起到了"催化剂"的作用。因而，重新认识"20世纪之宪法"观念的兴起和后续命运，对于理解"一战"之后革命与立宪的历史进程，仍然具有极其重要的意义。

## 三 "文明"的话语与"中国式现代化"

在中国新民主主义与社会主义革命取得成功之后，19世

---

[69] 毛泽东：《新民主主义论》，《毛泽东选集》（第二卷），人民出版社1991年版，第675页。
[70] 毛泽东：《论人民民主专政》，《毛泽东选集》（第四卷），第1468—1482页。

纪的"文明"话语，在革命者的眼中，究竟具有什么样的形象呢？1958年7月12日，毛泽东在会见黑非洲青年代表团的时候指出，西方帝国主义者自诩文明、高尚、卫生，将被压迫者贬称为野蛮，但他们侵略与占领别人的土地，这本身就是野蛮的行径。毛泽东指出："我们中国过去、现在都没有占领别的国家，将来也不会去占领美国、英国作殖民地。所以我们始终是文明国家，你们也是如此。"[71]

这是20世纪中国革命所产生的"文/野"之别，它实际上与中国古代强调的"文明"观念是高度契合的，后者强调"修文德以来之"，以自身的光明"化成天下"，而非基于一种"文明"的自负，将自己的主张强加于人。但我们只有把握殖民帝国之文明叙事的要害所在，才能深入理解并阐述这种契合性。殖民帝国的"文明"观念要求对社会组织力的证明，而这种证明的关键场景就是战争。19世纪欧洲战争的特征是，即便在"文明国"的范围内，它通常也不追问发动战争的理由是否符合正义，通常承认战争双方都是正当的敌人，战争法主要用于规范战争的程序，如要求宣战、规范中立地位和战后条约的签订，等等。而"文明国"对"半文明国"乃至"野蛮"族群发动的战争，往往被论证为具有传播"文明"的意涵，"挨打"的事实本身就证明了被打者的"落后"，因而证明"该打"。在中国古代强调"文德"的"文明"观念中，这种殖民主义的"文明"观念是相当野蛮的；而对于历经千

---

[71] 毛泽东：《对帝国主义的"文明"要破除迷信》，中华人民共和国外交部、中共中央文献研究室编：《毛泽东外交文选》，中央文献出版社、世界知识出版社1994年版，第319—321页。

辛万苦才赢得独立自主的殖民地、半殖民地国家来说,这种殖民主义的"文明"观念,本身就是他们痛苦的根源之一。

当然,在弱小的国家和民族抵抗殖民主义的过程之中,重组社会并加强其组织化是必不可少的。因为前工业化社会的组织形式是相当松散的,并不足以凝聚起足够的力量,要对抗经历过工业革命的列强,必须在社会组织形式上进行新的探索。因此,在新民主主义与社会主义革命的过程中,"文明"话语也经常被用于改造传统秩序,如反对"封建压迫""封建迷信"。但自从国民革命以来,那种通过"立宪"达到某种国际标准以获取列强承认的心态,在主流舆论中不再占据主导地位。在第一次世界大战之后,革命浪潮汹涌澎湃,即便是英、法、美等列强,也面临着自身的法律是否符合20世纪时代精神的质问。

由此,我们可以理解,为何20世纪中国最终选择的道路从根本上不同于近代日本所走的道路。中国不是通过参照殖民帝国设定的"文明的标准"来自我改造,进而获得所谓"文明国"俱乐部的承认,而是将一系列所谓"文明国"重新命名为"帝国主义国家",从而在改造国内秩序的同时,改造国际秩序。这是一条更为艰难的道路,但也是一条寻求独立自主的道路,一条朝向"自成体系,自建光荣"的道路。[72]由此产生的"中国式现代化",不仅没有自诩"文明国"的殖民帝国固有的殖民主义原罪,而且富含反抗霸权与压迫、通过自力更生和"自主性开放"发展自身的经验,更

---

[72] 刘海波:《自成体系、自建光荣的自觉自信》,《国企》2012年第12期。

能回应广大殖民地、半殖民地在独立解放和发展过程中的种种问题，对于广大发展中国家具有更深远的借鉴意义。就此而言，当代中国并非列国中的普通一国，而完全可以成为一种新的现代化道路的"根据地"。

当然，在20世纪的历史进程中，全球霸权秩序中也产生了新的主导话语，对包括中国在内的诸多发展中国家产生了新的压力，从而激发了新的寻求承认的行为。如果说"文明"的话语在"一战"之后趋于衰落，"二战"之后，以美国为首的一系列西方国家打造出了强有力的"现代化"话语，提出了一整套界定何谓"现代"的标准，极大地影响了社会科学研究的议程设置。而这套话语体系实质上树立起了那些被认定为"现代"的国家在国际秩序中的"教化"权力。自从20世纪80年代以来，中国的许多改革与治理实践都受到这套话语体系的影响，由此产生了种种"接轨""转轨"的话语。就此而言，"铸典宣化"作为弱者寻求强者承认的一种行为模式，具有相当的普遍性。当许多国家为了加入欧盟、北约、世界贸易组织（WTO），或为了获得世界银行和国际货币基金组织附条件的贷款，大规模修改自己的法律，以获得一个俱乐部的入场券时，我们都可以看到"铸典宣化"在进行之中。

然而，中国又是一个具有一定特殊性的例子。她的超大规模经济体量与不断升级的产业体系，使得掌握承认权的传统列强望而生畏。近年来，中国寻求承认的努力遭遇发达国家俱乐部越来越多的排斥，越来越清晰的是，哪怕是回到极其谦卑的姿态，也无法换来发达国家俱乐部的承认。与此同时，中国国力的不断提升，也推动了中国的道路自信和制度自信的与日俱增，尤其是"中国式现代化"与"中华民族现代文明"概念的提出，体现了以主体的自觉积极参与"现代"标准设定的探索姿态，是向着"自成体系，自建光荣"大踏步前进。由此回望，之前一度流行的"接轨""转轨"话语，完全可以被视为一个历史过程的构成环节，回归到"阶段性探索"的位置上去。

毛泽东在20世纪50年代所说的"我们始终是文明国家"，在21世纪的今天，仍然余音绕梁。走在"中国式现代化"道路上的当代中国，既是中国特色社会主义的担当者，同时也是"中华民族现代文明"的担当者。而中国的宪法，也需要反映这种文明的担当。本书的标题"铸典宣化"，因而不仅指向近代中国通过"立宪"来提升"文明等级"的探索的历史局限性，更指向克服这种历史局限性的20世纪"旧邦新造"历程及其在未来的绵延。如果说近代中国在对"铸典宣化"的追求中，长期无法自主设定"化"的标准，当代中国则已经具备了"自成体系，自建光荣"的物质基础与制度基础，完全可以进一步思考自身如何对人类文明做出更大的贡献。

在这一背景下，中国成文宪法制定与实施的历史经验，也完全可以通过"文明更新"和"文明绵延"的视角，加以重新理解，从而在"创造人类文明新形态"的总体实践之中，获得自身恰当的定位。本书进行的不过是初步的准备性工作，期待同行者在这一方向上继续前行，让探索的足迹抵达更为遥远的未知之域。

# 第一章　大国协调、文明等级论与立宪

在20世纪初的中国,"立宪"被当时的中国政治与文化精英广泛理解为一个提升本国在"文明等级"之中地位的事业。这一历史现象是中国特有的吗？它又是如何发生的？回答这些问题需要打破在国内统治者与被统治者关系之中探讨"立宪"的窠臼,将目光投向内外关系。

殖民主义深刻塑造了近代中国所面临的国际秩序,而"文明"在殖民帝国用以自我证成的"帝国理由"（raison d'empire）之中占据枢纽地位。[1]在19世纪,"文明"的话语之所以能够在全球广泛流布,一方面与工业革命后列强在组织化暴力方面的优越地位有关,另一方面也与列强相互之间的关系密切相关。从19世纪拿破仑战争结束到"一战"爆发的一个世纪里,列强之间虽然存在很多矛盾,但仍然通

---

[1] 笔者参照"国家理由"（raison d'état）一词,仿造了"帝国理由"这个术语,用以指称殖民帝国为了扩张和维持自身的帝国统治而进行的正当化论证。在笔者之前,已有学者在对神圣罗马帝国皇帝、西班牙国王查理五世的统治史的研究中使用过"帝国理由"一词,参见Laurent Gerbier, *Les raisons de l'Empire: Les usages de l'idée impériale depuis Charles Quint*, Librairie philosophique J. Vrin, 2016。笔者对"帝国理由"的使用更聚焦于殖民帝国。

过"大国协调"(concert of great powers)[2],在全球范围内共同维护了一个"文明"的神话,共同维护了"国际大家庭"与"文明国"的认同。而广大殖民地、半殖民地国家被告知,只有以列强为"文明"的典范来进行自我改造,才有希望从较低的"文明等级"上升到较高的地位。

随着越来越多的西方列强制定成文宪法,"立宪"逐渐被视为"文明国"的重要标志。为了获得列强的承认,提升自身的国际地位,奥斯曼土耳其、日本等原本被视为"半文明国家"的非西方国家也模仿西方国家进行立宪。尤其是日本的立宪,对中国产生了极大的影响。将"立宪"视为"文明国"标志的意识与主张,在20世纪初到"一战"爆发之间达到高潮,并深刻推动了中国晚清和民初的制宪实践。

为阐明"立宪"与"文明"观念之间的历史性关联,本章将首先分析维护和传播"文明等级论"的19世纪殖民帝国"大国协调"机制,进而探讨19世纪"文明"观念的具体意涵及其传入中国的过程,最后探讨"立宪"何以与"文明"的观念发生密切关联。

---

[2] 庞中英教授主张将"大国协调"翻译为"大国协和",庞中英:《"人类命运共同体"、国际协和与上合组织的未来》,《世界知识》2018年第11期。但考虑到"大国协调"译法由来已久,并已被纳入中共二十大报告,本书在此沿用这一表述。事实上,如果将"协调"中的"调"读为第四声,正与concert带有的"协奏"之义高度接近,而"协调(tiáo)"则是一个用法更为宽泛的动词。

## 一　维也纳体系及其全球扩展

1814—1815年维也纳会议到1914年第一次世界大战爆发期间的国际体系，在很大程度上是欧洲内部的维也纳体系对外扩展的结果。随着欧洲列强通过殖民主义扩张，支配了全球大部分地理空间，它们不仅能够决定欧洲内部的事务，而且深刻塑造着全球的国际秩序，这种塑造不仅在物质层面，也在精神层面发生，体现为对于"文明等级论"的共同维护。

在1814—1815年的维也纳会议上，共同打败拿破仑的欧洲旧王朝列强创制了一个新的国际体系，"欧洲协调"是这个国际体系的关键特征，它最初奉行的基本原则是维护旧王朝与世袭贵族的统治。由于王朝国家相互疑惧的"均势"战略有可能为共和革命提供机会，"欧洲协调"的倡导者希望通过主动的协商，化解或控制彼此之间的冲突，从而扼杀一切类似法国大革命的革命苗头。为此，各王朝国家的决策者要经常召开会议（规格较高的congress或规格较低的conference），通过协商，缓和彼此之间的冲突。此外，还有许多其他公开或者秘密的外交磋商渠道。维也纳会议后不久，便形成了英、俄、法、普、奥"五强共治"（Pentarchy）的结构。[3]

当然，当迫在眉睫的共同威胁减弱，列强"事先协商"的动力就日益减退，经常发生的是在出现初步的冲突之后进行的事后协商，从而控制冲突的规模。在19世纪上半叶，

---

[3] 参见〔英〕佩里·安德森著，章永乐、魏磊杰主编：《大国协调及其反抗者：佩里·安德森访华讲演录》，北京大学出版社2018年版。

列强之间尽管有一些小规模冲突,但还是通过协调,镇压了西班牙的自由主义革命,解决了比利时独立问题,平息了1848年革命,维持了传统王朝在欧洲国际体系中的主导地位。1814—1914年的一个世纪,往往在欧洲被称为"百年和平",虽然从全球范围来说绝非如此。[4]

19世纪的"欧洲协调"体系从意识形态上说,是相当保守的。但它形成的协调机制却为欧洲国际法的蓬勃发展,提供了重要的外部环境条件,使得过去经常引发争议的王朝继承问题得以通过多边协商方式解决,同时国际仲裁机制得以建立,本土战争的规模得到控制,许多跨国基础设施(如电报)的标准得到统一,国际贸易规模不断扩大。

然而,欧洲列强在欧洲本土大致保持和平的同时,却将大量暴力倾泻到欧洲边缘与欧洲之外。欧洲国际法的适用以文明等级论为前提,只有"文明国家"才有资格具有完整的主权,而像中国、奥斯曼土耳其、日本、波斯等具有完整国家组织但不具备西方文明很多特征的国家,只能被视为"半文明国家",并没有完整的国家主权。至于在非洲与大洋洲的部落原住民,更是直接被归入"野蛮"等级。殖民宗主国相互之间的"大国协调"被理解为所谓"文明世界"内部的协调,受到完整的国际法规则的约束;但所谓"文明世界"之外的殖民地与半殖民地不具备按照完整的国际法规则与列

---

[4]〔英〕佩里·安德森著,章永乐、魏磊杰主编:《大国协调及其反抗者:佩里·安德森访华讲演录》,第1—24页;〔英〕卡尔·波兰尼:《大转型:我们时代的政治与经济起源》,冯钢、刘阳译,浙江人民出版社2007年版,第3—16页。

强平等交往的资格。列强共同维持"文明等级论"的神话，将殖民主义包装成为"文明教化"（mission civilisatrice）的使命，并给所谓"半文明国家"制造出这样的幻觉：通过模仿西方的制度和行为进行自我改革，可以提升自身的文明程度，最终获得与列强平等的国际地位。[5]而日本通过明治维新跻身于所谓"文明国家"，在很大程度上增强了这种话语的吸引力。

但即便是在"文明国家"之间实施的国际法，其实也并不推崇儒家所倡导的"文德"。维也纳体系下的战争法承认，只要经过一定的程序发动并依据既定规则进行战争行为，交战双方就是正当的敌人，他们彼此之间没有法律上的过错，对整个世界而言也没有法律上的过错，并不存在一方是正义使者，另一方是可耻的罪犯的情况。19世纪的实证法学家们把战争视为道德上中立的现象。[6]克劳斯维茨（Carl Von Clausewitz）在1832年出版的《战争论》中称战争是一种实行国家政策的工具，这一主张在19世纪影响深远。在这种战争观下，"侵略"（aggression）不可能成为一个核心的法律概念。所谓的战争罪，针对的是战争期间一方违反战争法的行为（如攻击平民、滥杀战俘），但追究的并不是侵略战争的发动者。宣战的程序尤为重要，因为它可以清晰地区分出中立国与敌国，使得中立（neutrality）成为可能。因

---

[5] 关于"文明等级论"与欧洲国际法的关系，见Martti Koskenniemi, *Gentle Civilizer of Nations*, Cambridge University Press, 2001。
[6] Johann Kaspar Bluntschli, *Le Droit International Codifié,* Trans. M. C. Lardy, Guillaumin, 1870, p.282.

为双方都可以是正当的敌人，第三方的中立在道德上并不存在根本缺陷。[7]

在维也纳体系形成后不久，英国对中国发动第一次鸦片战争，攫取了一系列在华利益与特权，于是列强纷至沓来，通过签订不平等条约，获得一系列类似的利益与特权。在列强侵华的过程中，清王朝做出了很多努力，试图保持朝贡体系以及中国自身主权的完整性。一种常见的策略，就是"以夷制夷"——这在冷战时期"均势"战略的理论家和操盘手亨利·基辛格看来，实质上遵循了一种"均势"的原理。在基辛格看来，魏源早在1843年刊行的《海国图志·筹海篇》中就提出了符合欧洲"均势"原理的主张："与其使英夷德之以广其党羽，曷若自我德之以收其指臂。"[8]魏源认为，与其让英国"德色"，即通过散发从中国获得的利益，获得列强感激，从而增强其党羽力量，还不如由我方来"德色"，主动将利益分配给列强，从而使其相互牵制。这一"均势"战略规划的着眼点在于利用列强相互牵制赢得时机，从而推进内部改革，"师夷长技以制夷"。然而清廷在很长一段时间内缺乏改革动力，甚至在对片面最惠国待遇缺乏深入理解的条件下，就向列强广泛授予片面最惠国待遇[9]，实际上为列

---

[7] Stephen C. Neff, *War and the Law of Nations: A General History*, Cambridge University Press, 2005, pp.117–118.
[8] 魏源：《筹海篇三：议战》，《魏源全集》（第四卷），岳麓书社2011年版，第35页。另参见〔美〕亨利·基辛格：《论中国》，胡利平等译，中信出版社2012年版，第56页。
[9] 关于清廷对片面最惠国待遇理解上的滞后，参见郭卫东：《片面最惠国待遇在近代中国的确立》，《近代史研究》1996年第1期。

强在华建立"大国协调"关系提供了非常重要的共同利益基础，从而使得"均势"战略落空。

"以夷制夷"是中原王朝古老的驭边之术。在第一次鸦片战争时期，清政府就曾经故意让美国商人接收原来给英国商人的生意，并允许美国商人继续在广州经商，意在让美国来牵制英国。在第一次鸦片战争之后，清廷钦差大臣耆英上奏道光皇帝，认为仅以广州作为对外贸易口岸已无法回应时势，不如开放五口通商，将外国人的势力分散到五个口岸，既便于朝廷驾驭，也可以使其他国家与英国相互竞争，从而收到"以夷制夷"的效果。伊里布所上的另一道奏折对耆英的主张做出响应。道光皇帝最终接受"五口通商"。然而，英国在条约的谈判过程中设计了"片面最惠国待遇"。1843年签订的《五口通商附粘善后条款》（即《虎门条约》）第八条规定："如蒙大皇帝恩准，西洋各外国商人一体赴福州、厦门、宁波、上海四港口贸易，英国毫无靳惜。"英方在这一条款后加入一个"但书"："但各国既与英国无异，设将来大皇帝有新恩施及各国，亦应准英人一体均沾，用示平允。"这实际上就是片面最惠国待遇。耆英在这条"但书"后又加了一段"但书"："但英人及各国均不得借有此条，任意妄有请求，以昭信守。"[10]但这段"但书"文义模糊，难以起到限制片面最惠国待遇的作用。

1843年，美国派出以顾盛（Caleb Cushing）为特使的

---

[10] 茅海建：《天朝的崩溃》，生活·读书·新知三联书店2014年版，第508—509页。

外交使团赴华,要求直接进入北京面见皇帝,而清朝官员更为看重如何阻止美国使团不合朝贡礼仪的行为,在谈判过程中以其他利益来交换。中美双方最后达成《中美五口通商章程》(即《望厦条约》),其第二条规定:"如另有利益及于各国,合众国民人应一体均沾,用昭平允。"[11]就这样,美国没有耗费多少资源,就成为继英国之后第二个获得片面最惠国待遇的国家,而《望厦条约》也因其法律技术上的精巧,而成为之后许多类似条约的范本。不久,法国(1844)、瑞典-挪威(1847)、俄国(1858)、丹麦(1863)、西班牙(1864)、比利时(1865)等国纷至沓来,从中国获得片面最惠国待遇,甚至尚未形成统一国家的普鲁士和德意志关税同盟各邦、城也于1861年从中国获得片面最惠国待遇。随着时间的推移,片面最惠国待遇条款的适用范围也从商业领域扩大到政治事项。这种片面最惠国待遇使各国在面对清政府的时候有了共同的利益:只要一个国家从清政府获得额外的利益,其他国家就能"一体均沾",这使得他们更有动力相互串通,对清政府施加压力,也导致清政府的"羁縻"或"以夷制夷"很难起到实际作用。

列强在华的协调行为很快出现。在太平天国起义爆发之后,列强最初持观望态度,宣称"中立""不干涉"。1853年,英国照会美、法、俄三国,向清廷提出"修约",

---

[11] 褚德新、梁德主编:《中外约章汇要:1689—1949》,黑龙江人民出版社1991年版,第87页。

要求清政府同意列强"广泛进入中华帝国的内地"、"扬子江的自由通航"、"实现鸦片贸易合法化"以及公使驻京等条件。1853—1854年，英国公使文翰、法国公使布尔布隆及美国公使麦莲等西方外交官员打着"中立""友好"的旗帜，到天京"访问"。在1854年天津谈判中，英法威胁清廷，如果不满足要求，他们将与太平天国谈判。但清政府并没有满足列强的要求。在1853—1854年，为了保护自己的殖民利益，英、法、美三国主动协助清军，镇压了上海小刀会和广州天地会起义。1856年克里米亚战争结束，英法两国得以从欧洲抽调资源回应中国局势，而沙俄新败后转向中亚与远东寻求补偿，美国则积极向外扩张，勾结英、法。在此背景之下，爆发了1856—1860年的第二次鸦片战争，英法联军占领北京。

在第二次鸦片战争期间的1858年4月中旬，美国公使列卫廉（William Bradford Reed）与英、法、俄等国公使共同北上，联合向清政府提出包括公使驻京在内的种种要求，清政府则希望美国公使从中调停中英、中法冲突，甚至采取笼络美俄两国以制衡英法两国的"以夷制夷"的策略。4月15日，两广总督何桂清上奏称，俄国致军机处的照会，附在美国的照会之内，而未附入英国照会，可见"英、美之不相能，俄欲舍英而就美，已有明证"，并建议清廷在对四国的交涉中，"设法离间，以夷制夷，使之互相携贰，渐行削弱"。[12]何桂清所奏得到咸丰皇帝的肯定。然而在后续交涉

---

[12] 贾桢等编：《筹办夷务始末·咸丰朝》卷二十，中华书局1979年版，第695—697页。

中，俄国不仅没有发挥实质牵制英法的作用，反而趁火打劫，提出了比英法更贪得无厌的领土诉求，通过1858年的《瑷珲条约》割走中国大片领土。咸丰帝又试图借助美国力量来调停，但美国拒绝介入。清廷"以夷制夷"以消弭外患的策略遭遇彻底失败。

第二次鸦片战争后，清廷改革原先的朝贡外交体制，各国公使获准进驻北京，而清廷也于1861年建立了总理各国事务衙门，办理外交事务。美国林肯政府的公使蒲安臣（Anson Burlingame）驻华期间，主张在避免与中国发生严重冲突的前提下伙同英、法、俄从中渔利。1862年，蒲安臣向英、法、俄驻京公使提出对华"合作政策"，主张在中国的一切重大问题上，英、法、美、俄等国应协调合作，赞助清政府维持社会秩序的稳定，不在中国占领租界，不用任何方式干涉中国的内政，不威胁中国的领土完整，等等。卫斐列（Frederick Wells Williams）直接将蒲安臣追认为"门户开放"政策之父。[13] 蒲安臣赢得了清朝统治者的信任，负责外交的恭亲王奕䜣奏请朝廷，委托蒲安臣担任清政府钦差大臣出使欧美各国。而这实际上又给美国提供了与其他列强进行政策协调的良机。

目睹西方列强在中国取得种种利益，1870年，日本派遣使臣柳原前光来华试探签订条约，遭到总理衙门拒绝。柳原前光就以中日联手劝诱新任直隶总督李鸿章："英、美、

---

[13] Frederick Wells Williams, *Anson Burlingame and the First Chinese Mission to Foreign Powers*, Charles Scribner's Sons, 1912, p.viii.

法诸国，强逼我国通商，我心不甘，而力难独抗……唯念我国与中国最为邻近，宜先通好，以冀同心合力。"[14] 当时清政府正因"天津教案"而受到英法两国压力，柳原前光的措辞颇合李鸿章"以夷制夷"之意，而在京的两江总督曾国藩也被柳原前光说服。曾李二人推动总理衙门与日订约。1870年10月31日总理衙门照会日方，允许日本派员来华议约。但清廷此时已经充分意识到了片面最惠国待遇的危害。在第二年谈判《中日修好条规》的时候，李鸿章拒绝"约同西例"，拒绝给予日方片面最惠国待遇；《条规》也规定双方给予对等互惠的领事裁判权。由于日本明治政府同样也给予一系列西方列强以片面最惠国待遇，既然中日之间存在对等互惠的领事裁判权，日本政府就难以要求西方列强取消在日领事裁判权。这一状况直到甲午战争之后才发生改变，通过1895年《马关条约》，日本取得与西方列强一样的在华片面最惠国待遇，并将对等互惠的领事裁判权变成了日本在华单方享有的领事裁判权。日本与欧美列强"利益均沾"，这成为其加入"大国协调"的重要基础。

从鸦片战争到甲午战争，列强在华冲突烈度尚处于相对较低的程度。由于"片面最惠国待遇"的存在，中国给予某个列强的额外特权，其他列强"一体均沾"，这使得列强有动力相互协调，从清政府获得进一步的利益。中国庞大的国土与国内市场，也使得列强可以有广阔的空间来建立自己

---

[14] 王芸生：《六十年来中国与日本》（第1卷），生活・读书・新知三联书店1979年版，第31页。

的势力范围,而不至于与其他列强在逼仄的空间里狭路相逢。这一时期列强之间最大的冲突,正是英俄在中亚的"大博弈"在中国新疆与西藏地区的延伸——英国担心俄国占据中亚,最终会威胁到其印度殖民地,因此与俄国在中亚展开激烈的争夺。清廷也部分利用了英俄之间的矛盾,打败了阿古柏的"浩罕汗国",重新收复新疆。但即便如此,在中、英、俄关于帕米尔的交涉中,中方希望英俄两强相争,"冀免二敌之并受"[15],英俄却通过秘密协定,背着清政府私分了帕米尔高原。

列强的这种合谋关系不仅体现于中国本土事务上。1876年日本强迫朝鲜签订《江华条约》后,李鸿章奉行"以夷制夷"政策,试图借助西方列强的力量来牵制日本在朝鲜的势力。但是日本与其他西方列强在朝鲜都获得了片面最惠国待遇,日本有动力通过与西方列强的协调,强调保障他们的既得利益,从而将总理衙门的"以夷制夷"策略化解于无形。其结果是,1894年日本侵略朝鲜,西方列强并没有发挥阻滞作用。

不仅是朝鲜,甚至太平洋岛国夏威夷王国都深受列强之间的合谋关系之苦。1881年,夏威夷国王卡拉卡瓦(Kalākaua)在访问日本东京时,曾对明治天皇这样抱怨西方国家的所作所为:"他们从不考虑可能给其他国家带来什么伤害,他们也不会考虑自己的行为会给其他人带来多少灾难。当他们需要与东方国家打交道时,这些国家倾向于联合

---

[15] 许景澄:《许景澄集》(第1册),浙江古籍出版社2015年版,第236页。

起来。而东方各国则相互孤立，互不相助。在和欧洲国家打交道时，这些东方国家缺乏应对策略。这就是为什么现如今，欧洲国家掠夺了东方国家的许多权利与利益。因此，东方国家必须联合起来，以维持现状，以此来反对欧洲国家。"[16] 卡拉卡瓦之抱怨，恰说明列强之间的合谋关系是多么普遍。

列强在华利益冲突在甲午战争之后有所升级。1895年，德、俄、法三国认为日本在《马关条约》中获益过多，影响到东亚的权力平衡，联手干预，迫使日本将辽东半岛还给中国，这便是所谓的"三国干涉还辽"。"三国干涉还辽"发生后，两江总督刘坤一建议总理衙门"因势利导，与之结欢，让以便宜，在所不惜……庶可以制东西两洋"。[17] 1898年，驻美公使伍廷芳上陈《奏请变通成法折》，建议授予英美更多商业利益，尤其是凭借美国力量牵制其他列强，形成有利于中方的"均势"格局。[18] 1896年，俄国诱迫中国签订密约，将中国东北变成自己的势力范围。1897年，德国出兵山东胶澳（今青岛），进一步引发其他列强谋求"均势"的行动，俄国占领旅顺，英国出兵威海，一时列强之间在中国的矛盾呈现激化之势。严峻的国际局势催生了清廷的"戊戌变法"，维新派官员中一度流行联合英、美、日对抗德、俄

---

[16] Donald Keene, *Emperor of Japan: Meiji and His World, 1852-1912*, Columbia University Press, 2002, pp. 347–348.
[17] 王彦威纂辑：《清季外交史料》（第112卷），国家图书馆出版社2015年版，第3页。
[18] 丁贤俊、喻作凤编：《伍廷芳集》（上册），中华书局1993年版，第48页。

两国的主张，康有为甚至提出中英美日四国"合邦"的主张。[19] 但事实证明，列强之间的外交网络发挥了作用，尽管并不存在协调在华利益的多边会盟，列强仍然通过一系列双边外交渠道，协调自身在中国的利益边界，并未发生军事冲突。

1898年，美国赢得美西战争，在亚洲占领了菲律宾，开始进一步经营在亚洲的势力范围。在1899年，美国向其他列强发出"门户开放"照会。在1900年八国联军占领北京、中国有可能遭到瓜分的情况下，美国发出第二个"门户开放"照会。用乔治·凯南（George Frost Kennan）的话说，两个照会得到的是列强"勉强的、含糊其辞的、或有条件的答复"。[20] 首个照会集中关注列强的势力范围和租借地，第二个照会希望保持中国的"领土与行政完整"，希望保持中国市场的完整性，从而使美国资本获得均等的商业机会。"门户开放"照会也要求中国遵守不平等条约的各种规定。这是为了维持列强在中国的"均势"，最终有利于美国的商业扩张。

1900年，在八国联军占领北京的背景下，许多清廷官员担心中国遭到列强瓜分。在俄利用镇压义和团的机会占据中国东北时，李鸿章几乎复制了他应对日本威胁朝鲜半岛时"以夷制夷"的思路，提出将"门户开放"适用于东北，引

---

[19] 康有为：《请速简重臣结连与国以安社稷而救危亡折》（代宋伯鲁作），姜义华、张荣华编校：《康有为全集》（第四集），第450页。
[20] 〔美〕乔治·凯南：《美国外交》，葵阳等译，世界知识出版社1989年版，第31页。

进日、美、英等国的力量,向俄国施加压力。流亡海外的康有为也对时局忧心忡忡。在1900年11月至12月一封给李鸿章的书信中,康有为指出"……各国意见协和而公商,乃中国之大害也,瓜分之立至也"。[21] 1815年维也纳会议,正是俄、普、奥三国的协调,导致了波兰被彻底瓜分。而土耳其和埃及也深受列强协调之害。因此,当务之急在于,找到列强相互之间的利益分裂点,在其达成协调之前,尽早抛出自己的方案。而康有为提出,在"各国尚倡保全"时,应趁各国尚未协商时与各个列强分别签订条约;在"各国若欲分割"时,则抛出东三省,让列强自己去争夺。这与李鸿章提出的在东北实行"门户开放",借助英、美、日的力量来制衡俄国的思路,在原理上是一致的。

但对于列强而言,要达成瓜分中国的"大国协调"具有巨大的难度。1900年10月至11月,参与联军的八大列强以及西班牙、荷兰、比利时的代表在西班牙公馆召集了十多次外交团会议,于12月24日向奕劻提出了十二条大纲,并说明不得更改,这成为《辛丑条约》的基础。通过《辛丑条约》,列强索取巨额赔款,扩大在华特权,包括在京畿驻军,但并没有瓜分中国。中国未遭瓜分,与列强之间的利益纠葛有关:八国联军统帅瓦德西(Alfred Graf Von Waldersee)在给德皇威廉二世的奏折中对列强之间的矛盾做出如下分析:"英国极不愿意法国进据云南、日本占领福建。日本方面对

---

[21]康有为:《致李鸿章书》,姜义华、张荣华编校:《康有为全集》(第五集),第320页。

于德国之据有山东，则认为危险万分。各国方面对于英人之垄断长江，认为势难坐视。至于美国方面，更早已决定，反对一切瓜分之举。俄国方面若能听其独占满洲，毫不加以阻扰，则该国对于他国之实行瓜分中国，当可袖手旁观，盖彼固深信，各国对于此事，彼此之间必将发生无限纠葛故也。因此之故，急欲促现瓜分一事，实系毫无益处之举。"[22]这里比较突出的是美国，1898年刚将菲律宾变成殖民地的美国，在远东势力大增，保持中国市场的统一和完整有利于美国利益，因此美国提出了"门户开放，利益均沾"。而英国实际上也不希望自己从中国统一市场中获得的利益被其他列强分割。

同时，义和团运动所表现出来的战斗精神也对列强产生了很大冲击，使其认识到直接统治中国将面对高昂的统治成本。瓦德西评论，义和团运动让他认识到中国民众"尚含有无限蓬勃生机"，中国的前途并不悲观："倘若中国方面将来产生一位聪明而有魄力之人物，为其领袖，更能利用世界各国贡献与彼之近代文化方法，则余相信中国前途，尚有无穷希望。"[23]如果说维也纳会议后的"欧洲协调"重在如何防止类似法国大革命这样的共和革命，义和团运动之后，列强在华的"大国协调"将防止出现另一次义和团运动作为自己的重要目标，这种心理深刻影响了辛亥革命期间列强的对

---

[22]〔德〕瓦德西：《瓦德西拳乱笔记》，王光祈译，上海书店出版社2000年版，第105页。
[23]〔德〕瓦德西：《瓦德西拳乱笔记》，第107页。

华政策。

1900—1901年的"大国协调"还产生了若干重要的制度成果：列强的驻京公使团之间的协调常态化，尤其形成了一国在华采取重大行动之前需要通告他国的惯例。列强不断在对华问题上协调自身利益，以防止在中国土地上出现新的义和团运动。这一会议制度在后续的"大国协调"中还会不断出场，尤其是在辛亥革命期间。

到了20世纪初，列强在华金融和实业利益竞争比前一阶段进一步升级。与此同时，由于全球形势的演变，列强之间出现了一系列双边结盟关系，进而形成一个复杂的"条约网络"。首先是1871年德国的统一极大地改变了欧洲的均势格局，对英、法、俄都形成了某种挤压，而威廉二世也放弃了俾斯麦的多边结盟政策，采取了咄咄逼人的外交攻势，使得英、法、俄三国走近。但与此同时，英俄之间在中亚和远东又有着深刻的矛盾，英国试图借助日本的力量来牵制俄国。1902年，英日缔结同盟，这一同盟关系在1907年和1911年两度续约。1902年英法两国签订了"挚诚协定"，消除了两国在诸多事务上的摩擦，到1904年，英法两国进一步形成共同防德的协约，同时相互承认在华既得利益。

1905年日俄战争结束后，在美国主持之下，日俄两国签订了《朴茨茅斯条约》，日本取得俄国在中国东北南部的一系列特权。1907年则集中涌现了三个双边协定：（1）法国与日本签订协议，日本承诺不侵占法国在印度支那的利益，法国承认日本在华既得利益；（2）俄国、日本签订第一次密约,俄国承认日本在朝鲜半岛的利益,日本承认俄国对蒙古的势力范围主张,并划分了两国在中国东北的势力范围;(3)英国与俄国签订条约,界定了两国在波斯、阿富汗与中国西藏地区的势力范围,认定中国对西藏享有的是"宗主权"(Suzerainty)而非"主权"(Sovereignty),英俄两国均不干涉西藏内部事务。至此,"条约网络"正式形成,不仅英、法、俄围绕反德结成协约,日本也通过英日同盟,间接参与到协约国的诸多协调。

德国与美国两个国家尚未被纳入这个通过一系列双边协议结成的协调机制。德国在欧洲受到协约国的围困,试图以中国为切入点来分化列强,减少自身在世界上其他地方的外交与军事压力。未与协约国结成同盟关系的美国是德国的拉拢对象。1907—1908年,德皇威廉二世曾试图谋求建立一个中、美、德之间的同盟关系,并认为这个同盟关系可以更好地维持中国的独立与领土完整,但此时的清廷受制于八国联军侵华之后形成的列强"大国协调"关系,已经不敢明目张胆地采取"以夷制夷"策略,害怕与美、德结盟会招致其他列强的猜忌;美国也有类似的考虑。最后,中、美、德同盟的构想并未付诸实施。[24]而在日美关系方面,1905年7月29日美国战争部长威廉·霍华德·塔夫脱(William Howard Taft)和日本首相桂太郎会面,签订了一份秘密备忘录,日本承认美国对于菲律宾的既得利益,美国也承认日本

---

[24]李永胜:《1907—1908年中德美联盟问题研究》,《世界历史》2011年第4期。

在朝鲜的既得利益。1909年美国政府与日本政府进一步签署了"罗脱-高平换文"(The Root-Takahira Agreement),与日本就太平洋秩序达成一系列协议,同时要求协议的第三款写明:维持中国之独立与领土完整,及该国列强商业之机会均等。美国认为在双边条约中获取日本的承诺,比中、美、德同盟更为谨慎,不会对其他列强产生更大冲击。

在20世纪初,英、法、俄、德因为欧洲内部矛盾的上升而无暇过多关注中国事务,日本受到英日同盟和与其他列强的双边关系的约束,同时忙于消化自身在朝鲜和中国东北南部的既得利益,其结果是,日俄战争后的一段时间里,列强对华最具"进取之心"的就是美国。美国一度试图收购南满铁路,后来又提出"诺克斯计划"(Knox Plan),试图与日俄在中国竞争。但当美国将东北铁路的国际共管方案照会列强寻求列强支持的时候,英、俄、日都表示了反对,德国一开始支持,但惧于可能导致德国在欧洲更加孤立,选择了放弃。美国在东北的计划徒劳无功,反而促使感到威胁的日俄于1910年签订第二次日俄密约,不仅确认了1907年第一次密约划定的势力范围,而且规定两国特殊利益受到威胁时,缔约双方将采取联合行动或提供援助,从而使得这一盟约具有了军事同盟的性质。

与此同时,美国在华中地区扩展自身的影响力,寻求与其他列强分享湖广铁路筑路权。1908年,清廷军机大臣张之洞受命兼任粤汉铁路及鄂境内川汉铁路两路督办,试图将民间士绅掌握的湖广铁路筑路权收归国有,并向列强借款,以加快铁路的修筑。受到协约国围困的德国寻求在中国事务上突围，在借款事务上占得先机。然而英国获知消息之后，派遣汇丰银行代表与张之洞接洽，要求加入。张之洞同意湖广铁路借款以英、德两国银行为共同债权人。法国获知消息之后，也要求加入。三国金融家在柏林召开会议，于1909年5月达成协议。1909年6月，三国银行团代表与张之洞的代表草签借款合同。7月6日，三国金融家正式缔约成立三国银行团，目的在于垄断中国铁路借款业务，排挤其他竞争者。

在三国银行团形成之后，美国横插一杠，要求参与共同借款。英、法、德三国政府表面上没有反对。但在与三国金融代表谈判的过程中，美国感觉获得的利益份额过小，为此，塔夫脱总统违反外交惯例，于1909年7月15日直接致电清廷摄政王载沣，希望"平等参与"，实质是迫使清廷放弃支持欧洲列强的主张。经过长时间的继续谈判，1910年5月23日，四国金融代表终于在巴黎达成协议，英、法、德准许美国财团加入联合组织，分享湖广铁路特权。至此，三国银行团正式发展为四国银行团。

如果说在湖广铁路借款问题上美国是硬挤进列强的银行团，在币制改革及满洲实业贷款事务上，美国也领教了与其他列强的竞争。清廷于1910年10月向美国提出借款，用于货币改革及振兴满洲实业，增强清廷对于东三省的控制力。但英、法、德三国获悉该计划后，也要求加入这一借款计划。在诺克斯计划遭遇失败之后，美国感觉到在东北单独挑战日俄既得利益无法成事，于是同意将独家贷款变成四国银行团联合贷款。1911年4月15日，四国银行团与清政府签订了币制改革及满洲实业贷款合同。银行团的业务范围也就从长城以南扩展到长城以北日俄两国的在华势力范围。这一扩展引起了日俄两国的不满。不过,在清朝与民国政权过渡的过程中,列强之间的协调继续推进,四国银行团最终发展为六国银行团。银行团成员进行协调的核心平台,就是"银行团间会议"(Inter-Group Conference 或 Inter-Bank Conference),会议定期在巴黎、伦敦、柏林秘密进行,各国财团或银行派员参加,会议除了商讨对华借款项目和借款条件之外,还协调彼此之间的利益关系,解决银行团内部以及银行团与其他主体之间的纠纷。除指定的情况之外,银行团不需要邀请中方代表与会,由此可见中方的弱势。

综上所述,自1840年以来,一系列殖民帝国在中国取得"片面最惠国待遇",这一制度在很大程度上将列强联结为一个临时的利益共同体,而清政府采取的"以夷制夷"的战略低估了列强相互之间丰富多样的协调机制,其筹划经常落空。在20世纪最后十年,列强在华矛盾冲突加剧,但协调机制也随之进一步发展。1900—1901年,通过八国联军侵华与《辛丑条约》的签订,列强进行了一次大规模的"大国协调",并留下了驻京公使团的协调机制。在20世纪初,英、法、俄形成三国协约,英国又通过英日同盟,将日本纳入协调,而处在这一协调机制之外的德美两国,加入了列强在华的银行团机制。这样,英、法、德、美、日、俄六强之间的条约网络+银行团,加上之前的驻京公使团的协调机制,成为列强通过"大国协调"共同支配半殖民地中国的制度机制。清政府的"以夷制夷"战略,至此已经很难有施展的空间。

与"欧洲协调"体系相比,列强在中国的"大国协调",很难说是"欧洲协调"在空间上的简单扩展,而出现了诸多新的特点:

一,不同于以镇压法国革命与拿破仑为基础的"欧洲协调",列强在中国进行的"大国协调",是自诩"文明国家"的诸殖民帝国对于被视为"半文明国家"的半殖民地的"大国协调"。它所关注的焦点并不是政体问题,而是列强在殖民地、半殖民地的利益分配问题。

二,列强在中国进行的"大国协调",其参与者比"欧洲协调"更具区域多样性,尤其是包含了美国与日本两个非欧洲的列强。19世纪上半叶的"欧洲协调"核心是英、俄、普、奥、法的"五强共治"(Pentarchy)。但在普奥战争与普法战争之后,新生的德意志第二帝国成为中欧的核心强国。在欧洲之外,美国在1823年提出了排斥欧洲列强干预美洲事务的"门罗主义",尤其反对欧洲君主制国家改变美洲共和国的政体,英国专注于在拉丁美洲经营其"非正式帝国"(informal empire),这些因素导致"欧洲协调"体系长期以来无法覆盖美洲事务。在内战之后,美国加速崛起,在19世纪末巩固美洲区域霸权地位,并在1898年美西战争中击败西班牙,在亚洲取得了菲律宾。而日本经历明治维新,在1894—1895年的甲午战争中打败中国。日美两国参与了1900年八国联军侵华,以及1901年清政府与十一国签订的《辛丑条约》。在1904—1905年日俄战争之后,日本被西方列强承认为"国际大家庭"的一员，于是在华协调的顶级列强稳定为英、俄、德、法、美、日六强。随着日美两国在华影响力的日益增长，列强对华协调机制的欧洲色彩进一步遭到稀释。

与此类似的欧洲、美洲与亚洲列强在某个特定国家事务上的协调，在其他区域并没有出现。比如说，在欧洲，欧洲列强虽然有很多协调行为，但美国因为"门罗主义"对欧洲本土事务保持距离，而新崛起的日本在欧洲本土仍缺乏切身相关的利益。英、法、奥、德、俄等欧洲列强于1898年组成了一个国际金融委员会，监督希腊财政收支[25]，但美国与日本没有参加这一协调。在中亚与西亚，与中国同属半殖民地的波斯处于英、俄的"大博弈"之下，在奥斯曼帝国境内竞逐的主要是欧洲列强，日本与美国缺乏实质性的介入；在非洲，欧洲列强一度激烈竞逐，以至于1884年德国首相俾斯麦召集柏林会议予以协调，但美国除了对美国黑人建立的利比里亚（Liberia）有特殊关注，对于非洲事务介入极其有限，日本在非洲更是缺乏介入的动机。只有在中国，英、法、俄、日、德都获得了势力范围，而美国尽管没有在华获得与其他列强类似的势力范围，却渴望在中国市场获益。19世纪末20世纪初，唯一能够让六强同时魂牵梦绕的地理空间，就是中国。

---

[25] Michael Waibel, "Echoes of History: The International Financial Commission in Greece." In Christoph G. Paulus eds., *A Debt Restructuring Mechanism for Sovereigns-Do We Need a Legal Procedure?* Verlag C.H. Beck, 2014, pp. 3-19.

三，如果说在"欧洲协调"体系里，俄、普、奥三个奉行王朝正统主义的王朝国家组成的"神圣同盟"曾经起到原则引领作用，在华"大国协调"的倡导者则主要是英国和美国两个政体原则与"神圣同盟"迥异的列强。英国最早用炮舰打开中国国门，对于中国保持为统一市场具有既得利益。而美国在19世纪未能在中国获得"势力范围"，同时又急于向中国输出商品与资本。尤其19世纪90年代以来，日俄两个邻近中国的列强表现出了强烈的在华进取心，与英国的既得利益和美国的预期利益产生冲突。19世纪末20世纪初的英国面临德国的挑战，又在非洲经历了代价惨重的布尔战争，其对华政策倾向于保守现状，防止日俄两个邻近中国的列强通过"瓜分中国"侵蚀其势力范围。美国于1898年赢得美西战争，获得了菲律宾，将其作为在亚洲扩张的根据地，在1899年与1900年两次提出"门户开放"照会，要求其他列强保持中国领土和行政完整，为美国商品与资本提供与其他国家均等的准入机会。在20世纪初，英美两国还试图以日本来牵制俄国，在1904—1905年的日俄战争中投资日本一方。而当它们发现日本在华实力不断膨胀的时候，也采取了某些平衡措施。

四，西方列强在华的"大国协调"与他们在欧洲事务上的立场并不必然保持同步。比如说，1853—1856年的克里米亚战争并未导致英法与沙俄在对华政策上截然敌对。不仅如此，欧洲内部冲突的加剧，甚至有可能导致列强在华保持谨慎。在19世纪的欧洲本土，随着王朝正统主义原则与民族国家原则的此消彼长，相互联姻的欧洲各国君主纷纷将自己装扮成所统治民族的代表；1871年德国的统一从根本上改变了中欧的地缘政治环境，列强之间的协调性正在减退，其相互之间的冲突不断加强。但在中国这个规模巨大的半殖民地，欧洲列强相互之间的冲突强度远弱于其在欧洲本土的冲突强度，并能够接受美日两个非欧洲列强参与协调。"一战"前夕，当欧美列强在欧洲的冲突加剧的时候，随着其在中国资源投入减少，外交政策上反而变得更加谨慎，小心翼翼地防止中国成为新的战争策源地。1911年武昌起义爆发后的列强"大国协调"尤其体现了这一态势。协约国与德国在北非和巴尔干半岛剑拔弩张之时，在中国反而保持了协调关系，而英、法、美、德共同参与的"四国银行团"机制，起到了重要的协调平台作用。[26]

正由于从19世纪末到"一战"爆发之前，列强在中国形成了相当牢固的"大国协调"系统，对于许多中国精英而言，短期内很难看到改变国际体系规则的希望。于是其追求就变成了如何在既有的国际体系中避免被"瓜分"，并通过内部改革，推动中国国家地位的上升。

## 二 殖民秩序与"文明等级论"的引入

"文明等级论"是殖民主义"大国协调"体制输出的核心意识形态。通过把不同国家和族群划分为不同的"文明等级"，殖民帝国一方面确立对自身道路、制度与文化的自信，

---

[26] 章永乐：《"大国协调"与"大妥协"：条约网络、银行团与辛亥革命的路径》，《学术月刊》2018年第10期；章永乐：《"大国协调"的重负与近代中国的"旧邦新造"》，《学术月刊》2023年第3期。

另一方面，将自身对外部世界的支配正当化，并释放这样的信号：只有仿效殖民宗主国所示范的"文明"，不断进行自我改造，才能够实现"文明等级"的提升。

"文明等级论"按照生产方式和社会组织化程度来划分文明等级，如将社会划分为渔猎社会、游牧社会、农耕社会、工商社会。前两种社会形态通常被归入"野蛮等级"，而已进入农耕社会、具有完整国家组织的中国、日本、奥斯曼土耳其、波斯则被归入"半文明等级"，而西方列强将自己归入"文明等级"。进入19世纪，"文明等级"不断附加新的特征。比如，随着奴隶制在西方的废除，是否废除奴隶制，很快成为是否能跻身"文明等级"的重要特征。随着越来越多的西方国家在刑法中废除酷刑，是否保留酷刑，也成为"文明"与否的标准。随着代议制政府在西方的兴起，建立代议制政府也成为"文明"的重要特征，而究竟实现的是共和制还是君主制尚在其次。是否应该制定成文宪法，也是类似的，在19世纪早期，只有少数列强制定了成文宪法，因而成文宪法并不被视为"文明"的标志。但随着越来越多的列强制定了成文宪法，立宪日益与"文明"的观念关联起来。无论是废除奴隶制、废除酷刑，还是制定成文宪法，大部分西方列强获得这些新的特征均为时不长，但却能毫不犹豫地将其用于对全球不同族群和国家的评判中。

19世纪的欧洲国际法与"文明等级论"息息相关。从观念上说，更早的"万民法"（ius gentium）在理论上可以覆盖一切族群，但18世纪末新生的"国际法"（international law)概念带来了一个重要的断裂[27],"国际法"不再是适用于一切国家与族群的法,而日益被视为仅仅适用于"文明国家"之间的法。[28]拥有主权的"文明国家"与不具备完整主权的"半文明国家""野蛮国家"之间,不能完整适用平等主权国家之间的国际法规则。所谓"文明国家"将自身的主权性权力延伸到其他区域,将此视为文明教化的必由之途。至于"半文明国家"与"野蛮国家"所在的区域在列强入侵之前通行的国际规则,更不会被列强承认为有效的法律。比如说,以中国为中心的朝贡体系的基本规则,在列强看来就不是真正的法。西方列强在接触朝鲜、琉球与越南的时候,都刻意忽略了它们与中国的朝贡关系,将它们视为独立的国家,进而将其纳入欧洲国际法的主导之下。

在"文明等级论"之下,晚清中国不断与列强签订不平等条约,列强在华不断获得领事裁判权和片面最惠国待遇。而领事裁判权的行使正是基于这样的假设:中国的法律没有达到列强的文明程度,因而让"文明国家"的臣民来遵守这样的法律,是不正当的,他们应当接受的是本国领事而非中国官员的审判。至于列强在自己的租界里,更是直接建立法院进行审判。在公共租界,则由中外法官联合组成的会审公廨来进行审判,但实质的权力掌握在外国法官的手中。

---

[27] 英国思想家边沁(Jeremy Bentham)于1789年出版的著作中首创"国际法"(international law)这个概念。Jeremy Bentham, *An Introduction to the Principles of Morals and Legislation*, Batoche Books, 2000, p.10.

[28] Jennifer Pitts, *Boundaries of the International: Law and Empire*, Oxford University Press, 2018.

殖民主义"文明等级论"对于法律实践影响深远。它不仅体现在领事裁判权、片面最惠国待遇等条约规定中,也与冲突法(conflict of laws)的实践关联在一起。比如说,写作《英宪精义》的英国法学家戴雪(A.V. Dicey)的《冲突法》梳理总结了英格兰普通法院的大量司法判决,这些判决严格区分"文明国家"(civilised countries)与"非文明国家"(uncivilised countries),前者包括了欧洲基督教国家,以及它们殖民或统治的国家,至少是这些欧洲基督教国家认可的原则统治的国家。如此,英国、法国、墨西哥、美国与英属印度都被视为"文明国家",而土耳其与中国则被排斥在外。[29] 这种区分在冲突法上具有重要的意义。比如说,即便一个英国人居住在中国上海,英格兰普通法院也会认定,他在法律上的住所地(domicil)仍然是英国的住所地。如果一个英国臣民与一个意大利人在中国结婚,他们的婚姻能力将根据法定住所地(尤其是丈夫的住所地)的法律来判断,但无论如何都会排除中国法的适用。就合同的签订而言,双方签订合同的能力根据法定住所地的法律来判断,如果后者认定其缺乏相应能力,那么在中国签订的合同,将不能在英格兰法庭获得强制执行。[30] 在这个冲突法的世界

---

[29] A.V. Dicey, *A Digest of the Law of England with Reference to the Conflict of Laws*, Stevens and Sons: Sweet & Maxwell, 1908, p.30. 值得一提的是,中文译本《戴西和莫里斯论冲突法》并非对戴雪(即戴西)原初版本的翻译,莫里斯(J. H. C. Morris)系统修改了戴雪的原初版本,删改了那些具有明显"文明等级论"痕迹的表述。

[30] A.V. Dicey, *A Digest of the Law of England with Reference to the Conflict of Laws*, p.724–726.

里，所谓"非文明国家"的国内法，几乎就像影子一样缺乏存在感。

传教士在华传教时，大量运用了"文明等级论"的话语。美国传教士林乐知（Young John Allen）在1876年发表于其创办的《万国公报》的一篇文章中，将人类划分为"野人""牧人""有耕田凿井而谋稼穑之事者""规矩中人""明道之人"五个等级，"明道之人"居于最高等级，为"操教化之权者"，林乐知主张，如果任何人像"野人"与"牧人"那样对抗"操教化之权者"，必"逆者终亡"。[31]各国的国运有起有落，林乐知将其原因概括为"受教化者生，不受化者灭"。[32]德国新教传教士花之安（Ernst Faber）区分了"制度文章彬彬郁郁"之国与"草昧未开榛榛狉狉"的人群，将"教与不教"作为区分标准。[33]英国传教士李提摩太（Timothy Richard）在1876年发表于《万国公报》的一篇文章中，区分了"文雅之国"与"粗陋之邦"，但无论是何种邦国，最终都将以"耶稣教"的教化为尊。[34]

这些传教士所强调的"教"，其核心是接受并信奉基督教。在1879年所作的《教化论》中，林乐知认为"论理有三，上为天理，中为人理，下为物理"，各宗教之中，只有"耶稣教"完全覆盖了三个维度，印度教、伊斯兰教只谈神

---

[31] 林乐知：《中西关系略论》，《万国公报》第383卷，1876年4月15日。
[32] 林乐知：《教化论》，《万国公报》第551卷，1879年8月9日。
[33] 花之安：《教化议序》，《万国公报》第386卷，1876年5月6日。
[34] 李提摩太、郑雨人：《救世当然之理》，《万国公报》第301卷，1874年9月5日。

伦，儒教只谈人伦，均有欠缺。[35]基督教"如明星之烛照，若不遵之，其国永不能巩固，永不能滋长"。[36]李提摩太与林乐知共享这一见解，将人分为三等："有未受教者，为下等；已受教者，为中等；有多受教者，为上等。"[37]1883年《万国公报》还曾刊文，认为"崇耶稣教之国"在万国之中居于最高等级，在宗教教化上，万国无一能与"崇耶稣教之国"相提并论，从国家富足、人才智识的程度上，也无一可与"崇耶稣教之国"比肩。[38]从《万国公报》作者群的常见用法来看，他们对三个等级的划分，与当时的国际法学家们对于国际秩序中三个等级的划分，保持了高度一致：最高等为信奉基督教的"教化隆盛之国"；中等为已有一定教化，但不奉行基督教的国家，如土耳其、中国、日本以及印度、埃及、秘鲁、墨西哥等已经衰败的古国；第三等为非洲、大洋洲和美洲那些未受教化的野蛮土著。

在晚清传统士大夫的传统观念中，世界本身就是有等级的，存在着"夷"与"夏"之分，"以夏变夷"符合天理，只是"夏"对于治理化外之民往往没有什么兴趣，因此往往"从俗""从宜"，这与以"文明"为旗帜的殖民主义存在根本的区别。

清朝士大夫原来将西方人归入"蛮夷"行列，然而清

---

[35] 林乐知：《续教化论》，《万国公报》第552卷，1879年8月23日。
[36] 林乐知：《续教化论》，《万国公报》第552卷，1879年9月20日。
[37] 李提摩太：《五洲教务》，《万国公报》第40次，1892年5月。
[38] 真信子：《论圣书由神以教化为证》，《万国公报》第749卷，1883年7月21日。

廷所遭遇的一系列军事和外交失败，迫使士大夫反思固有的"夷夏之别"在多大程度上适用于西方人。王韬指出："自世有内华外夷之说，人遂谓中国为华，而中国以外统谓之夷，此大谬不然者也……华夷之辨，其不在地之内外，而系于礼之有无也明矣。苟有礼也，夷可进为华，苟无礼也，华则变为夷，岂可沾沾自大，厚己以薄人哉？"[39] 王韬实际上主张，西洋各国已具有高度的"礼乐政教"，不宜归入"蛮夷"行列。清廷后来将西洋各国之人称为"洋人"，即与这一认识的普及有很大关系。

而清廷驻英公使郭嵩焘从理学的视野来理解当时世界的文明等级，在对西方的态度上，甚至可以说比同时代日本作者福泽谕吉的《文明论概略》走得更远。他在1878年3月5日的《伦敦与巴黎日记》中介绍了当时欧洲流行的三个文明等级的划分："盖西洋言政教修明之国曰色维来意斯德（civilized，文明的），欧洲诸国皆名之。其余中国及土耳其及波斯曰哈甫色维来意斯德。哈甫者，译言得半也，意谓一半有教化，一半无之。其名阿非利加诸回国曰巴尔比里安（barbarian，野蛮的），犹中国夷狄之称也，西洋谓之无教化。"郭嵩焘甚至提出了一种翻转的"华夷之辨"，认为"三代以前，独中国有教化耳，故有要服、荒服之名，一皆远之于中国而名曰夷狄。自汉以来，中国教化日益微灭，而政教风俗，欧洲各国乃独擅其胜。其视中国，亦犹三代盛时之

---

[39] 王韬：《弢园文录外编》，中华书局1959年版，第296页。

视夷狄也。中国士大夫知此义者尚无其人，伤哉"。[40]英国正是"色维来意斯德"的代表，其治理接近中国的"三代之治"。不仅如此，英国对于殖民地的统治，在郭嵩焘看来是合乎天道的，不仅被殖民者，甚至中国也需要"大顺"于英国所代表的历史运会。[41]在甲午战争之前，朝贡体系虽受冲击，仍未倾覆，士大夫主流仍有"天朝上国"的优越感，于是郭嵩焘对西洋文明的推崇，时人多不以为然。

1894年，中日甲午战争爆发。福泽谕吉、内村鉴三、陆羯南、德富苏峰等人纷纷撰文，宣传这是一场"文明"对"野蛮"的战争，日本代表着"文明"，中国代表着"野蛮"。[42]战后不久，一本英国月刊《布莱克伍德的爱丁堡杂志》（Blackwood's Edinburgh Magazine）刊文，揭露了日本对于欧洲的宣传策略："日本人从战争开始就希望抓住欧洲媒体来展示自己，在这方面，就像他们在战场上那样凭借其令人钦佩的远见和组织而取得了成功。他们宣扬自己从事的是一场讨伐黑暗和野蛮的战争，正在传播光明——他们被基

---

[40] 郭嵩焘：《郭嵩焘日记》（第3册），湖南人民出版社1982年版，第439页。中国晚清士大夫对"文明"与"文化"概念的使用，可参见黄兴涛：《晚清民初现代"文明"和"文化"概念的形成及其历史实践》，《近代史研究》2006年第6期。

[41] 郭嵩焘：《礼记质疑》，《续修四库全书》经部，第106卷，上海古籍出版社2002年版，第352页。笔者对郭嵩焘的认识，得益于高波：《晚清理学视野下的英国殖民秩序——以〈礼记质疑〉与〈伦敦与巴黎日记〉为中心的探讨》，《社会科学战线》2017年第4期。

[42] 李永晶：《分身：新日本论》，北京联合出版公司2020年版，第168—169页；赖骏楠：《十九世纪的"文明"与"野蛮"——从国际法视角重新看待甲午战争》，《北大法律评论》第12卷第1辑，北京大学出版社2011年版。

督教国家照亮的那种光明,这样他们首先消除了非议。在这种第一印象消失之前,他们又以军事胜利塑造了一个新印象。"[43]在中国国内,《万国公报》的作者群也对甲午战争多有评论,对中国的文明评价进一步下降。威妥玛(Thomas Francis Wade)认为"中国素称为文明之国",但是民众"至愚极拙"、未受教化。[44]林乐知认为中国的教化在唐宋之后陷入千年的停滞,经甲午一役,中国的教化地位将进一步下降:"以久著荣名之古国,下侪于未谙教化之番人。"[45]许多中国士大夫在甲午战争之后才意识到"天朝上国"在列强眼中的真实地位,原有的骄傲一下子被击得粉碎。

康有为及其门人密切关注林乐知创办的《万国公报》的论述。1896年维新派在上海创办的《时务报》发表的文章之中,使用与civilisation对应的"文明"次数达到上百次。[46]梁启超在1896年所作的《论中国宜讲求法律之学》中称:"以今日之中国视泰西,中国固为野蛮矣。以今之中国视苗、黎、獞、猺及非洲之黑奴,墨洲之红人,巫来由之棕色人,则中国固文明也。"[47]谭嗣同在1896—1897年写成的《仁学》中警示:中国"不闻一新理,不睹一新法,则

---

[43] "The Japanese Imbroglio," *Blackwood's Edinburgh Magazine*, Vol.158, Sept. 1895, p.313.

[44] 林乐知译、叶尊闻记:《英前使华威妥玛大臣答东方时局问》,《万国公报》第73卷,1895年2月。

[45] 林乐知撰、叶尊闻译:《满招损谦受益时乃天道论》,《万国公报》第72卷,1895年1月。

[46] 戴银凤:《civilization与"文明"——以〈时务报〉为例分析"文明"一词的使用》,《贵州师范大学学报(社会科学版)》2002年第3期。

[47] 张品兴主编:《梁启超全集》,第60页。

二千年由三代之文化降而今日之土番野蛮者，再二千年，将由今日之土番野蛮降而猿狖，而犬豕，而蛙蚌，而生理殄绝，惟余荒荒大陆，若未始生人生物之沙漠而已"。[48]康有为于1898年1月向清廷上奏的《外衅危迫宜及时发奋革旧图新呈》（即《上清帝第五书》）对时局做了沉痛的分析，体现出其对于国际体系中的三个等级的理解："……昔视我为半教之国者，今等我于非洲黑奴矣……按其公法均势保护诸例，只为文明之国，不为野蛮，且谓剪灭无政教之野蛮，为救民水火。"[49]康有为担心中国正在从"半教之国"坠落至国际秩序中的底层，即非洲的黑人土著部落。而维新变法，也被康有为视为维系中国在文明等级中的地位的必要之举。

正是在深重的生存焦虑之下，严复于1898年刻印出版的译著《天演论》[50]一时洛阳纸贵，"物竞天择""适者生存""优胜劣败"成为晚清知识界共享的政论话语[51]，其影

---

[48] 蔡尚思、方行编：《谭嗣同全集》，中华书局1981年版，第344页。
[49] 康有为：《上清帝第五书》，姜义华、张荣华编校：《康有为全集》（第四集），第2页。
[50] 严复最早以《天演论悬疏》之名，于1897年12月开始在天津出版的《国闻汇编》第2、4、5、6期上连载发表部分译稿，连载持续到1898年2月15日，因《国闻汇编》停刊而中止。《天演论》最早的刻本是1898年6月湖北沔阳卢氏慎始基斋刻本，1898年12月又有福建侯官嗜奇精舍石印本，1901年上海富文书局推出石印本，1902年成都书局翻刻刊印。1905年商务印书馆推出铅印本，至1927年共印行32版。
[51] 日本汉学家小野川秀美认为："优胜劣败、适者生存，是严复《天演论》中所没有的成语，这些成语之所以在中国盛传，主要是梁启超从日本译传过来的。"〔日〕小野川秀美：《晚清政治思想研究》，林明德、黄福庆译，台北：时报文化出版事业有限公司1982年版，第295页。

响力甚至下沉到中学校园。胡适在上海澄衷学堂读中学时，学名为胡洪骍，字希疆，他在国文教师杨千里的影响下读了《天演论》，遂以"胡适"为笔名，到1910年官派留学时正式以"胡适"为名。他后来反思认为，当时《天演论》的读者"很少能了解赫胥黎在科学史和思想史上的贡献"，"能了解的只是那'优胜劣败'的公式在国际政治上的意义"。[52] 这可以说是晚清知识界阅读《天演论》最为典型的反应。严复对于赫胥黎的"翻译"其实包含了大刀阔斧的改写，弱化了赫胥黎对于将自然界的进化规则适用于人类社会的疑虑。但绝大部分读者并不关心严复对于赫胥黎的改写。中国古代的儒、道、佛均不尚"争"，但甲午战争之后对于"大争之世"的感知和由此产生的巨大的生存焦虑，使得"争"的观念逐渐被视为正面。严译《天演论》的观念流播的结果，是一种去道德化的"文明"论述的进一步流行。

在严复出版译著《天演论》的同时，义和团运动在北方蓬勃兴起。曾参与镇压太平军并随左宗棠收复新疆的湘军将领周汉力主辟洋教，捍卫孔孟之道，在两湖地区制作并广为散布反洋教宣传品。而当时的湖南维新派对此持警惕态度。《湘报》组织一系列文章，其中有文章标题即为《论湖南风气尚未进于文明》，内容是批评周汉代表的排外现象。[53] 南学会会长、公羊学家皮锡瑞认为"欧洲重公法，待野蛮无教化之国，与待文明有教化之国不同"，对于前者，"杀其

---

[52] 胡适：《胡适自传》，黄山书社1986年版，第46—47页。
[53] 张翼云：《论湖南风气尚未进于文明》，《湘报》1898年第57号。

人不为不仁，夺其地不为不义"。[54] 时务学堂总理熊希龄则主张湖南应当利用当下西人尚未侵入的窗口期，抓紧改革，"将来诸事办成，民智开通，或可冀其不来，即来而我属文明之国，不至受其鱼肉"。[55] 这就是期待中国能够通过维新变法，被列强承认为"文明之国"，从而能够平等适用"公法"（国际法），避免受到列强压迫。正是在这样的期待下，湖南维新派十分警惕民间出现的"排外"倾向，将之视为对提升文明程度的干扰。

随着义和团运动的激化，1900年八国联军侵华，掀起了列强对华使用"文明等级论"话语的高潮。在列强的宣传中，义和团和清政府都被妖魔化，作为"野蛮"的代表。林乐知撰文主张八国联军的胜利证明了西方教化的优越性："教也者，泰西立国之根本，以文明易犷悍之枢机也。"[56] 认为"中国人之性质，真所谓文明其外而野蛮其中也"，强调以中国的文明程度，绝无参加"万国公会"（如海牙和平会议）之资格[57]，而八国联军对于义和团的剿杀，是"文明大国之人剿灭出草之溪蛮峒蜑"的正义之举。[58] 亲历义和团运动的丁韪良则称自己本来想通过翻译《万国

---

[54] 皮锡瑞：《师伏堂未刊日记》戊戌闰三月二十九日，《湖南历史资料》1959年第1期，第111页。
[55] 皮锡瑞：《师伏堂未刊日记》戊戌三月初四日，《湖南历史资料》1958年第4期，第125页。
[56] 林乐知作、蔡尔康述：《十九周季年天下三大事记》，《万国公报》第144册，1900年12月。
[57] 林乐知：《论中国善后要策》，《万国公报》第141册，1900年10月。
[58] 林乐知述意、蔡尔康纪言：《有实无名论》，《万国公报》第143册，1900年12月。

公法》推动中国的进步,不料中国出现了倒退,掀起"排外"运动,令其倍感失望:"……岂料政府诸谬种,颇享公法之益,而不愿遵公法中公平、诚实、纯正之道,遂致欲进而反退。"[59] 朝野亦多有将义和团视为"野蛮"的言论。康有为弟子麦孟华撰文批判义和团"毁人租界,杀人人民,戕人公使,诚快彼排外之野心矣,然使外人日骂我为野蛮,日辱我为犷种,我四万万人遂无颜复对外人","野蛮之举,闻所未闻"。[60] 不过,梁启超主持的《清议报》也刊文《人道乎? 抑人道之贼乎? 》,追问"义和团其果为文明之公敌乎?",指出八国联军攻陷北京时的杀烧掳掠,为害之烈,甚于《嘉定屠城记略》《扬州十日记》中的相关记录,作者痛陈:"惟强者斯能受文明之名,而文明亦为强者所私有矣。"[61]

1901年,清政府最终与列强签订《辛丑条约》,中国丧失大量利权。八国联军侵华事件留下的阴影是长期的。许多地方士绅恐惧爆发第二次义和团运动,从而引发列强的干涉,导致中国被瓜分,于是在抵制列强的运动中,提出"文明排外",以与义和团运动体现的所谓"野蛮排外"相区别。[62]

---

[59] 林乐知汇选、蔡尔康汇述:《三译拳匪乱萲论》,《万国公报》第141册,1900年10月。
[60] 麦孟华:《论义民与乱民之异》《论今日疆臣之责任》,《清议报全编》卷三,第99、91页。
[61] 佚名:《人道乎? 抑人道之贼乎? 》,《清议报》第66册,1900年10月12日。
[62] 绍炎:《劝直隶人普及军国民教育》,《直隶白话报》第1年第8期,1905年5月18日。君剑:《文明的排外与野蛮的排外》,《竞业旬报》第5期,1906年12月6日。

在1905年由抵制美国华工禁令引发的抵制美货运动之中，"文明排外"即为重要的口号，在上海、武汉、无锡等地，地方绅商成立了"文明拒约社"等组织。[63]泉漳会馆提出的抵制美约办法，主张"凡遇美人，仍须礼待以昭文明；除不买美货外，余事一概不涉"。[64]"文明排外"目的在于证明自己不会违反中国在国际公法之下的条约义务，从而避免给清政府带来麻烦。在1911年四川爆发"保路运动"后，立宪派再三要求群众不要超出"文明保路"的范围，如攻击官府、教堂、抗捐税等，在宣传策略上避免直接与朝廷对抗，而是以光绪的上谕来抵制宣统的圣旨。[65]朱叔痴等在致新任川督岑春煊的书信中，还特别强调保路同志会"宗旨极为纯正，办法极为文明"。[66]而另一方面，列强始终恐惧中国爆发类似义和团运动那样的民众反抗，这种心理甚至延续到了辛亥革命期间。部分出于对中国民众反抗的恐惧，列强迅速进行了"大国协调"，不给南北双方任何一方以金融上的支持，并扶植当年镇压义和团甚为得力的袁世凯上台，收割革命的胜利果实。

八国联军侵华留下的另一重要影响是，在20世纪初立宪派与革命派之间的政治辩论中，立宪派批评革命派的革命

---

[63]《文明拒约社集议抵制禁约》，《申报》1905年7月30日。
[64]《泉漳会馆重议实行抵制美约办法》，《申报》1905年8月14日。
[65] 唐宗尧等：《立宪派人和四川咨议局的成立》，四川省政协文史资料委员会编：《四川文史资料集粹·第1卷：政治军事编》，四川人民出版社1996年版，第129—130页。
[66]《四川公民朱叔痴等为保路风潮致新任川督岑春煊书》，隗瀛涛、赵清主编：《四川辛亥革命史料》（上），四川人民出版社1981年版，第376页。

行动可能会导致列强的干涉,进而使得中国被瓜分;而革命派的自我辩解方式是将自己与义和团运动作区分,认为自己严格遵循国际法,保护列强在华利益,并不会导致列强的干涉与中国被瓜分。汪精卫辩解说:"革命之目的,排满也,非排外也。建国以后,其对于外国及外国人,于国际法上以国家平等为原则,于国际私法上以内外人同等为原则,尽文明国之义务,享文明国之权利,此各国之通例也。"因此,需要以民族主义、国民主义对"自然的暴动"加以改良,"以唤醒国民之责任,使知负担文明之权利义务……"[67]"国际法"为适用于"文明国"之间的法,正是19世纪欧洲国际法学家的标准立场。[68] 汪精卫回避了列强对于中国是否有资格完整适用国际法的看法,认为只要和义和团相区分,主动遵守国际法,列强就没有干涉中国的理由。革命派不仅在与立宪派的论战中诉诸国际法,而且内部也非常关注列强的观感。如1908年孙中山就在一封函件中关注香港英文版的《南清早报》对于革命派军事行动的报道,称其"盛称吾党之文明"。[69] 正是由于革命派对于革命不会招致瓜分这一观点的反复宣传,在1911年武昌起义爆发后,被迫参加革命的黎元洪在与袁世凯代表的谈判中也特别强调"各国皆文

---

[67] 精卫(汪精卫):《驳革命可以召瓜分说》,《民报》第6号,1906年7月25日。另参见汉民(胡汉民):《排外与国际法》,《民报》第4号,1906年5月;胡汉民:《驳〈总汇报〉惧革命召瓜分说》,《中兴日报》1908年8月19—22日。
[68] Lass Oppenheim, *International Law*, p.3.
[69] 孙中山:《致邓泽如黄心持函》,《孙中山全集》(第一卷),中华书局1981年版,第368页。

明之邦，以遵守公法为第一要义。微论必不干涉……"[70]

而1904—1905年的日俄战争带来了中国舆论界对19世纪主流"文明"话语的进一步内化。在战争过程中，日本进一步将自己包装成为遵循欧洲国际法的模范，导致著名国际法学家拉萨·奥本海认定，日本已经获得"民族国家大家庭"正式成员资格。[71]中国国土虽沦为列强的战场，中国主流舆论界却欢庆日本的胜利，称"立宪国"打败了"专制国"。梁启超1905年在《新民丛报》撰文认为"此次战役，为专制国与自由国优劣之试验场，其刺激于顽固之眼帘者，未始不有力也"。[72]《东方杂志》1904年8月刊文《专制国之难募兵》，认为专制国的士兵为一家一姓打仗，而立宪国国民为国为民打仗，故前者不肯自我牺牲，后者"以不得隶籍军人为耻"。作者认为："二十世纪之战争，专制国之必败于立宪国者，实为天演之公例。"[73]《东方杂志》1905年7月刊文《论日胜为宪政之兆》称："而横览全球，凡称为富强之国，非立宪，即共和，无专制者。"[74]在福泽谕吉1869年出版的《掌中万国一览》中，俄国与美、英、法、德并列为

---

[70] 郭孝成：《议和始末》，中国史学会编：《辛亥革命》，上海人民出版社1957年版，第66页。
[71]〔德〕乌尔斯·马提亚斯·扎克曼：《国际法在近代日本的继受与运用：1853—1945年》，魏磊杰主编：《国际法秩序：亚洲视野》，当代世界出版社2020年版，第114页。
[72] 梁启超：《俄罗斯革命之影响》，张品兴主编：《梁启超全集》，第1700页。
[73]《专制国之难募兵》，《东方杂志》1904年第1卷第6期。
[74]《论日胜为宪政之兆（录乙巳四月十八日〈中外日报〉）》，《东方杂志》1905年第2年第6期。

"开化文明",但福泽谕吉同时做了限制性说明:"缙绅贵族独极尽穷奢,小民则多苦于苛政、无智识,毕生不得尝自由之味。"[75] 简而言之,俄国是"勉强"被列入一等国的,但在日俄战争落败后,俄国在舆论中被归入与"立宪国"相对的"专制国",其"一等国"的地位更受质疑。

面对19世纪主流的"文明"论述,晚清士大夫的反应是多样的。郭嵩焘从理学的理论脉络出发,主张"大顺"于西方列强代表的"天道";倭仁等"清流"坚持正统理学立场,严守夷夏大防;张之洞改造理学,主张"中体西用",坚持纲常名教的重要性,同时在"用"的层面重视西学;而辜鸿铭严厉批判尚"智"而不重"德"的西方主流文明,并强烈坚持儒家的纲常名教,但其内在的理论脉络,却是基于欧洲内部的浪漫主义,而非儒家理学本身;章太炎则具有更丰富的道佛两家的理论资源,针对社会达尔文主义提出"俱分进化论",并对国家、政党、地方自治等一系列19世纪文明论的要素展开批评。[76] 但更普遍的回应,还是一方面大体上接纳"文明"话语,另一方面希望通过遵循列强的"文明标准"进行自我变革,从而在国际体系中实现自身地位的上升。

康有为代表着将"文明"话语纳入今文经学"三世说"框架,从而拯救儒家思想普遍性的方向。与福泽谕吉坚定的

---

[75] 福泽谕吉:《掌中万国一览》,《福泽谕吉全集》(第2卷),东京:岩波书店1959年版,第464页。

[76] 王锐:《革命儒生:章太炎传》,广西师范大学出版社2022年版。

反儒教立场不同，康有为寻求的是革新而非彻底颠覆儒教，其方法是将儒教视为整全的、适应于各个时代的思想体系。他奉孔子为"大地教主"，认为即便泰西各国，亦行孔子之道，从而消解了张之洞理论体系中的"中学""西学"之对立。康有为引入春秋公羊学中的"据乱世""升平世""太平世"来解释世界历史，将福泽谕吉视若圭臬的西方文明，解释为有待被超越的"竞争之世"的文明。在全球范围内，西方列强在竞争中占据了主导地位，然而贯穿其内外的竞争逻辑，给人类带来了极大痛苦。康有为1904年《德国游记》直斥道："竞争之世岂有所谓文明哉？但见为武明耳。"[77]同年所作的《物质救国论》论及日俄战争，评论道："号称为文明，使人敬之重之者，兵也。""兵乎兵乎，人身之衣也，营垒之壁也，文明之标帜也，土地文明之运取器也。"[78]这可以说是对19世纪西方"文明标准"话语背后的帝国主义政治逻辑的直接揭示和批判。

康有为设想，人类将最终通过向"大同"的过渡，实现对"国竞"时代治理逻辑的超越。然而，这个过渡将花费较长的时间，至少在晚近的数十年中，"国竞"的逻辑仍将占据主导地位，这意味着作为弱国的中国将不得不遵循列强设定的游戏规则。同时，要削弱"国竞"的逻辑，就需要推进列国的整合，而那些最善于"国竞"的国家，将成为推进

---

[77] 康有为：《德国游记》，姜义华、张华荣编校：《康有为全集》（第七集），第433页。

[78] 康有为：《物质救国论》，姜义华、张华荣编校：《康有为全集》（第八集），第74页。

列国整合的担当者。正是在这一视野中，康有为将德国视为最适应于"国竞"之世的典范国家，中国改革的楷模。康有为的理想是超越"国竞"，但其推动的现实政策，却是最为激烈的"国竞"。

而康有为的弟子梁启超虽然长期与康有为在保皇会运营与推进君主立宪事务上保持合作，但在知识路径上已经出现了很大的分歧。梁启超不仅放弃了经学的路径，放弃了维持儒家普遍性的追求，而且更为直接地汲取了19世纪主流的"文明等级论"思想。受到加藤弘之等日本作者的深刻影响，20世纪初的梁启超在社会达尔文主义的视野中来理解"文明"的概念，认为19世纪的"民族主义"在20世纪进一步发展为"民族帝国主义"[79]，列强之间的激烈竞争将是新世纪的主题，自由主义已经不符合新世纪的时代精神。梁启超认为，竞争促成文明的进步，而"大一统"将通过消灭竞争，带来文明的停滞。通过这一方式，梁启超否定了康有为的"大同"追求，同时也否定了中国古代的"大一统"。

梁启超认为，国家是最高的社会组织单位，其内部的

---

[79] 梁启超关于"民族帝国主义"的思想萌芽出现于发表在《清议报》第30册的《论近世国民竞争之大势及中国之前途》一文中，系统阐述可见发表于《新民丛报》第2—5号的《论民族竞争之大势》。石川祯浩指出，梁启超的论述参考了浮田和民的《日本帝国主义》《帝国主义之理想》，以及日本人"独醒居士"改写芮恩施（Paul S. Reinsch）的《19世纪末的政治思想》（*World Politics at the End of the Nineteenth Century*）和基丁格斯（Franklin Henry Giddings）的《民主与帝国》（*Democracy and Empire*）而形成的《帝国主义》一文。参见〔日〕石川祯浩：《梁启超与文明的观点》，〔日〕狭间直树编：《梁启超·明治日本·西方》，社会科学文献出版社2001年版，第114—116页。

组织力体现了"文明"的程度,而像盎格鲁-撒克逊人那样开疆拓土,建起一个举世无双的大帝国,正说明其"文明"程度之高。在作于1902年的《张博望班定远合传》中,梁启超称张骞、班超"二杰者实我民族帝国主义绝好模范之人格也",其开拓精神不亚于哥伦布、麦哲伦等人,然而中国历代君主重虚荣,不能组织殖民而保持土地,中国国民也缺乏自主精神,不能像英国国民前往新大陆那样"择地以自殖"[80],从而使得今日中国受制于列强。将张骞、班超描述为中国自身的"民族帝国主义"先驱,充分体现了梁启超在当时对于列强的"文明标准"的内化。当然,梁启超的诉求与郭嵩焘不同,他主张的并不是"大顺"于盎格鲁-撒克逊人代表的"天道",而是通过学习后者所代表的"文明"之道,实现本国组织力的提升,最终与列强并驾齐驱。

创刊于上海的《大陆》杂志第1期刊文《淘汰篇》,不仅直接谈"竞争"促进"文明"进步,甚至认为"淘汰"是"文明"的基础,文章指出:"昔者野蛮与文明战而野蛮胜,今则文明与野蛮战而文明胜。文明之所以胜者,盖野蛮由淘汰而日尽,文明由淘汰而日新,而文明有不得不胜之道存焉,故也。"将这一原理用于解释为何君主专制日益式微,其逻辑是,民众经过淘汰之后,"其智日进、其力日强,故竭其智力以与之争";而贵族统治之所以式微,是因为"贱者"经过淘汰之后,智与力都进步了;男女之所以趋于平等,是因为女子经过淘汰之后,竞争能力变得更强了。概而

---

[80] 张品兴主编:《梁启超全集》,第806、808页。

言之，文明"皆由各人淘汰之后，遂合众人之淘汰以成为世界之淘汰，而因以进步者也"。作者浓墨重彩地讨论人种之淘汰，并提到马尔萨斯的《人口论》，称野蛮淘汰和文明淘汰的差别，在人口问题上，不过是"有形之淘汰"与"无形之淘汰"的差别。[81]

革命派高旭等人主持的《觉民》杂志刊登《天演大同辨》一文，拟制了赞同"天演"的甲与赞同"大同"的乙之间的辩论。甲认为"优胜劣败"是"世界之所以日即文明"的根源，劣者归于消灭，于是"优者乃得展其文明之施设"。乙则举出白起坑杀降卒、沙俄哥萨克兵屠杀黑龙江人，认为这是"牺牲多数之血泪，易此少数之文明"。如果文野之别最终在于是否善于杀人，那么"实则文明即野蛮之变相耳"！这看起来像是康有为《大同书》中对于竞争的激烈批判。而甲则认为，乙的悲天悯人非常危险，中国当下的衰弱源于竞争思想的不发达，应当以天演学说作为"警梦之锤"，拯救苍生。而作者"君平"则做调停之姿态，称今日世界不足以语大同，但"究不可不以大同思想为之竟"。换而言之，必须知道大同的理想不可实行于今日，但不可无此理想。君平看似对两种思想进行了"调和"，实际上偏向于"竞争"的"天演"，认为即便是千万年后，"文明达于极轨"，物竞天择的道理也不会失效，因为如果竞争暂时停止，地球上将布满人类，于是竞争将不得不重新开始。[82]

---

[81]《淘汰篇》,《大陆》第1卷第1期，1902年。
[82] 君平：《天演大同辨》,《觉民》第9—10期合刊本，1904年7月。

甚至连妇女刊物也诉诸基于"竞争"的"文明"观念，论证男女平等。1904年革命派妇女刊物《女子世界》刊文《论铸造国民母》，树立"文明国"之榜样："试考察世界文明国中，无论王党、政党、温和党、进步党、革命党、虚无党、无政府党，一切社会人物，无不有惊天动地之女杰，以扶助于其间。"不同于中国女子仅以家庭身份而存在，这些都是以国民的身份所为。作者又引用当时流传的斯巴达女子箴言"惟斯巴达女子能生男儿，亦惟斯巴达女子能支配男儿"，将其解释为："国无国民母，则国民安生？国无国民母所生之国民，则国将不国。故欲铸造国民，必先铸造国民母始。"[83]而斯巴达正是梁启超在20世纪初广为传播的"民族帝国主义"的精神符号。在梁启超看来，西方列强在19世纪凭借雅典精神完成内部的政治建设，进而在20世纪借助斯巴达精神来对外扩张。[84]因而，妇女解放被赋予了"铸造国民"进而在与"文明国"的竞争中救亡图存的意义。

## 三 立宪与"文明"

那么，立宪究竟是如何与"文明"的观念发生关联的呢？在日本、中国、土耳其、波斯等被西方列强视为"半文明"的国家，首先掀起的是军事、司法、行政等领域的改革，"立宪"是在改革进入"深水区"之后，才真正提上日程的。

---

[83] 亚特：《论铸造国民母》，《女子世界》第7期，1904年。
[84] 梁启超：《斯巴达小志》，《新民丛报》第12号，1902年7月19日。

奥斯曼帝国部分领土位于欧洲，早在19世纪上半叶就深深感受到了通过改革证明自己为"文明国家"的压力。土耳其从1839年开始展开了坦志麦特（Tanzimat）改革，1840年即颁布了新的刑法典，法律改革的目的即是证明奥斯曼的法律符合列强的"文明标准"，希望列强废除在土的领事裁判权。奥斯曼帝国遵循了欧洲的一系列外交规则与国际法，也在1853—1856年克里米亚战争后被名义上接纳为"国际大家庭"的一员，但列强仍然在奥斯曼帝国保留并扩展自己的特权。而这迫使奥斯曼帝国继续深化自身的改革，其高潮是在1876年颁布一部钦定宪法。

与此同时，土耳其的外交官们面对欧洲列强开展了宣传攻势，认为欧洲"文明国家"通常都有成文宪法，土耳其制定了成文宪法，证明土耳其是"文明国家"。比如说，1876年12月26日，奥斯曼帝国驻英国公使穆苏鲁斯帕夏（Musurus Pasha）致信英国外交大臣德比勋爵（Lord Derby），提出"立宪政体被除俄国之外的所有欧洲国家所采用"。[85] 这个观点代表了奥斯曼帝国对俄国的基本态度：奥斯曼人认为俄国比他们自己的帝国更落后。穆苏鲁斯帕夏认为，即便是瓦拉几亚-摩尔多瓦和塞尔维亚这些"在文明上远不如帝国其他省份先进"的地方，都采用了立宪政体，这说明立宪已经是欧洲的常态。同时，他提到俄国要在两个地方建立立宪政体，一是保加利亚——"帝国最落后的省份"，二是波斯尼亚——"这里的一半人口都是穆斯林"。这位外

---

[85] Musurus to Safvet Pasha, December 26, 1876, SYS 1864/1, HR, BOA.

交官显然认为土耳其要比保加利亚文明程度更高,而拥有多数的穆斯林人口,丝毫不影响奥斯曼帝国拥有一部宪法。在此基础上,穆苏鲁斯帕夏提出这样的问题:"为什么奥斯曼帝国会被认为还没有成熟到可以拥有宪法呢?"[86]

距离欧洲更远的清政府并不像奥斯曼帝国一样,很早就感受到需要通过立宪来证明自己文明程度的压力。毋宁说,清政府首先是在1895年甲午战败后,感受到了"变法"的巨大压力,但1898年戊戌变法的议程并不包含"立宪"。经历过1900年的八国联军侵华以及1904—1905年的日俄战争,中国面临的民族危机变得进一步严重。正是在这一背景下,日本的立宪起到了巨大的示范作用。

明治时期的日本以西方列强为典范,推行了一系列改革:积极保护西方人的生命、自由与财产;从地方自治开始,逐步建立代议制政府;根据列强的外交制度,发展与列强的关系;学习列强的法律,改造本国国内法,宣示遵守国际法。1889年《明治宪法》的颁布,是明治维新的高潮时刻。这部宪法一方面确认天皇"万世一系""神圣不可侵犯""总揽统治权"的地位,另一方面也赋予民众一系列宪法权利。在日本超过4000万的人口中,25岁以上、缴纳一定税赋的男子拥有投票权,大约45万人拥有选举权,占人口比例略高于1%。日本男性的普选权在1925年实现,而日本女性直到"二战"之后,即1947年才获得投票权。《明治宪法》规定国民享有宗教信仰自由,有免于被任意逮捕的自由,有权接受司法

---

[86] Musurus to Safvet Pasha, December 26, 1876, SYS 1864/1, HR, BOA.

审判，法官除因受刑法之宣告或惩戒处分外，不得免职，国民还享有私有财产权、通信权和信教自由的权利，以及在法律范围内的居住、迁徙、言论、著作、刊行、集会及结社之自由。虽然存在高于普通臣民的皇族与华族，日本宪法第19条规定"日本臣民，按照法律命令所定之资格，均得充任文武官吏及就任其他公务"。[87]

与1889年宪法同时颁布的还有《日本帝国宪法义解》，该书以"长州五杰"之一伊藤博文的名义出版，共160多页，随后被翻译成了英文与法文，但其内容基本上是由伊藤博文的助手井上毅[88]起草的。《日本帝国宪法义解》刻意强调了日本天皇的核心地位及其所代表的"万世一系"的意义。这是伊藤博文考察普鲁士宪法与德意志第二帝国宪法所获得的认识成果。1882年，伊藤博文专程考察欧洲各国的宪制，在柏林停留了六个月时间，向德国著名法学家鲁道夫·冯·格耐斯特（Rudolf von Gneist）学习。冯·格耐斯特认为，宪法并非一份简单的法律文件，而是国家精神与能力的体现。之后，伊藤博文一行又在维也纳停留了11个星期，请教洛伦兹·冯·施泰因（Lorenz von Stein）等宪法学者。作为法学家、经济学家，施泰因曾先后在丹麦、法国、德国以及奥地利工作。

1871年的德意志第二帝国宪法确认皇帝有权在国际上

---

[87]《大日本帝国宪法》，杨孝臣：《日本政治现代化》，东北师范大学出版社1998年版，第348页。
[88] 伊藤博文门生、助手井上毅参加过戊辰战争，曾访问过德国和法国，还亲自将1831年的比利时宪法和1850年的普鲁士宪法翻译成日文；他对中国儒家思想、日本本土法律传统及日本宗教信仰与政治实践之间的联系深感兴趣。

代表德意志帝国，有权宣战、媾和，召集议会开会、休会，德意志皇帝是德国军队的总司令，有权组织、建设军队，所有德国武装部队都必须宣誓无条件服从皇帝的命令。1850年的普鲁士宪法和1871年的德国宪法也规定了征兵制。日本《明治宪法》大量参考了德国宪法中的规定。日本宪法也规定天皇有权指挥军队，并规定所有年龄在17岁至40岁之间的日本男性都有义务服兵役。在这部宪法颁布后，日本政府财政汲取能力急剧上升——当然，这也意味着日本民众的税务负担大大加重。

在《明治宪法》颁布后不久，日本于1895年打败中国，1905年打败俄国，在两次战争中，日本都开动宣传机器，向西方展示自己如何遵守欧洲国际法。日本国际法专家高桥作卫还撰写英文著作宣传日本对于国际法的尊重与遵守。[89] 这一切都给西方舆论界留下了深刻印象。日本被接纳为所谓"文明国家"，同时也打造了一个"立宪国打败专制国"的神话。[90] 对于诸多非西方、非基督教、非白人的国家和民族而言，日本证明了可以通过自己的努力，制定和实施一部适应本土政治与文化传统的成文宪法，进而实现自身国际地位的提升，以至于与西方列强并驾齐驱。时人纷纷在《明治宪法》的颁布和日本国际地位的提升之间建立某种因果关系，

---

[89] Sakuye Takahashi, *Cases on International Law During the Chino-Japanese War*, Cambridge University Press, 1899.

[90] 林乐知在甲午战争后翻译森有礼的《文学兴国策》，在序言中认为中日两国存在鲜明对比："日本崇尚新学，其兴也勃焉；中国拘守旧法，其滞也久矣。"见林乐知：《文学兴国策序》，《万国公报》第88册，1898年5月。

尽管很少有人深入探究其中的机制。

俄国在日俄战争后的走向，进一步加固了当时舆论中的"立宪国打败专制国"的印象。俄国战败引发了1905年革命，在革命压力之下，沙皇颁布《整顿国家秩序宣言》，宣布推行君主立宪。1906年，俄国颁布了《俄罗斯帝国基本法》，还组建了选举产生的代议制机构杜马。这也被舆论界广泛视为总结日俄战争教训、改革专制政体的举措。1906年，圣彼得堡一家日报记者对日俄战争进行了这样的分析："通过日俄战争，东方人意识到，他们可以追上欧洲的脚步，走向文明，实现繁荣，他们同时也意识到，除非建立宪制国家来取代先前的专制压迫，否则他们无法跟上欧洲的步伐。他们开始将日本在短时间内取得的进步归功于议会与宪制，正因为如此，中国人、印度人、菲律宾人都要求他们的政府制定宪法。"[91]

在明治政府开始变法后不久，就有一些信息渠道向中国介绍了日本维新的消息。美国传教士林乐知创办的《万国公报》对日本法律改革的介绍，可以追溯到1878年前后。1878年5月18日，《万国公报》就登载"大日本国事"，介绍日本人"习学律例"的经验；1879年7月26日，《万国公报》第549卷刊文介绍日本"广求西法"；1893年11月，英国传教士李提摩太在《万国公报》上刊文《续三十一国志要》，评价了日本的变法成效："日本明治皇帝以匡复为己

---

[91] Renée Worringer, *Comparing Perceptions: Japan as Archetype for Ottoman Modernity, 1876–1918*, University of Chicago PhD dissertation, 2001, p.37.

任,遂尽削大将军之权,且改封建而为郡县,国政悉归君主,而又酷慕新法,凡有益于国计民生者,无论与旧日向例合符与否,即日从速兴办……于是二十四年前僻在东瀛之一小国,无权无势,今则西法遍布于民间,国运骎骎日盛,竟俨然列于大国之林矣!夫以数十年之间,弱而忽强,贫而忽富,若此其更变也,吾见亦罕矣。"[92]甲午战争之后,《万国公报》更是宣传学习日本的重要阵地。1898年,《万国公报》刊登李提摩太译文《美国总管学校大臣海理士复函》,呼吁中国向日本学习:"日本三十年来,已将旧法改变,泰西所有善政,均极意仿行。中国如看欲变法,即查考东洋如何设施,亦可以照样兴举,虽有不能尽学之处,不过大同小异而已。"[93]

甲午之后,士大夫中议论变法者,往往以日本为榜样。《马关条约》签订后,发生了"三国干涉还辽",西方列强给了日本很大压力。1896年,中俄结盟以牵制日本,1897年德国又占领中国山东胶澳。在这一背景下,日本自感势单力薄,朝野都将目光投向中国,在甲午战争前后沉寂下去的"中日提携论"重新上升。日本官民都积极展开对华游说工作。日本官方"联华派"的两大代表是外务省与军方的参谋本部,前者努力接触清廷决策层与康梁、严复等维新派;后者重点游说清政府的地方实力派,但也与一批中国留学生保

---

[92] 李提摩太:《续三十一国志要》,《万国公报》第58册,1893年11月。
[93] 李提摩太译:《美国总管学校大臣海理士复函》,《万国公报》第119卷,1898年12月。

持着密切联系。民间，同文会与东亚会两大团体也在中国积极活动。康有为门下弟子徐勤当时正在主持日本横滨大同学校，被日本联华组织吸收，同时在1897年左右，日本公使矢野文雄已与康有为接触过。1897、1898年之交，日本参谋本部更是派出了神尾光臣、梶川重太郎、宇都宫太郎三人前来中国游说，接触了张之洞、刘坤一等地方实力派以及维新派的谭嗣同、唐才常等人。同期赴华游说张之洞的日本新闻记者西村天囚还在上海会见了康有为的弟弟康广仁以及学生欧榘甲。[94] 日本联华人士的游说工作相当成功，张之洞、刘坤一等原倾向于"联俄拒日"的督抚都转向主张联英日以拒俄。

于是在1898年，日本理所当然地成了中国戊戌变法仿效的对象。康有为等人甚至积极运作，希望光绪能够聘请日本卸任首相伊藤博文为客卿，推进变法改革。在戊戌政变发动之后，慈禧太后再次"垂帘听政"。然而1900年的八国联军侵华以及之后的《辛丑条约》，给了慈禧很深的刺激，清廷上下呼吁改革的声音也日益壮大。1905年，清廷派遣五大臣出洋考察，同年，科举制度废除。留学日本也达到了一个高潮，仅在1905年，中国留日人数就从1904年11月的2557人猛增至8000余人。[95] 在此背景之下，一系列极其重要的思想争论，在旅日中国精英群体之中展开。立宪派与革命派围绕着是否应当仿效日本《明治宪法》推行君主立宪，在

---

[94] 参见邱涛、郑匡民：《戊戌政变前的日中结盟活动》，《近代史研究》2010年第1期。
[95] 董守义：《清代留学运动史》，辽宁人民出版社1985年版，第196页。

日本展开了论战，而如何提升中国的"文明等级"，是两派共同的焦虑所在。1906年9月，清廷下诏宣布预备立宪。日本的《东京日日新闻》发表评论《论中国立宪之适宜》，认为清廷宣布立宪是恰当地汲取了日俄战争所展示的立宪国打败专制国的经验，称宣布预备立宪是中国人"争向文明进化之大道，迈往无前之第一步"。[96]因而，不仅立宪派与革命派以"文明"话语来辩论救国之道，就连日本舆论界也有论者以"文明"的话语对中国的立宪运动做出了回应。"文明"话语流布之广、影响之深，由此可见一斑。

## 四 余论

近代殖民主义深刻塑造了国际体系。殖民主义列强以"文明等级论"为话语武器，将自己的殖民与征服包装成传播"文明"的事业。列强通过战争，展示了自己强大的运用组织化暴力的能力。而"文明"的概念则指向其社会的组织力和动员力。通过"文明"的概念，列强将全球的国家和族群划分为不同的等级，赋予其不同的法律地位。而严格意义上的欧洲国际法，只能完整地适用于所谓"文明国家"之间。所谓"文明国家"与其他国家的地位落差，一方面打击了其他国家的自信心，另一方面也激发了一些国家精英的斗志，他们试图通过自己的努力，改变自身在国际体系中的地位。但列强亦为这个上升的过程设置了种种限制，从而使得这种自下而上的奋斗，始终是对列强设置的"文明标准"的

---

[96]《外论选译》，《东方杂志》1907年临时增刊《宪政初纲》。

再次强化。

通过明治维新，日本从国际体系中的"半文明国家"上升为"文明国家"，最终在1911年废除了所有不平等条约，尤其是领事裁判权。日本通过自我变革而跻身于列强，这在非西方国家中引发了广泛的关注。晚清的立宪派主张模仿日本，推行君主立宪；清廷在内外压力之下，也决定对明治政府的改革与立宪展开系统的考察和学习。然而反满革命派并不希望清廷立宪取得成功，激烈反对清廷模仿日本推行君主立宪，但他们中的大多数人对于日本通过自我变革跻身于列强，仍然充满敬佩。透过双方的激辩，我们仍然可以发现，19世纪欧洲列强的"文明等级制"思想为他们的论述提供了基本的视野乃至词汇。

## 第二章　激辩《明治宪法》
### 立宪作为提升"文明等级"之策略

1905年，清廷模仿日本1871年岩仓具视使节团，派遣载泽、端方、戴鸿慈、李盛铎、尚其亨五大臣出洋考察各国宪制。其中载泽、李盛铎、尚其亨一行于1906年1月抵达日本。他们参观了日本的学校、工厂、银行等现代化基础设施，还聆听了日本宪法专家讲课。

日方为载泽考察团安排的第一堂课是在正月初三（1906年1月27日），由日本法学博士穗积八束授课，其论述重点为皇权在日本宪法体系中的主体地位。穗积八束认为"明治维新，虽采用立宪制度，君主主权，初无所损"，主张《明治宪法》的精神是"凡统治一国之权，皆隶属于皇位"，进而论述统治权的分类与担当的机关。[1]第二天，伊藤博文来访。据载泽《考察政治日记》，伊藤博文向他赠送了自己的著作《皇室典范义解》与《宪法义解》。载泽问："敝国考察各国政治，锐意图强，当以何者为纲领？"伊藤博文回答说："贵国欲变法自强，必以立宪为先务。"载泽接着问："立宪当以法何国为宜？"伊藤博文说："各国宪政有二种，

---

[1] 载泽：《考察政治日记》，钟叔河主编：《走向世界丛书》（第9册），岳麓书社2008年版，第575页。

有君主立宪国,有民主立宪国。贵国数千年来为君主之国,主权在君而不在民,实与日本相同,似宜参用日本政体。"[2]载泽又问:"立宪后于君主国政体有无窒碍?"伊藤博文答:"并无窒碍。贵国为君主国,主权必集于君主,不可旁落于臣民。日本宪法第三四条,天皇神圣不可侵犯,天皇为国之元首,总揽统治权云云,即此意也。"伊藤博文强调,相关改革必须稳妥推进:"政府必宣布一定之主意,一国方有所率从。若漫无秩序,朝令夕更,非徒无益,反失故步。"[3]

在慈禧太后听取了出洋大臣们的汇报和御前会议的讨论后,1906年9月1日,清廷以光绪皇帝名义发布上谕,宣布"预备立宪"。对此,国内外立宪派欢欣鼓舞。《东方杂志》推出"临时增刊"《宪政初纲》,汇编了关于立宪的官方文件和中外言论,其中收录了袁世凯建立的"天津自治研究所"所编的《立宪纲要》,该著陈述立宪的预期收益如下:"立宪利益,更仆难数……一则利于国内也。从前国是未定,或愤外患之日逼,或憾内政之不修,日暮途穷,遂生异说。今既宣布立宪,则同舟共济,党派调融,与其鹬蚌相争,何如兄弟急难?苟利于国,苟利于民,万众一心,万矢一的,大同团体肇于斯矣。一则利于国外也。外人自称为文明者,以有宪法故,其视吾国为不文明者,以无宪法故。宪法成则国与国同等,彼既为文明先进之国,自必乐观其成。且自近

---

[2] 载泽:《考察政治日记》,钟叔河主编:《走向世界丛书》(第9册),第579—583页。

[3] 载泽:《考察政治日记》,钟叔河主编:《走向世界丛书》(第9册),第579—583页。

世以来,各国倡均权之说,因我法与彼法异致,故甲权与乙权不均。与其权不均而烦彼之代为谋,何如自谋之而行所无事?与其法不一而令彼之多不便,何如我自便之而且无烦言?若利人之危以图其私,曾谓文明诸国而为之乎?必不然矣。"[4] 袁世凯推动编写的这一立宪宣传文本,可谓浓缩了立宪派对于通过立宪提升"文明等级"的最为美好的想象,认为中国之所以不被列入"文明诸国",是因为缺乏宪法,一旦主动立宪,中国就可以与"文明诸国"平起平坐,而后者因为自身的"文明"性质,对于中国的立宪与文明等级提升,也将乐观其成。这些论述当然具有很强的宣传造势的色彩,我们不能确定言说者是否真正相信自己的言辞。但是,这些话语在清廷和民间舆论界广为流通的事实,却可以告诉我们,当时中国的政界与舆论界形成了一种何等急切的呼吁立宪的气氛。

但在此时,立宪派已经碰到了强劲的对手。1905年,革命派在东京建立了同盟会,以推翻清廷为自己的使命。在20世纪初的若干年内,革命派与立宪派围绕着中国是否应该学习日本《明治宪法》的范例进行立宪,展开了激烈辩论。立宪派推崇日本的立宪范例,而革命派则从两个方面提出质疑和反对,一是认为日本的宪法仍然是专制的,二是从单一民族主义的欧洲国家建设与立宪经验出发,认定中国由于民族构成的复杂性,根本不可能模仿日本的立宪。不过,虽然革命

---

[4] 天津自治研究所编:《立宪纲要》,《东方杂志》1907年临时增刊《宪政初纲》。

派与立宪派对于中国是否应该模仿日本进行君主立宪改革存在很大的分歧，他们的主流对于"立宪"能够提升国家在"文明等级"中的地位，以及在国家实现富强之后应该做什么，却具有极大的共识。多数论述者都受到当时流行的社会达尔文主义的深刻影响，认同一种建立在竞争之上的文明观，认同在"立宪"强国之后，中国将与其他列强并驾齐驱，一起奉行"民族帝国主义"。简而言之，他们的"立宪"观念，仍然镶嵌在19世纪"文明等级论"的语境之中。

## 一 为何以日为师：梁启超的理由

1906年，应熊希龄和杨度之邀，梁启超参与了"五大臣出洋"后相关奏折的起草。而这正是梁启超最深地受到"文明等级论"影响的阶段，他对于"立宪"与"文明"之间关系的思考，集中体现在《立宪法议》《新民说》《政治学大家伯伦知理之学说》《开明专制论》等文本之中。梁启超反对将日式君主立宪模式视为最终的理想模式，但对于日本立宪的成功经验却也倾注了极大的热情。

作于1900年的《立宪法议》奠定了梁启超学习日本立宪经验的基调。《立宪法议》将全世界政体分为君主专制、君主立宪、民主立宪三种，称列强之中除俄国为君主专制，其余均为立宪国家。在三种政体之中，梁启超认为民主立宪国政府变易太快，选举竞争太激烈；君主专制国家朝廷与民众离心离德，君主与大臣受到人民的嫉恨，处于危险之中，"如彼俄罗者，虽有虎狼之威于一时，而其国中实杌陧而不可终日也"。[5]因而君主立宪是最佳政体。值得一提的是，划分三种政体，并将俄国作为君主专制的典范，这一做法并不是梁启超的发明。在更早的时候，驻英公使薛福成就曾比较过"君主之国""民主之国""君民共主之国"，并以"君民共主"为中道，他曾这样批评君主专制："君主之国，主权甚重，操纵伸缩，择利而行，其柄在上，莫有能旁挠者。苟得贤圣之主，其功德岂有涯哉。然其弊，在上重下轻，或役民如牛马，俾无安乐自得之趣，如俄国之政俗是也。而况舆情不通，公论不伸，一人之精神，不能贯注于通国，则诸务有堕怀于冥冥之中者矣。"[6]权力过于集中既导致上下不通，君主个人也难以处理诸多事务，于是导致治理的败坏。而梁启超进一步渲染了君主与大臣受到人民嫉恨所带来的巨大的风险。

梁启超将宪法界定为"立万世不易之宪典，而一国之人，无论为君主、为官吏、为人民，皆共守之者也，为国家一切法度之根源，此后无论出何令，更何法，百变而不许离其宗也"。又称宪法为一国之"元气"。而立宪政体则为限权之政体，同限君、官、民之权。梁启超又指出，限制君权是中国固有的思想，中国古代对于君权，有"以天为限"，亦有"以祖为限"，但这两种限权的方式存在内在局限性，因而现在需要引入宪法来限制君权。而目前，"内有爱民如子、

---

[5] 梁启超：《立宪法议》，张品兴主编：《梁启超全集》，第405页。
[6] 薛福成：《三月二十八日记》，丁凤麟、王欣之编：《薛福成选集》，上海人民出版社1987年版，第605页。

励精图治之圣君，外有文明先导可师可法之友国"[7]，立宪条件已经具备。

比较全球状况，梁启超指出，欧洲国家除了土耳其，均已立宪，而土耳其也正处于被列强瓜分的边缘。在亚洲，"日本得风气之先，趋善若渴，元气一立，遂以称强"。而中国经过甲午战争、德国占领胶澳、俄国占领旅顺、义和团运动等事件，国家元气大伤，"盖今日实中国立宪之时机已到矣……中国究竟必与地球文明国同归于立宪，无可疑也"。[8]

但如何进行立宪呢？梁启超主张，立宪只有在"民智稍开"之后才能够推行。而日本提供了很好的范例，从明治初年到最终实施宪法，花了二十年时间，中国最快也需要十到十五年。梁启超主张参考日本经验，推进六项议程：第一是下诏宣布立宪——这其实类似于庆应四年三月十四日（1868年4月6日）明治天皇在京都紫宸殿宣布维新政权的五条基本方针[9]，其中并没有明确使用"立宪"的说法，而梁启超在此主张明确宣布立宪；第二是模仿日本于1871年12月派出岩仓具视使团，派朝廷重臣出洋考察立宪；第三是在考察之后，在宫中建立立法局，草拟宪法；第四是立法局翻译各

---

[7] 梁启超：《立宪法议》，张品兴主编：《梁启超全集》，第405页。
[8] 梁启超：《立宪法议》，张品兴主编：《梁启超全集》，第407页。
[9] 1868年4月6日，明治天皇在京都紫宸殿率领公家、大名、百官，以向天地神明宣誓的形式发表了维新政权的基本方针："一，广兴会议，万机决于公论；二，上下一心，大展经纶；三，公卿与武家同心，以至于庶民，须使各遂其志，人心不倦；四，破历来之陋习，立基于天地之公道；五，求知识于世界，大振皇基。兹欲行我国前所未有之变革，朕当身先率众誓于天地神明，以大定国是，立保全万民之道。尔等亦须本斯旨趣齐心致力！"

国宪法原文和解释宪法的名著,颁行天下;第五是公布宪法草案,供全国士民讨论,反复改善形成定本;第六,下诏定政体开始,以二十年为过渡期。[10]

在接下来几年之中,梁启超坚持其仿效日本进行立宪的立场,甚至进一步研究日本所模仿的普鲁士以及普鲁士建构的德意志第二帝国。当然,就具体的立宪模式而言,梁启超仍然希望逐渐过渡到英国式的虚君制和责任内阁制。但德日模式是操作程序层面的首要模仿和借鉴对象。梁启超为仿效德日提供的理由,相当详细和深入。在今天回顾这些理由,可以看到梁启超"立宪"观念背后的"文明"观念。

首先值得考察的是梁启超的《新民说》系列文章。在《新民说》中,梁启超将"国家"作为自己研究的核心对象,并将其与"文明"的观念紧密关联在一起。他提出:"国也者,私爱之本位,而博爱之极点,不及焉者野蛮也,过焉者亦野蛮也。"既然"不及焉者""过焉者"都是野蛮,那么"国家"本身就是"文明"的集中体现。将文明与国家相绑定,这其实也体现梁启超所受到的福泽谕吉的影响。在《文明论概略》第二章中,福泽谕吉将"文明"界定为"摆脱野蛮状态而逐步前进的东西",它的基础是人的交际活动,其对应的英文词civilisation则源于拉丁文civitas(福泽谕吉误写成civilidas),福泽谕吉认为"文明这个词,是表示人类交际活动逐渐改进的意思,它和野蛮无法的孤立完全相

---

[10] 梁启超:《立宪法议》,张品兴主编:《梁启超全集》,第408页。

反,是形成一个国家体制的意思"。[11]

那么,梁启超为何反对发展比国家更高的组织呢?这与他对"文明"的界定密切相关。《新民说》提出:"夫竞争者,文明之母也。竞争一日停,则文明之进步立止。由一人之竞争而为一家,由一家而为一乡族,由一乡族而为一国。一国者,团体之最大圈,而竞争之最高潮也。若曰并国界而破之,无论其事之不可成;即成矣,而竞争绝,毋乃文明亦与之俱绝乎?"[12]

这种基于竞争的文明观,是受到当时流行的社会达尔文主义影响的结果。自严复翻译《天演论》以来,在中国濒临被列强瓜分边缘的逼仄国际环境下,"物竞天择,优胜劣败"成为晚清士大夫探讨国际事务的公共话语。在加藤弘之等日本作者的影响之下,梁启超高举进化论话语,主张"竞争为进化之母,此义殆既成铁案矣",将"竞争"视为推进文明进步的力量;认为国家源于族群竞争,是一族与外族相竞争的产物:"循物竞天择天之公例,则人与人不能不冲突,国与国不能不冲突,国家之名,立之以应他群者也。"[13]

而从一原理出发,梁启超认定欧洲的列国并立与竞争推进了欧洲文明的进步:"泰西当希腊列国之时,政学皆称极盛。洎罗马分裂,散为诸国,复成近世之治,以迄于今,皆竞争之明效也。夫列国并立,不竞争则无以自存。其所竞

---

[11]〔日〕福泽谕吉:《文明论概略》,北京编译社译,商务印书馆1982年版,第51页。
[12] 梁启超:《新民说》,商务印书馆2016年版,第57页。
[13] 梁启超:《新民说》,第122、56页。

者，非徒在国家也，而兼在个人，非徒在强力也，而尤在德智。分途并趋，人自为战，而进化遂沛然莫之能御……此实进步之原动力所由生也。"[14]而相比之下，中国的局面就更为复杂："中国惟春秋战国数百年间，分立之运最久，而群治之进，实以彼时为极点。自秦以后，一统局成，而为退化之状者，千余年于今矣，岂有他哉，竞争力销乏使然也。"[15]以欧洲文明为视角，只有春秋战国时期的中国才符合"列国竞争促进文明进步"这一规律，而秦汉以下，中国文明即陷入停滞。

梁启超所述"其所竞者……尤在德智"，这一表述同样体现出福泽谕吉的影响，后者在《文明论概略》中区分"德"（morality）与"智"（intellect），并将"智"视为进步的动力。但这一区分，实际上又来自英国历史学家巴克尔（Henry Thomas Buckle）的《英国文明史》。巴克尔受到孔德实证主义的深刻影响，主张借鉴自然科学的方法来研究历史，寻找历史进步的规律。人类的行为遵循物理法则与精神法则，而后者又分为道德与理智两方面。巴克尔认为："因为道德的真理是静止的，理智的真理是进步的，因而将社会的进步归因于道德知识而非理智知识，是很不确切的，道德知识很多世纪都保持原样，而理智的知识在许多世纪中不间断地进步。"[16]在巴克尔的影响下，福泽谕吉在《文明论概

---

[14] 梁启超：《新民说》，第122—123页。
[15] 梁启超：《新民说》，第123页。
[16] Henry Thomas Buckle, *History of Civilization in England*, Vol.1, Rose-Belford, 1878, pp.227–228.

略》中认为,"道德问题自古以来就是固定不变的""道德是依靠智慧的作用,而扩大其领域和发扬光大的"。[17]通过将"智"提高到比"德"更高的地位,福泽谕吉试图削弱儒家传统在日本的影响。

康有为在1904年的《物质救国论》中同样论证"文明"的界定乃是"就外形而观之,非就内心而论之"。如果以道德来论文明,在康有为看来印度"为万国第一也",然而物欲横流、犯罪肆虐的美国却反而被视为"文明",可见"文明"的界定,重点不在道德。[18]康有为对这样的"文明"一方面不满,另一方面又认为只有首先适应它,才能最终超越它,因而将在当时看起来最善于竞争的德国设定为中国学习的榜样。这种对于"文明"的理解,显然不符合中国古代推崇"文德"的文明观。在19世纪,卡莱尔(Thomas Carlyle)等欧洲的浪漫主义者已经对这种尚"智"而不重"德"的文明观提出过严厉批判,并试图从欧洲古老的宗教传统中寻找重建道德的可能性。辜鸿铭继承了卡莱尔的浪漫主义观念,批判19世纪主流的文明观,主张文明的关键在于培养有道德的人。但在晚清中国屡战屡败的背景下,中国思想者最容易看到的是"智"的进步所带来的坚船利炮,而看不到崇尚文德的传统教导有多少富国强兵的功效。于是从巴克尔到福泽谕吉、康有为、梁启超对于"文明"的界定,

---

[17]〔日〕福泽谕吉:《文明论概略》,第81页。
[18]康有为:《物质救国论》,姜义华、张华荣编校:《康有为全集》(第八集),第67页。

成为主流的"文明"观。

受到浮田和民的《日本帝国主义》《帝国主义之理想》，以及日本人"独醒居士"对芮恩施（Paul S. Reinsch）的《19世纪末的世界政治》（*World Politics at the End of the Nineteenth Century*）和基丁格斯（Franklin Henry Giddings）的《民主与帝国》（*Democracy and Empire*）两书的改写的影响，梁启超将"民族帝国主义"作为自己的标识性概念之一。[19]梁启超指出，中国生活在一个从"民族主义"走向"民族帝国主义"的时代。前者出现得较早："自十六世纪以来（约四百年前），欧洲所以发达，世界所以进步，皆由民族主义（Nationalism）所磅礴冲激而成。民族主义者何？各地同种族、同言语、同宗教、同习俗之人，相视如同胞，务独立自治，组织完备之政府，以谋公益而御他族是也。"而民族主义的发展带来民族帝国主义的发达："此主义发达既极，驯至十九世纪之末（近二三十年），乃更进而为民族帝国主义（National Imperialism）。民族帝国主义者何？其国民之实力，充于内而不得不溢于外，于是汲汲焉求扩张权力于他地，以为我尾闾。其下手也，或以兵力，或以商务，或以工业，或以教会，而一用政策以指挥调护之是也。"有鉴于此，梁启超认为，要抵抗列强的民族帝国主义，只有发扬中国的民族主义："故今日欲抵挡列强之民族帝国主义，以挽浩劫而拯生灵，惟有我行我民族主义之一策。而欲实行

---

[19] 参见〔日〕石川祯浩：《梁启超与文明的观点》，〔日〕狭间直树编：《梁启超·明治日本·西方》，第114—116页。

民族主义于中国，舍新民末由。"[20]

在探讨"民族帝国主义"的时候，梁启超从社会达尔文主义原理出发，将在竞争之中的优胜者视为优越。首先，在各人种中，白人居于优越地位："白人之优于他种人者，何也？他种人好静，白种人好动；他种人狃于和平，白种人不辞竞争；他种人保守，白种人进取。故他种人只能发生文明，白种人则能传播文明。发生文明者，恃天然也；传播文明者，恃人事也。"[21] 白人之中，条顿人又居于优越地位："条顿人政治能力甚强，非他族所能及也。"[22] 而条顿人之中，盎格鲁-撒克逊人又居于优越地位，其能够建构一个领土位于全球，控制"五洲四海冲要咽喉之地"的大帝国，正证明了其"民族之优胜"，比如说，富有独立自助的精神，纪律观念突出，常识丰富，权利思想强，体力强壮，尚实业不尚虚荣，同时也具有保守的精神，"常能因时势、鉴外群以发挥光大其固有之本性"。英国人能以极少的人数征服北美、南洋群岛、印度，并控制中国十八行省，证明其为"世界中最富于自治力之民族"，相比之下，许多被殖民的族群如同"一盘散沙"，根本无法抵御英国人的支配。[23] 梁启超将殖民统治者视为较高文明程度的代表，恰恰证明其在当时逼仄的国际局势下慌不择路，进而在很大程度上内化了19

---

[20] 梁启超：《新民说》，第6—7页。
[21] 梁启超：《新民说》，第14页。当然，梁启超的这一判断在1904—1905年日俄战争之后有所变化，后者被广泛理解为"黄种人战胜白种人"。
[22] 梁启超：《新民说》，第14页。
[23] 梁启超：《新民说》，第115—117页。

世纪西方"文明等级论"。

梁启超在《新民说》中主张，政府与人民的关系，类似于温度计与气温的关系，"其度必相均，而丝毫不容假借"。由于政府与人民文明程度之间的对应关系，"国民之文明程度低者，虽得明主贤相以代治之，及其人亡则其政息焉，譬犹严冬之际置表于沸水中，虽其度骤升，水一冷而坠如故矣"。反之，"国民之文明程度高者，虽偶有暴君污吏虐刘一时，而其民力自能补救之而整顿之，譬犹溽暑之时置表于冰块上，虽其度忽落，不俄顷则冰消而涨如故矣"。精英人士能发挥多大作用，从根本上是国民的文明程度所决定的。这一分析与福泽谕吉《文明论概略》对于英雄豪杰与民众智德水平关系的讨论高度相似。[24]对梁启超而言，如果能够"新民"，从根本上提升国民的文明程度，后面的一切将会水到渠成："然则苟有新民，何患无新制度，无新政府，无新国家？"[25]而中国变法之所以未见成效，关键在于没有行"新民"之道。

不过，在1900—1902年，梁启超尚持有一种"国者积民而成，舍民之外，则无有国"[26]的政治观，这种观念甚至体现出某种共和主义的色彩。1903年，梁启超访问了美国，他访问了华人社区，发现即便移民至美国数十年，华人仍然缺乏自下而上的组织力来抵抗美国的排华浪潮；他接触了美

---

[24]〔日〕福泽谕吉：《文明论概略》，第49—57页。
[25] 梁启超：《新民说》，第4页。
[26] 梁启超：《论近世国民竞争之大势及中国之前途》，张品兴主编：《梁启超全集》，第309页。

国的托拉斯财阀，发现了后者巨大的行动力和支配力。这一切都打消了他对共和主义的玫瑰色想象，促使他更为重视民族国家之间的竞争与帝国主义的压力。而他之前所接触的瑞士法学家伯伦知理的国家学说，在他的思想中变得日益重要。

梁启超实际上是通过间接的方式接触到伯伦知理（Johann Kaspar Bluntschli）的思想的。伯伦知理于1874年撰写简本《面向文化人的德国国家学说》(*Deutsche Staatslehre für Gebildete*)，他的日本学生平田东助将该书第一部分"一般国家学说"翻译成日文。梁启超在1899年出版的《清议报》上连续选载了吾妻兵治转译的汉文本。加藤弘之对进化论与社会有机体论的解释，也深刻地影响了梁启超对伯伦知理的认知。在1902年发表的《论学术之势力左右世界》一文中，梁启超将伯伦知理归入培根、哥白尼、笛卡尔、卢梭、亚当·斯密、孟德斯鸠、达尔文等先贤之列，甚至将其称为"二十世纪之母"："伯伦知理之学说，与卢梭正相反对者也。虽然，卢氏立于十八世纪，而为十九世纪之母，伯氏立于十九世纪，而为二十世纪之母。自伯氏出，然后定国家之界说，知国家之性质、精神、作用为何物，于是国家主义乃大兴于世。前之所谓国家为人民而生者，今则转而云人民为国家而生焉，使国民皆以爱国为第一之义务，而盛强之国乃立……而自今以往，此义愈益为各国之原力，无可疑也。"[27]

---

[27] 张品兴主编：《梁启超全集》，第558页。

在1903年所作的《政治学大家伯伦知理之学说》中,梁启超进一步确认了以上判断,称历史中存在干涉与放任的周期,到19世纪末,物质文明发达,地球上数十民族短兵相接,于是帝国主义兴起,结果是16、17世纪的干涉论复活,而18、19世纪的卢梭、穆勒、斯宾塞等人被边缘化。甚至最主张自由的美国也在加强中央集权。梁启超再次主张:"若谓卢梭为十九世纪之母,则伯伦知理其亦二十世纪之母焉矣。"[28] 在这篇文章中,梁启超反思了自己一度持有的"国者积民而成"的政治观。根据他所介绍的伯伦知理学说,国家并非"积民而成"的机械物,而是具有自身意志与人格的"有机体"。

梁启超接受了伯伦知理对于"社会"与"国家"的区分——前者是变动不居的私人的集合体,并不具有统一的政治意志,而后者则是达到了政治意志自觉的存在,是"一定不动之全体"。[29] 这一区分与伯伦知理对Nation和Volk的区分相对应。在德语中,因血缘、文化与风俗而相近的人的集合体,可以称为Nation,但其意义与英语、法语中的nation恰好相反,前者具有民族学-人类学意义,但从政治上是涣散的,并未形成一个有机的整体:"……故夫民族者,有同一之言语风俗,有同一之精神性质,其公同心渐因以发达,是固建国之阶梯也。但当其未联合以创一国之时,则终

---

[28] 张品兴主编:《梁启超全集》,第1076页。
[29] 梁启超:《论国家思想》,张品兴主编:《梁启超全集》,第1066页。

不能为人格，为法团，故只能谓之民族，不能谓之国民。"[30]梁启超将之称为"部民"，可谓恰如其分。缺乏政治意志的"部民"（德语Nation）向具有政治意志资格的"法团"转变的关键飞跃阶段，就是建国。通过建国，"部民"成为具有单一法律人格、具有"法团"地位的"国民"（Volk）。梁启超这样概括国家与国民的关系："有国民即有国家，无国家亦无国民，二者实同物而异名耳。"[31]

在此可以对比伯伦知理原著中对"国家"（Staat）与"国民"（Volk）的基本看法："我们通常将国民（Volk）理解成为在国家中联合和组织起来的所有国家成员所组成的社会。国民随着国家的创建而形成。"[32]梁启超的理解大致与伯伦知理的意思吻合。但梁启超的"无国家亦无国民"在表述上有不准确之处，因为在伯伦知理这里，国家除了人的要素之外，还有土地的要素。在特殊情况下，有可能出现一个业已形成的Volk通过获得土地而成为Staat的情况，如摩西领导的以色列人，在出埃及的过程中即形成了Volk，因为在摩西的领导下，他们获得了创建国家生活的强烈冲动，而且其严密的组织形式也为建国做好了准备。[33]

在卢梭这里，通过社会契约产生的、具有政治意志资格的主权者共同体——相当于法国大革命期间所标举的

---

[30] 梁启超：《政治学大家伯伦知理之学说》，张品兴主编：《梁启超全集》，第1068页。

[31] 梁启超：《政治学大家伯伦知理之学说》，张品兴主编：《梁启超全集》，第1068页。

[32] Johann Kaspar Bluntschli, *The Theory of the State*, Kitchener, 2000, p.82.

[33] Johann Kaspar Bluntschli, *The Theory of the State*, p.82.

Nation[34]，就是国家（État）的别名。"主权者"与"国家"是对同一个实体的能动状态和被动状态的不同命名。[35]鉴于《社会契约论》第一卷第六章中的"国家"并没有提到土地的要素，梁启超概括的"有国民即有国家，无国家亦无国民"对卢梭来说也是成立的。值得注意的是，在卢梭这里，"国家"的人民主权处于被动状态，真正处于能动地位的是由平等的个人结合而成的人民主权，一旦人民主权出场开会，"最渺小的公民的身份便和最高级行政官的身份是同样的神圣不可侵犯"。[36]而在伯伦知理/梁启超看来，卢梭通过社会契约形成主权者的设想根本不具有现实性。梁启超转述了伯伦知理对卢梭的理解："一曰：其国民皆可各自离析，随其所欲，以进退生息于此国中也。不尔，则是强之使人，非合意之契约，不得为民约也……二曰：其国民必悉立于平等之地位也。不尔，则是有命令者，有受命者，不得为民约也……三曰：其国民必须全数画诺也。苟有一人不画诺，则终不能冒全国民意之名，不得谓之民约也……"[37]

---

[34] 卢梭《社会契约论》将主权者共同体称为人民，但在论述人民在时间中的存在形态时，偶尔也使用nation。直接将主权者称为nation，很大程度上是西耶斯等革命理论家的理论发展出的结果。参见〔法〕西耶斯：《论特权；第三等级是什么？》，冯棠译，商务印书馆1990年版。

[35]〔法〕卢梭：《社会契约论》，何兆武译，商务印书馆1997年版，第26页。正如卡尔·施米特敏锐地指出，在卢梭那里，社会契约并不是作为根本大法的宪法；社会契约产生的是一个制宪权主体，然后再由这一制宪权主体（即nation）产生宪法。参见〔德〕卡尔·施米特：《宪法学说》，刘锋译，上海人民出版社2005年版，第69页。

[36]〔法〕卢梭：《社会契约论》，第122页。

[37] 梁启超：《政治学大家伯伦知理之学说》，张品兴主编：《梁启超全集》，第1065页。

在今天来看，伯伦知理对卢梭的第一个批评失于偏颇。他将卢梭的社会契约理解为一个私法上的契约，个人想立就立，想散就散，因此指责卢梭不区分"社会"与"国家"，将一个变动不居的私人的集合当成了国民（Volk）。但卢梭的社会契约实际上是个"身份契约"，一旦形成了主权者的共同体，该共同体就具有了独立于个体的意志，个体就不能随便脱离整体，否则整体可以迫使他服从"公意"。[38]即便人民想解散自身，也需要经过一次集会，做出正式的表决。第三个理解也是不准确的，在卢梭这里，需要全体同意的只是原初的社会契约，但主权者共同体一旦形成，其随后的立法行为并不需要"全数画诺"，因为个人在结成社会契约的时候，就已经默示地同意了多数表决的规则。在19世纪的德意志地区，对于卢梭理论的这种误解，其实非常常见。

具有实质意义的是第二个批评。在伯伦知理看来，如果要缔结契约的话，就需要人人处于平等地位。但历史中的建国往往"必赖有一二人，威德巍巍，超越侪类，众皆服从，而国础始立"。这种领导者是无法与他人平等订立契约的。[39]实际上，卢梭也非常忧虑人民缺乏足够的智慧，因此设想了一个智慧高超的"立法者"来为人民立法，但根据《社会契约论》，"立法者"并不掌握立法权或行政权，甚至根本不是主权者的成员，而只是个建议者，最终还是要由作

---

[38] 参见〔法〕卢梭：《社会契约论》，第28—29页。
[39] 梁启超：《政治学大家伯伦知理之学说》，张品兴主编：《梁启超全集》，第1065页。

为主权者的人民来决定是否采纳他的法律。如卢梭自己就曾经为波兰与科西嘉撰写宪法，当然最终都没有发挥作用。但如果他起草的宪法真的获得采纳，卢梭扮演的就可以说是这样的一个"立法者"的角色。不过，这种设想仍无法覆盖伯伦知理所指出的由少数伟大人物通过直接行动聚合人群并创立国家的经验。

在刨除伯伦知理/梁启超对卢梭的种种误解之后，我们可以看到伯伦知理/梁启超的实质性担忧：那些被假设处于平等地位的个体，是否有能力通过缔结社会契约来建国，并在建国之后，以主权者的身份站在宪法和政府身后，实行有效的自治？卢梭的"人民主权论"成立的条件是作为主权者的"人民"从事实上的确构成一个具有自治能力、能够在日常政治中形成共识的共同体。但这一条件，在伯伦知理/梁启超看来是不可能的。从私人生活骤然进入政治的众多涣散的个体根本没有能力结合成为一个有自治能力的主权者，个体的意见很难统一，同时又很容易发生变动，实际上处于涣散状态，这导致主权很容易被少数人窃取，造成政治悲剧："夫谓主权不在主治者而在公民全体，公民全体之意见，既终不可齐，终不可睹，是主权终无著也……而因以盗窃主权，此大革命之祸所由起也。公民之意向，屡迁而无定……又妄曰：'吾之意即全体之意也。'而因以攻攫主权，此大革命之祸所由继续也。"[40]

---

[40] 梁启超：《政治学大家伯伦知理之学说》，张品兴主编：《梁启超全集》，第1075页。

要进一步理解梁启超对"人民主权"的担忧，就不能不探讨《政治学大家伯伦知理之学说》一文同时穿插的另一德国公法学家波伦哈克（Conrad Bornhak）的国家观。波伦哈克和伯伦知理一样，对人民能够自发地结成一个具有自治能力的共同体表示深刻怀疑，只是波伦哈克从冲突论的角度，对这种不可能性做了更深入的阐发："夫无论何国，其社会上、宗教上、民族上及其他种种关系，莫不错综分歧。此之所利，或彼之所害。利益抵触，而必有冲突。此等冲突，即由人民本体而发生者也。以本体所发生之冲突，而还欲以本体调和之，是无异使两造之斗讼者，而自理曲直也。天下困难之事，孰过于此？"[41]

简而言之，在波伦哈克看来，缺乏同质性的民众本身就是纷争的来源，需要一个第三方来裁决他们的纷争。而共和制以人民为主权者，强调统治者与被统治者的同一性，就等于让诉讼的当事人自己审判自己的案子，势必进一步加强纷争。这个视角同样预设了"国家"与"社会"的区分，将"社会"视为冲突的来源，并以国家为终极仲裁者。按照波氏的看法，只有那些民众同质性极高的小邦国才能实行真正意义上的自治。梁启超对此表示赞同。而对美国身上表现出来的辽阔疆域与共和国体的兼容，梁启超的解释是，这之所以可能，是因为美国实行了联邦制，"其根柢全在各州

---

[41] 梁启超：《政治学大家伯伦知理之学说》，张品兴主编：《梁启超全集》，第1072页。另参见梁启超：《开明专制论》，张品兴主编：《梁启超全集》，第1471页。

也"。[42]——这样来看,伯伦知理、波伦哈克与梁启超都从经验上认识到了民众缺乏同一性所带来的自治的困难,只是未对此做深入的理论阐发。[43]

梁启超对于未经组织化的"部民"行动能力的担忧,与其对中国的思考紧密关联在一起:"深察祖国之大患,莫痛乎有部民资格,而无国民资格。"而要将"部民"塑造成"国民",关键在于打造"有机之统一与有力之秩序",至于自由平等尚在其次。在梁启超看来,塑造中国"国民"的一大障碍,在于家族制度。欧美各国个人直接隶属于国家,而在中国则有家族横亘于个人与国家之间,这导致即便在中国推行地方自治,也只能够适应家族制度,以家族长老为首领,而这导致中国的地方自治就很难做到"尚贤",无法培养政治能力。反观西方的地方自治,"市民之长尚贤,其任之也以投票选举",因而有助于培养政治能力。

在伯伦知理看来,法国大革命所造成的政治动荡与雅各宾派专政已宣告了卢梭的"主权在民论"的失败。但博丹(Jean Bodin)的"主权在君论"在他看来也并不可取。他认为博丹混同了国家的首长与国家整体,很容易导向专制。梁启超认同伯伦知理的这一看法。在作于1905年的《开明专制论》中,梁启超又进一步将博丹的学说视为造

---

[42] 梁启超:《政治学大家伯伦知理之学说》,张品兴主编:《梁启超全集》,第1073页。
[43] 完成这一工作的是卡尔·施米特——他明确指出,卢梭的民主观假定了高度同质性的人民的存在。参见〔德〕卡尔·施米特:《当今议会制的思想史状况》,《政治的浪漫派》,冯克利译,上海人民出版社2004年版,第165页。

成"野蛮专制"的路易十六统治的理论根源。[44]既然"主权在君"与"主权在民"都不合理,《政治学大家伯伦知理之学说》宣布,主权的恰当归属就只有一个:"国家现存及其所制定之宪法。"[45]不过,阅读伯伦知理原文可以发现,伯伦知理其实并不完全抵制"国民主权"这样的用法,只要"国民"被理解为一个在现有国家形态中组织起来的、具有单一法律人格的有机体,他完全可以接受"国民主权"。但因为Nation在德语中的意思是缺乏政治自觉的"部民",而Volk也容易被错误地理解为一堆个人的简单加总,为了避免引起理解上的混淆,伯伦知理才采用了"国家主权"(Staatssouveränität)这样一个较强的表述。[46]

那么,为什么需要倡导君主立宪而非共和立宪呢?梁启超概括了伯伦知理对共和国的五种优点的陈述:"(一)养成国民之自觉心,使人自知其权利义务,且重名誉也。(二)使人民知人道之可贵,互相尊重其人格也。(三)以选举良法,使秀俊之士,能各因其材以得高等之地位,而因以奖厉公民之竞争心也。(四)凡有材能者,不论贫富贵贱,皆得自致通显,参掌政权,以致力于国家也。(五)利导人生之善性,使国民知识,可以自由发达,而幸福日增也。以故苟为国民者,能于共和所不可缺之诸德,具足圆满,则行此政体,实足以培养爱国心,奖厉民智。驯至下等社会之众民,其政治

---

[44] 张品兴主编:《梁启超全集》,第1458页。

[45] 梁启超:《政治学大家伯伦知理之学说》,张品兴主编:《梁启超全集》,第1075页。

[46] Johann Kaspar Bluntschli, *The Theory of the State*, p.393.

思想，亦日发达，以进于高尚，美哉共和！"[47]但与此同时，梁启超历数了共和制的各种弊端。他引入波伦哈克的观点：以人民的权威难以解决人民内部的冲突，容易导致革命。换而言之，共和国是一种社会与国家分化并不充分的国体，因而人民内部的冲突，容易导致国家的波动乃至颠覆。梁启超又指出，共和国只适合小国家，大国行共和制，容易出现下层阶级与上层阶级的对抗，最终从民主中产生专制。即便在共和运作得最好的美国，共和治理也存在着诸多的弊病，如白人歧视有色人种，普通人嫉妒杰出人才，高尚事业不发达；由于党派政治，政府更替频繁，缺乏有机体的连续性；共和国用民兵作战，不如常备军能征善战。但梁启超也承认，近期帝国主义在美国的发展，已经改变了这一点。

基于以上分析，梁启超认为人民主权理论容易导致这样的问题，"夫谓主权不在主治者而在公民全体，公民全体之意见，既终不可齐，终不可睹，是主权终无著也"，最终导致一部分人以人民的名义建立专制。而要避免这一弊端，就必须同时超越"君主主权"与"人民主权"理论，认定"主权既不独属君主，亦不独属社会，不在国家之上，亦不出国家之外。国家现存及其所制定之宪法，即主权所从出也"。这一主张，梁启超称之为"主权在国"。

那么，谁是建设强有力的"国家主权"的担纲者呢？在1905年发表在《新民丛报》2月4日的《新民说·论政治

---

[47] 梁启超：《政治学大家伯伦知理之学说》，张品兴主编：《梁启超全集》，第1071页。

能力》一文中，梁启超进一步展开"中等社会"论述，认为养成国民能力的主体，"不在强有力之当道，不在大多数之小民，而在既有思想之中等社会……国民所以无能力，则由中等社会之无能力……"[48]"中等社会"是日本思想界与舆论界早已使用的概念，如福泽谕吉很早就主张造就"有智有财有力的中等社会"。[49]梁启超早在1902年底就已经使用过这一概念。[50]他论述"中等社会"作为养成国民能力的主体地位，重要的出发点在于对下等社会权力的警觉。1905年梁启超《开明专制论》分析指出，共和革命的党派"大率属于无资产之下等社会，其所举措，往往不利于上流。作始尤简，将毕乃巨，其力既无所限制，自必走于极端，而遂取灭亡"。他认为古代罗马和法国都产生了民主专制，当为今日所戒。

梁启超的这些论述在当时的中国人看来颇多新颖之处，但在19世纪欧洲，却是相当主流的论述，须知欧洲维也纳体系本身就建立在镇压法国大革命的基础之上；以维护君主王朝统治为目的的国际体系，对于下层社会的反抗，始终保持着警惕的态度。无独有偶，杨度在1907年《金铁主义说》中也提出"中流社会"的重要性："世界上之所谓国民，无论其在专制国与立宪国，亦无论其在君主立宪国与民主立宪国，其社会上一切事业之原动力，常在中流社会……故欲

---

[48] 梁启超：《新民说》，第71页。
[49] 〔日〕福泽谕吉：《日本国会缘起》，《福泽谕吉全集》（第12卷），东京岩波书店1960年版，第42页。
[50] 梁启超：《论生利分利》，《新民丛报》第20号，1902年11月14日。

论人民程度者,但宜据中流社会之少数者以立论,而不必及于全国多数之人民。"[51]杨度和梁启超一样,主张要提高全体人民的文明程度,关键在于"中流社会"如何发挥自身的作用。

梁启超对于革命派跳过君主立宪,一步到位实现共和的主张,深不以为然。他指出,将君主立宪视为"粗恶",将共和视为改良,前提本来就不正确。即便退一步,认为二者皆为可行之制,只是共和优于君主立宪,也并非值得推崇的学说。梁启超在此诉诸伯伦知理的国家有机体论,将革命派的主张称为"国家器械说",称其在本质上是17、18世纪的主张。梁启超嘲笑,在"号称文明社会之学界"宣讲这一理论,恰恰表明,"我文明社会之程度,抑一何可哀也"![52]在此,梁启超已将立宪派与革命派的论战,上升到"文明"与"野蛮"的对峙之高度。在后续论战中,这一论断引起了革命派的关注,有文章批评"盖至是而梁氏村妪之口角尽出矣"。[53]可见以文野之别来对论辩对象进行定性,对当时舆论场的两派而言,都具有极强的政治敏感性。

## 二 出洋考察大臣奏折中的"立宪"与"文明"

在旅日精英之中,清廷的出洋考察大臣极具特殊性。清廷先后派遣了两批官员考察日本,载泽和端方参加了第一

---

[51] 刘晴波主编:《杨度集》,第335页。
[52] 梁启超:《开明专制论》,张品兴主编:《梁启超全集》,第1475页。
[53] 辨奸:《斥〈新民丛报〉之谬妄》,《民报》第5号,1906年6月26日。

批考察，而达寿等人参加了第二批补充考察。满人官员的思想，在很大程度上受到当时旅日精英的主流舆论的影响。这种影响的直接渠道就是梁启超、杨度代拟奏折。如前所述，1906年1月，熊希龄随载泽等五大臣出洋考察，通过杨度，邀请梁启超起草考察报告。在1906年6月至7月间，梁启超为端方与戴鸿慈代拟了《请定国是以安大计折》《请改定官制以为立宪预备折》《请定外交政策密折》《请设财政调查局折》《请设立中央女学院折》五篇奏稿。[54]杨度则撰写了《宪政大纲应吸收各国之所长》《实施宪政程序》两篇报告。其结果是，出洋考察大臣的奏折之中，出现了大量旅日立宪派中流行的话语，立宪与"文明"、"民族帝国主义"之间的关系，尤为密切。

1906年8月26日，端方向慈禧太后进呈《请定国是以安大计折》，此折由梁启超起草，因而也集中体现了梁启超的思想，但端方接受梁启超的草案，也表明对梁启超诸多思想的认可。《请定国是以安大计折》先陈述本次出洋，受到华人华侨热烈欢迎，见到各国国君、官吏，"亦莫不谓中国自此以后当可实行改革，日进文明，而颂我皇太后、皇上之仁圣"。在此，端方将"日进文明"作为改革的目标。接下来，端方系统阐发了"立宪富强论"。他区分立宪政体与专制政体，称"专制之国，任人而不任法，故其国易危；立宪之国，任法而不任人，故其国易安"。在端方/梁启超看来，

---

[54] 夏晓虹：《梁启超代拟宪政折稿考》，陈平原编：《现代中国》（第11辑），北京大学出版社2008年版，第28—30页。

专制国之所以容易危险，是因为国家大事悉由君主裁断，而君主只有委任官吏，才能够完成重任。但如果官吏没有办好事情，民众就会怨及君主。官吏中之贤者本来就少，因此民众怨官吏的情况始终会比较多，同时也会将怨气发泄到君主身上，导致君主有危险，"君主既危，则国事愈以难治，官吏愈无忠实之心，人民愈有离散之势"。端方所举出的专制政体的例子，就是俄国。俄国的前任君主曾遭遇炸弹刺杀，而现任君主"实不失为中主"，然而受到人民怨恨的程度与前任君主相似。端方说："其所以至此者，亦官吏使之然，而非俄皇之咎也，且亦非官吏之咎，特专制政体之结果必如此也。何也？专制之国，任人而不任法，人之不能尽必其善者，此无待论。而欲恃此以修内政，何可得也。"[55]

端方接下来探讨专制政体的对外表现，认为日俄战争证明专制政体不能强兵："以俄国土地之广，人民之众，几为世界之冠。而以言乎兵强，则军事之竞争，曾不足敌一新起之日本……"至于"富国"，俄国在经济上与欧美列强的差距更大。端方进一步指出，俄国正在反思战败的原因，"方日汲汲然谋改为立宪政体，各国中将无复有专制政体之存余"。端方指出，百年前的欧美各国与二十年前的日本，都是专制政体，"与我同也"。这就将清王朝置于"专制政体"的范畴之中。各国之所以改专制而立宪，都是因为"其君与国常危而不安"，因而变"任人而不任法者"为"任法

---

[55] 夏新华等整理：《近代中国宪政历程：史料荟萃》，中国政法大学出版社2004年版，第43—44页。

而不任人"。[56]"任法而不任人"是君主立宪与民主立宪的共同特征,因此,关键不在于是君主还是民主,而在于是否立宪。而立宪与专制的区别,关键在于是否有宪法。奏折主张:"所谓宪法者,即一国中根本之法律。取夫组织国家之重要事件,一一具载于宪法之中,不可摇动,不易更改,其余一切法律、命令皆不能出范围之中。自国主以至人民皆当遵由此宪法,而不可违反。此君主立宪国与民主立宪国之所同也。其所异者,虽不一端,而君主立宪国之所以位置君主者,则其君主无责任必明载于宪法之中。"[57]立宪政体保障君主安全的方式,就是在宪法里写明君主无责任,那么即便官吏有不善之政,人民也难以怪罪君主,因此君主可以处于安全的境地。而君主无责任的关键,是设立责任内阁,让大臣代君主负责任,如果出现失政,可以撤换。宪法同时载明了君主神圣不可侵犯之权。

而只有君主与内政安全,国家才能够国富兵强。端方指出,"俄国以专制政体之故,故无宪法,因无宪法,故无责任内阁及议会等制度。虽有地方自治之制,实亦甚不完全。以内政之不修,故为日本所胜。而日本则为君主立宪政体,与俄相反,故能败俄。此立宪与否之原因,即为兵强国富与否之原因,可以确见而无容疑义者也"。[58]日俄战争证明了专制政体不敌立宪政体。这一点也特别反映代笔者梁

---

[56] 夏新华等整理:《近代中国宪政历程:史料荟萃》,第43—44页。
[57] 夏新华等整理:《近代中国宪政历程:史料荟萃》,第44页。
[58] 夏新华等整理:《近代中国宪政历程:史料荟萃》,第46页。

启超的观点。如前所述，梁启超早在1900年的《立宪法议》中即认俄国为列强之中唯一一个专制政体，朝廷与民众离心离德，君主与官吏受到民众嫉恨，处于不安全的境地。而杨度也在1907年的《金铁主义说》中指出，当今世界最野蛮之国首推俄国，俄国看似居于优胜地位，但在日俄战争中一败涂地，原因在于"彼之国内组织至不文明，宗教上、政治上、种族上阶级至多，人无平等自由之乐。其治内力既如此之弱，其对外力之决不能强者，此自然之理也"。[59]

《请定国是以安大计折》进而比较中国与俄国，认为中国的各种失败，与俄国的失败具有同样的政体的根源。端方进而提出一个思想实验：假如西方各国与日本仍然实行专制政体，那么如果仅仅以土地和人口作为国力的衡量尺度，世界上最强的国家应该就是俄国与中国，即便东西洋各国合力对付中国，中国也仍然能够相匹敌。端方以此推出，正是因为列强实现了政体的变革，因而提升了社会的组织力，进而实现了国富兵强，从而对中国构成了显著的优势。

那么，如果国家无法做到国富兵强，是否可以"各自立国，两不相妨"呢？《请定国是以安大计折》对这种"闭关锁国"的方案给出了否定的答案。端方指出，"凡此世界之上，无论何洲何国，苟有内政不修，国贫兵弱者，即为彼等投资本、殖人民、扩势力、争国土之地，西人谓此为'帝国主义'。帝国主义者，即霸国主义，攘夺人之所有，以为己有者也。百年以来，欧洲各国之势力既皆以此主义而涨出

---

[59] 刘晴波主编：《杨度集》，第220页。

于外，若美洲，若澳洲，若非洲，几于无一尺寸之地，而非列强之所有。五洲之中，已有其四。"在亚洲，安南、朝鲜等国，"本皆吾之属国，彼虽内政不修，国贫兵弱，然与列强固无恶也，而法兰西、日本竟取之以为己有矣。其所以如此者，亦由其国力膨胀，迫于不得不然，与其以此责法与日之横强，不如责安南、朝鲜之自取灭亡也"。此论具有很强的社会达尔文主义色彩，将帝国主义扩张视为自然之物，不谴责法国、日本殖民安南、朝鲜，反要求安南、朝鲜等受害者自我反思。这恰好反映了代笔者梁启超的视角——在作于1900年的《立宪法议》中，梁启超曾主张印度、安南诸国"君民皆不知立宪之美，举国昏蒙，百政废弛，遂为他族夷而灭之者"，这更是明确地将灭国的责任归之于弱国本身[60]，反映了"物竞天择，优胜劣败"的社会达尔文主义信念。

端方进一步论述，针对中国，列强占台湾，租借胶州湾、广州湾、威海卫、旅顺口等，把持海关税务，"凡此者，皆他人以国富兵强，势力膨胀于外，对于他国不能不竞争此种权利，以扩张其国力。所谓霸国主义之结果，固如此也"。这一分析集中体现了代笔人梁启超将"民族帝国主义"视为"民族主义"自然发展之结果的判断。在"民族帝国主义"的压力之下，"贫弱之国立于今世，即欲不与人争，而但求自守，亦不可得。不能自存，即将就亡；不能夺人，即将为人所夺。断无苟且偷安而可图生存者"。而中国正是列强"商战"与"兵战"的关键空间，"苟内政不修，专制政体不

---

[60] 张品兴主编：《梁启超全集》，第407页。

改,立宪政体不成,则富强之效将永无所望"。商战依靠民智,兵战依靠民力,如果持续实行专制政体,那么就会南辕北辙。端方认为,要富国强兵,除了采用立宪政体,别无他途。而要推进立宪,又需要经过若干年的预备,培养全国上下奉行宪法的能力。而日本提供了一个成功的范例。端方指出,日本立宪的预备时期,包括了自明治元年(1868)"以五事誓于国中"到明治二十三年(1890)的时段,其做法值得清廷参考:"我皇太后、皇上如欲使中国列入于世界各文明国,而采其立宪之政体,则日本所行预定立宪之年,而先下定国是之诏,使官吏、人民预为之备者,乃至良甚美之方法,可以采而仿行之者也。"[61] 而在预备时期,端方参考日本经验,建议推进六个方面的改革:

1. "举国臣民立于同等法制之下,以破除一切畛域",即推进民族平等。
2. "国事采决于公论",即设中央议会与地方议会。
3. "集中外之所长,以谋国家与人民之安全发达"。
4. "明官府之体制",区分皇室与政府,二者经费分开。
5. "定中央与地方之权限",央地分权,地方自治。
6. "公布国用及诸政务",尤其是建立预算决算制度。

---

[61] 夏新华等整理:《近代中国宪政历程:史料荟萃》,第48页。

第三个方面"集中外之所长",同样参考了日本的经验。日本维新之初,欧化主义流行,造成很多乱象,因而有国粹保存论的发生,作为平衡。端方指出中国"固有之文明实已深厚博大,于世界本有甚高之价值","而况我之文明本所自有,非日本得于他人之比,于此而轻弃之,尤为不祥矣"。

端方建议就上述六个方面降旨,以十五至二十年为预备期,颁布宪法,召开国会,全面推行立宪制度。之所以要定这么长的预备期,是因为"中国数千年来无宪制之习惯,且地方辽阔,交通不便,文化普及非可骤几",在此期间需要改官制、定法律、设独立裁判所,推进地方自治、调查户口、整理财政、改革币制、分划选举区域及征兵区域等事务,如果操之过急,预备不周,到时候宪法不能实行,"反为阻文明之进步矣"。在正式立宪之前,预备立宪的谕旨效力等于宪法,"令举国臣民皆为立宪之预备,庶几国是既定,人心大安,自此以往一二十年后,中国转危而为安,转弱而为强,亦能奋然崛起,为世界第一等国,则举国臣民其沐我皇太后、皇上之福者,将亘亿万年而无穷矣"。[62]

而在预备立宪期,清朝的君权与官制将是何种形态呢?在进呈《请定国是以安大计折》之前,戴鸿慈与端方就已经联名进呈了梁启超代拟的《奏请改定全国官制以为立宪预备折》,其中对中央官制做了这样的设计:"以军机处归并内阁,而置总理大臣一人兼充大学士,为其首长,以平章内

---

[62] 夏新华等整理:《近代中国宪政历程:史料荟萃》,第50—51页。

外政事，任国政责成。置左右副大臣各一人，兼充协办大学士，为其辅佐，以协同平章政事，共任国政责成。其原有之大学士，则仍带各殿阁之名衔，简为枢密院顾问大臣，以示优崇之意。而令各部尚书皆列于阁臣。此三大臣者，常与各部尚书入阁会议，以图政事之统一，会议既决，奏请圣裁。及其施行，仍由总理大臣、左右大臣及该部尚书副署，使职权既专而无所掣肘，责任复重而无所诿卸，如此则行政之大本立矣。"[63] 按照这个方案，内阁大臣来自军机处和各部尚书，仍由君主任命。奏折还建议把都察院改为集议院，作为预备议会，拥有建议权而非立法权。因此，此内阁实际上是对君主负责，而非对议会负责。

梁启超为戴鸿慈与端方代拟的《奏请改定全国官制以为立宪预备折》，在很大程度上反映了他"开明专制"的主张。梁启超作于1905年的《开明专制论》主张，应当以"开明专制"为"立宪之预备"。在1906年致蒋观云的信中，梁启超更明确地主张："弟所谓开明专制……谓立宪过渡民选议院未成立之时代云尔。"[64] 在这一时期，虽然有责任内阁代君主承担责任，但君主本身仍掌握大权，政治整合仍主要通过君权及其领导的行政体系来完成。当"预备立宪"阶段结束之后，又将实现何种制度呢？《请定国是以安大计折》

---

[63] 戴鸿慈、端方：《出使各国考察政治大臣戴鸿慈等奏请改定全国官制以为立宪预备折》，故宫博物院明清档案部编：《清末筹备立宪档案史料》（上册），第367—369页。
[64] 丁文江、赵丰田编：《梁启超年谱长编》，上海人民出版社1983年版，第240页。

的设想,是阁臣"皆代君主而对于人民负其责任者也",而人民又由议会来代表。[65]这一模式其实更像是英式君宪模式,而非日式或德式君宪模式。[66]但毫无疑问的是,在"预备立宪"或"开明专制"的阶段,政权组织模式更接近日本或德国模式。

不过,在当时的舆论界,还存在更为显白的抢在"立宪"之前将"专制"的力量用足的主张。1905年5月《东方杂志》发表《利用中国之政教论》,该文认为近来"欧美文明,递相输灌",中国舆论界产生了共和与君宪两种主张,但均不如先以专制之力破除改革障碍,推行义务教育、官制改革、推进工矿业建设等,"其不适于生存者,一以专制之力划绝之,其有合于强国者,一以专制之力提倡之"。[67]这依然是以进化论的话语,陈述"开明专制"的主张。

值得深入分析的第二个奏折是达寿于1908年8月进呈的《考察宪政大臣达寿奏考察日本宪政情形折》。此折以达寿一行八人从1907年11月开始的对日本的补充考察为基础。穗积八束、清水澄、有贺长雄曾为考察团授课,在课上,穗积八束进一步阐发了其"国体论",并获得了达寿等人的赞

---

[65] 夏新华等整理:《近代中国宪政历程:史料荟萃》,第45页。
[66] 在1911年辛亥革命爆发之前所作的《责任内阁释义》一文中,梁启超曾讨论责任内阁的组织原则,并特别探讨了责任内阁的负责对象。在他看来,内阁真正的负责对象是国家,而非君主或国会。国家是一个法人,而君主与国会都不过是国家的机关而已。见张品兴主编:《梁启超全集》,第2426页。如此,即便是英国那种以议会–政党为基础的政治整合模式,也是"主权在国"的一种模式。
[67] 谷生:《利用中国之政教论》,《东方杂志》1905年第2年第4期。

同。此折并非由梁启超代拟，但其中同样出现了梁启超在世纪初引入舆论界的一系列思想。

《考察宪政大臣达寿奏考察日本宪政情形折》首先区分了"政体"与"国体"，前者分为君主和民主，后者分为立宪和专制："国体根于历史以为断，不因政体之变革而相妨。政体视乎时势以转移，非如国体之固定而难改。"达寿强调日本与中国都是君主国体，只要国体稳定，政体的变动并不会带来大权的旁落。"世或以政体之变更，而忧国体之摇撼，于是视立宪为君权下移之渐，疑国会为民权上逼之阶，犹豫狐疑，色同谈虎，此皆大误者也。"[68] 以穗积八束的"国体论"为基础，达寿试图打消清廷决策者关于政体的变革会带来国体的颠覆的疑虑。

接下来，达寿考察了欧洲宪法的渊源，将其归纳为两个方面，第一是历史之沿革，在这一部分回顾了英、法、德等国的立宪史；第二是学说之阐明，奏折在此回顾了18世纪的欧洲新学，尤其是孟德斯鸠与卢梭的学说。接下来是对日本立宪的考察，从明治维新的发生，到天皇派遣大臣出洋考察，再到预备立宪，最后颁布宪法和开国会。达寿总结："盖自伊藤博文等考察宪政归朝以来，相距不及七年耳。于是一战而胜，再战而胜，名誉隆于全球，位次跻于头等，非小国能战胜于大国，实立宪能战胜于专制也。"[69]

达寿以日本为例，阐明"立宪可以固国体"这一主张。

---

[68] 夏新华等整理：《近代中国宪政历程：史料荟萃》，第56页。
[69] 夏新华等整理：《近代中国宪政历程：史料荟萃》，第58页。

而他更深入的理论阐述,是通过引入"民族帝国主义"的视野而展开的。达寿指出:"今天下一国际竞争之天下也。国际竞争者,非甲国之君与乙国之君竞争,实甲国之民与乙国之民竞争也。故凡欲立国于现世界之上者,非先厚其国民之竞争力不可。"国民的竞争力又分为"战斗之竞争力""财富之竞争力""文化之竞争力"三方面。第一种竞争力体现为军国主义,第二种竞争力体现为殖民政策、势力范围、门户开放、关税同盟等方面,第三种竞争力体现为宗教、语言与风俗习惯的对外传播。达寿指出:"大抵欲行帝国主义者,咸以财富、文化为先锋,而以战斗为后盾。"而立宪的意义是什么呢?达寿明确地认为:"立宪政体者,所以厚国民之竞争力,使国家能进而行帝国主义者也。"[70]在此,"帝国主义"被作为一个正面的词汇来讨论。而1906年载泽向慈禧进呈的《吁请立宪折》更是直接将"立宪"与"帝国主义"连接起来,称"明治变法,采用立宪帝国主义,行之三十年而治定功成,蔚为强国矣"。[71]

而立宪国家如何才能增加国民的竞争力呢?达寿列出了若干机制,一是在军事方面,臣民以纳税、当兵的义务来交换参政的权利,"君主得彼之二义务,则权利可以发展,国家得此一权利,则国家思想可以养成"[72],在达寿看来,君主颁布宪法,保障臣民权利,臣民又以国会来协赞君主的

---

[70] 夏新华等整理:《近代中国宪政历程:史料荟萃》,第58页。
[71] 载泽:《吁请立宪折》,胡绳武主编:《清末立宪运动史料丛刊·清廷的预备仿行立宪》(第一卷),第26页。
[72] 夏新华等整理:《近代中国宪政历程:史料荟萃》,第59页。

立法,并监督国家财政,在战争之时就可以做到君臣上下一心。二是在财富方面,君主平时"藉国力以奖励其殖民,保护其贸易",战时则以国家信用发行国债,人民以其财产来支持国家的紧急需要,财富方面就会比较充裕。三是在教育方面,鼓励地方以财力支持教育,中央进行监督和奖励,义务教育推广之后,就可以发挥文学、宗教、道德、风俗、言论各方面作用,"圣学逐渐以昌明,异端无庸于置喙",传播到全国、藩服、本洲乃至"四海"。

达寿指出,不立宪,则无法在战争、财富、文化三方面推进"帝国主义"的建设,根本原因在于:"不立宪,则其国家之机关不完,其在上也,不能谋国民之发达,而下之国民,亦因被上之拘束,不能自谋其发达。夫国民之不能发达,则其竞争力不厚,竞争力不厚,则不足以立于国际竞争之场,而于此独谓能行其国家主义者,此地球之上未曾有也。"[73] 达寿举例称,奥地利因为长期以专制立国,所以先败于意大利,再败于普鲁士;俄国因为长期行专制,所以败于日本;普鲁士打败奥地利与法国,俾斯麦的做法则是迅速颁布德意志帝国宪法,可见其对立宪的重视。而对于日本的案例,达寿认为,日本明治维新成功地实现了中央集权,如果没有国际竞争,也不会有立宪的动力,正是因为日本精英目光长远、及时立宪,所以不必重蹈欧洲各国流血革命的覆辙。达寿指出,日本立宪二十年,东亚国际秩序已经处于高度紧张之中,如果中国现在立宪,到二十年之后,国际局势

---

[73] 夏新华等整理:《近代中国宪政历程:史料荟萃》,第59页。

或许比日本当下面临的更为紧张。因此，立宪宜早不宜迟。

接下来，达寿进入具体立宪细节的讨论中。其基本的方向，是以日本《明治宪法》为范本，参考其他国家的一些具体规定。但其关注点，在于如何巩固皇权："非钦定宪法，无以固国本而安皇室，亦无以存国体而巩主权。大权政治，不可不仿行，皇室典章，不可不并重。"[74]与端方《请定国是以安大计折》中的方案相比，达寿方案并无经过德日式立宪方案过渡最终抵达英式方案的渐进设计。日式方案不仅是过渡时期的参考对象，更是正式立宪时期的典范。

在《考察宪政大臣达寿奏考察日本宪政情形折》中，"文明"的概念并不突出，"帝国主义"的概念居于核心地位。在当时的历史语境之下，二者之间即便不是画等号，也存在本质性的关联：既然居于"文明"地位的国家基本上都是对外扩张的殖民帝国，成为"文明国家"也就意味着通过改善自我组织，形成对外扩张的能力；立宪被视为关键的中介环节，被寄予富国强兵的厚望。而载泽在1906年进呈的《镇国公载泽请宣布立宪密折》中如此陈述立宪的预期效果"今日外人之侮我，虽由我国势之弱，亦由我政体之殊，故谓为专制，谓为半开化，而不以同等之国相待。一旦改行宪政，则鄙我者转而敬我，将变其侵略之政策为和平之邦交"，载泽还呼吁："非行宪法不足以靖人心，非重君权不足以一众志。"[75]

---

[74] 夏新华等整理：《近代中国宪政历程：史料荟萃》，第66页。
[75] 载泽：《镇国公载泽请宣布立宪密折》《吁请立宪折》，胡绳武主编：《清末立宪运动史料丛刊·清廷的预备仿行立宪》（第一卷），第29、27页。

不仅满人出洋考察大臣表现出了对当时留日立宪派的主流话语的吸纳，留日的满人学生也是如此。旗人宗室留日学生乌泽声在《大同报》上发表的《论开国会之利》指出："夫处于今日物竞天择、优胜劣败之世界，不有内政治安之原因，绝不能收外部优胜之结果。变词言之，不有民权发达之原因，绝不能收国权扩张之结果，是亦天演之公例，而莫或能逃者。"[76]在"天演"的视野中，立宪具有提升国际地位的意义："使今日开国会以改造责任政府乎，则中国匪特不亡，与列强相逞，雄飞世界，又易如反掌矣。"[77]当时中国在国际体系的弱势地位，对汉、满精英造成的共通的心理压力，由此可见一斑。

## 三 立宪、革命与文明：革命派的论述

1906年6月，汪精卫从日本法政大学速成科毕业，成绩在260名学生中名列第二。两年之前，与他政见对立的杨度也曾在法政大学速成科学习。汪精卫在课上认真学习了日本专家讲述的日本明治制宪的经验，而这成为他与立宪派论战的重要知识基础。1906年1月27—28日，载泽、尚其亨、李盛铎等清廷大臣在东京芝离宫聆听穗积八束、伊藤博文讲演日本立宪经验，引起旅日精英的广泛关注。当年4—6月，汪精卫在《民报》上发表《希望满洲立宪者盍听诸》，论证

---

[76] 乌泽声：《论开国会之利》，《大同报》第4号，1907年11月10日。
[77] 乌泽声：《论开国会之利》，《大同报》第2号，1907年8月3日。

清廷立宪是不可能成功，也不值得期待的事业。[78]与立宪派对日本《明治宪法》的推崇不同，汪精卫的论述中出现了对《明治宪法》的尖锐批评。

汪精卫提出，伊藤博文对于载泽等人的演讲，聚焦于日本的君权，伊藤博文介绍了日本宪法中十七条关于君主大权的规定，向载泽等指出："贵国为君主国，以上所论种种大权，将来施行宪法之时，必须归之君主，而不可旁落者也。"汪精卫比较了日本君权与其他国家的总统或君主，认为"盖无若其重者"。[79]

汪精卫对日本天皇的权力与美国、法国等共和国的总统权力做了比较：首先，君主出于世袭，总统出于选举，这是第一个差异。其次，美国总统仅有对法案的否决权，不能召集和解散议会。法国总统可召集议会，但议会每年也会定期自行集会。而日本天皇有召集和解散议会的大权，议会不能自行召集。再者，与英国君主与普鲁士君主比较，日本天皇的权力也更胜一筹：英国法律以国会名义发布，而普鲁士君主所发布的命令只靠法律来执行，必须有法律依据；相比之下，日本天皇可独立发布命令，决定预算，制定宪法修正案，等等。汪精卫认为，《明治宪法》缺乏对君权的限制，人民自由被视为政府的赐予，这些都是其深刻的局限性。

汪精卫特别强调，伊藤博文告知载泽"民主国以平等

---

[78] 汪精卫：《希望满洲立宪者盍听诸》，胡绳武主编：《清末立宪运动史料丛刊·立宪派与革命派的论战》，第114—141页。
[79] 汪精卫：《希望满洲立宪者盍听诸》，胡绳武主编：《清末立宪运动史料丛刊·立宪派与革命派的论战》，第116页。

为主义，大统领退职之后，与平民无异。君主之国，必有几种阶级，以表异于齐民，故爵位、勋章、其他封典之授与，其权必操诸君主"，其依据是日本宪法第十五条对爵位、勋章、荣典等的规定。与此同时，日本宪法第十九条规定"国民皆平等"，但是还存在皇族、华族，所以并不能说日本无阶级。汪精卫指出，如果清廷效法日本的做法，将等级制写入宪法，那么满人将是贵族，蒙古、汉军在其次，而他的立宪派论敌根本不可能获得想要的平等。汪精卫对立宪派拥戴满人君主进行了嘲讽："且日本天皇万世一系，民之戴之，犹可自解，公等宗祖不武，为外族所制服，二百六十年于兹，今乃谋永久推戴，以觍然冀少馂其余，吾实为公等羞之。"[80]

汪精卫从伊藤博文对日本宪法的介绍入手，对日本宪法本身进行了批评："日本君权之重，几同专制，所异者，专制时代，其宰制纯乎自由，有宪法后，则当据宪法而活动耳。"[81]而根据这样的宪法，立宪派根本不可能达到自己的立宪目的。汪精卫认为，"宪法之制定率由于人民之力"，民权与君权的角力，产生了不同类型的宪法："其民权锐进而君权萎缩以至于尽者，佛兰西也；其民权锐进，君权锐退，遂以相安，于是民权之区域长而君权之区域蹙者，英吉利也；其民权锐进，而君权力御之，卒乃稍示让步，以求相

---

[80] 汪精卫：《希望满洲立宪者盍听诸》，胡绳武主编：《清末立宪运动史料丛刊·立宪派与革命派的论战》，第117页。
[81] 汪精卫：《希望满洲立宪者盍听诸》，胡绳武主编：《清末立宪运动史料丛刊·立宪派与革命派的论战》，第116页。

安，于是君权之区域长，而民权之区域蹙者，普鲁士、日本也。"君权不会平白无故地限制自己，因而不应该期待君主自己良心发现，只有张民权，才能限君权："是故闻因有民权而有宪法者矣，未闻因有宪法而有民权者也。何也？以民权能制造宪法，宪法不能产出民权也。"[82]

而"无民权而有宪法者"的例子，在汪精卫看来，主要是土耳其："彼慕文明之名而工牢笼之术，故乐于为此，然国法学者、政治学者咸曰：土耳其特有宪法之条文耳，仍不失为专制政体。"[83] 在此，汪精卫评论的是奥斯曼帝国的1876年立宪，这一宪法很快被土耳其苏丹束之高阁。汪精卫追问，满洲之立宪，究竟是类似于英国、普鲁士、日本，还是与土耳其相似？他尖刻地指出，立宪派希望清廷立宪，实际上类似于埃及人希望土耳其立宪。埃及人与土耳其人属于不同的民族，而汉人与满人也属于不同的民族。英人、法人、普人、日本人争取民权的前提，是他们与自己的君主属于同一个民族；但土耳其的立宪和满洲立宪，则属于不同的类型。

汪精卫指出，罗马帝国瓦解后，民族主义代世界主义而兴，英法两国都大力推进民族主义事业，驱除或同化"糅杂之民族"，进而从民族主义转变为民族帝国主义："民族主义所以固其本族者也，民族帝国主义则由本族既固，乃广收他族，以求膨胀。"英、德、法等广泛开拓殖民地，吸收异

---

[82] 汪精卫：《希望满洲立宪者盍听诸》，胡绳武主编：《清末立宪运动史料丛刊·立宪派与革命派的论战》，第121页。
[83] 汪精卫：《希望满洲立宪者盍听诸》，胡绳武主编：《清末立宪运动史料丛刊·立宪派与革命派的论战》，第121页。

种，实为在国界之外兼容并包，而非一国之内的不同族群去争夺主导权。汪精卫提出，"我中国实行民族主义之后，终有实行民族帝国主义之一日"[84]，意即，当与列强并驾齐驱，对外拓殖。但在当时，中国若不能解决民族主义的问题，就难于立宪。

在对"民族"与"国民"的认识上，汪精卫与梁启超一样，都受到伯伦知理的影响。[85]但汪精卫在其他文章中对伯伦知理有所批评，认为后者较少谈及各民族混合居于一国之内的危害，批评其在这方面"陈义甚疏，他日当取他家之学说以补正之"。[86]在《希望满洲立宪者盍听诸》一文中，汪精卫确实找到了顺手的"他家之学说"。他引用了东京帝国大学法学教授、法政大学速成科授课教师小野塚喜平次的论述，来探讨多民族国家治理的困难："一国家由一民族而成，则国家之利害与民族之利害，常保一致，而无虞其相背；一国家由二种以上之民族而成者，欲其国家之利害，与各民族之利害能相一致，不可得矣。于此之际，若其各民族其自觉之度高且势力之差异少，而利害互不一致，则吾民族必先以本族之观察点而判断政治，而以国家全部之利害，置于第二位，此倾向固不可免也，而所谓国家之行动，亦不能平等以视各民族，此亦不可免之倾向也。何则？国权之掌握

---

[84] 汪精卫：《希望满洲立宪者盍听诸》，胡绳武主编：《清末立宪运动史料丛刊·立宪派与革命派的论战》，第123页。
[85] 先行研究参见孙宏云：《汪精卫、梁启超"革命"论战的政治学背景》，《历史研究》2004年第5期。
[86] 精卫（汪精卫）：《研究民族与政治关系之资料》，《民报》第13号，1907年5月5日。

者，亦属于国内之一种民族，其不能超然于民族的见解之上固也。"[87]

小野塚喜平次于1897年受日本文部省之命前往德法两国留学，1901年回国任教于东京帝国大学法科，成为日本政治学史上首位担任政治学专任教授的本国人，并因为给法政大学速成科的中国留学生授课，在当时的留日学生中有相当大的影响力[88]，他讨论的奥匈帝国民族矛盾，也成为留日学生辩论时经常参考的案例。[89]小野塚喜平次根据欧洲的民族国家经验，认定一个国家必须只能由一个民族构成，否则就会出现国家与民族利益之间的分裂。从这一原理出发，汪精卫认为，奥地利宪法虽然规定臣民在法律上的平等，但在现实中却沦为了一纸空文："试观奥国，非无政党，而多以民族之名为政党之名，如所谓独逸国民派、伊大利派、波兰土派等是已；非无国会，然不过为民族轧轹之反影；非无政府，而国中甲民族引以为友，乙民族引以为仇，乃至地方议会，亦成民族交讧之战场；非无帝国宪法，而人民已不以国家为共同之目的，乃以民族为共同之目的。彼谓立宪足以融化种界者，迷信一纸之空文，而不根诸事实，曾亦思奥国自

---

[87] 胡绳武主编：《清末立宪运动史料丛刊·立宪派与革命派的论战》，第125页。
[88] 孙宏云：《小野塚喜平次与中国现代政治学的形成》，《历史研究》2009年第4期。
[89] 汪精卫：《希望满洲立宪者盍听诸》，胡绳武主编：《清末立宪运动史料丛刊·立宪派与革命派的论战》，第125页。

一千八百六十七年以来久已享有立宪政体之徽号乎？"[90]汪精卫认为，奥地利国会被德意志人、意大利人、波兰人等族群的政党所撕裂，甚至地方议会也成为民族冲突的战场，通过立宪来融合族群，只不过是良好的愿望而已。

汪精卫又引用了美国学者罗威尔（A. Lawrence Lowell）的《欧洲大陆的政府与政党》（*Governments and Parties in Continental Europe*，1896）一书，该书以奥地利为例，探讨多民族国家面临的结构性困境。奥地利虽为立宪国家，但其内部民族众多，众多党派以民族为界，缺乏共同的认同："墺大利非所谓立宪君主国耶？而因民族轧轹之故，立宪政治已成痿痹。"汪精卫进一步解释："一国之中，人民各顾其本族而不顾国家，水火交讧，日无宁晷，竭种种政策，以谋解决，无一不归于失败。"而他推崇的罗威尔探讨了两种解决方案："其一，创设中央集权之政府，独逸人专揽权力，宰制一切，压制他族，不使复伸，然独逸人之内部，时复溃裂，安有成功之希望？其二，则分裂帝国，而诸种族组成联邦。虽然，欲实行此方法，无异五六儿号泣喧腾以争径寸之饵也。"[91]德意志人的集权难以避免德意志人内部的分裂，而各族群组建联邦，仍然无法解决各族群之间的争夺。汪精卫由此得出结论："民族不同，同为国民者，国家之利害与各民族之利害相反，故各顾本族而不顾国家。至其解决之方

---

[90] 汪精卫：《希望满洲立宪者盍听诸》，胡绳武主编：《清末立宪运动史料丛刊·立宪派与革命派的论战》，第125页。

[91] 汪精卫：《希望满洲立宪者盍听诸》，胡绳武主编：《清末立宪运动史料丛刊·立宪派与革命派的论战》，第124—125页。

法，一则互不相下，而至于分裂；二则一民族专揽权力，而以压制他族为治。夫如是之国家，而欲其政治现象得以改良发达，能乎不能？故吾敢断然曰：种族问题未解决，则政治问题必无由解决也。"[92]

汪精卫并非最早征引奥匈帝国以反对多民族国家的论者。朱执信在1905年11月出版的《民报》第1号中即将中国的满汉关系类比为奥地利与匈牙利的关系。[93]但值得一提的是，即便在立宪派方面，奥匈帝国也是一个负面例子，康有为在其1906年所作的《日耳曼沿革考》中尖锐地指出，奥匈帝国之所以落后，核心原因恰恰在于其内部整合程度太低，有十四种语言、十种文字，语言文字不通大大增加了国家的运作成本。在军队里面，官与兵、兵与兵之间经常无法沟通，导致战斗力低下。[94]康有为1908年《补奥游记》进一步批评了奥匈帝国的议会政治："其在议院也，十四州各自为政党，各日月倾轧争政权。于是奥政府无能数月者，于是奥政治无一能举者，于是坐视其强邻故藩之德日新月盛而已，则袖手待亡。"[95]

在1904年参加日本法政大学速成科学习的杨度，和汪

---

[92] 汪精卫：《希望满洲立宪者盍听诸》，胡绳武主编：《清末立宪运动史料丛刊·立宪派与革命派的论战》，第125页。

[93] 蛰伸（朱执信）：《论满洲虽欲立宪而不能》，《民报》第1号，1905年11月26日。

[94] 康有为：《日耳曼沿革考》，姜义华、张荣华编校：《康有为全集》（第八集），第257页。

[95] 康有为：《补奥游记》，姜义华、张荣华编校：《康有为全集》（第八集），第384页。

精卫一样,都听了小野塚喜平次的课。杨度在其1907年的《金铁主义说》中同样将奥地利视为负面案例,但从中得出的政策主张是尽快推动五族的融合。[96]梁启超在1905年《开明专制论》中也引用了汪精卫所引用的小野塚喜平次,证明奥匈帝国的立宪政治存在极大问题,但梁启超也从中得出了与汪精卫不同的结论:"种族繁多之国,宜久用开明专制。否则各种族将自急其利害,而缓国家之利害,不能得正当之国民公意,徒生纷扰,甚乃致分裂也。此等国家,必先融化种族,乃可弛专制。"[97]梁启超主张需要有一个过渡时期来解决民族问题,而这恰恰证明了"预备立宪"的必要性。而清廷大员端方在1907年上奏清廷,不仅举了奥匈帝国的例子,甚至认为俄国"种族最多,人无固志",这是俄国在日俄战争中落败的重要原因,现在俄国开议会,其议会之纷乱,相比于奥地利或将有过之而无不及。端方从中得出的结论是要尽快解决旗人与汉人的差异问题,并提出了具体的解决方案。[98]

回到《希望满洲立宪者盍听诸》。汪精卫认为期待清廷立宪,是贪慕"文明"的虚名,其必然结果是将汉人的被征服地位固化:"下以虚求,上以虚应,一纸之空文,彼满洲人何吝而不与?于彼实权无所损,而徒使我国民醉文明之

---

[96] 刘晴波主编:《杨度集》,第304—305、370页。
[97] 梁启超:《开明专制论》,张品兴主编:《梁启超全集》,第1464—1466页。
[98] 端方:《两江总督端方奏均满汉以策治安拟办法四条折》,胡绳武主编:《清末立宪运动史料丛刊·清廷的预备仿行立宪》(第一卷),第191—193页。

虚名,忘噬脐之实祸。此吾所以谓从此满族遂永立于征服者之地位,我民族遂永立于被征服者之地位者也。"清廷当下要推进的立宪,也无非"今者秉大权以定宪法,假立宪之名,行专制之实",而且"今则居然为立宪君主国,袭文明之徽号,外以夸示于邻国,内以鼓舞其民心,皞皞熙熙,歌颂太平,汉人之心,由是而死,满人之策,由是而售,排汉之政策,假大权之命令以出之,名正言顺"。[99] 短短几句话中,作为虚荣之符号的"文明"出现了两次,可见在汪精卫看来,立宪派将君主立宪与"文明"绑定的策略,恰是值得猛烈攻击的目标。

汪精卫论述的前提假设,是满汉利益相互抵牾。在其之前写作的《民族的国民》中,汪精卫曾对此展开系统分析,认为满人长期把持政治特权,绝不愿拿出来与汉人分享。入关之后,满人已经逐渐丧失自身独特的社会文化,只剩下政治特权来维持自己的地位:"社会上之文化已无复存,政治上之势力又复失坠,尚欲以蕞尔之丑类,块然自存,能不随红夷黑蛮以俱尽耶?"在此,汪精卫显然运用了19世纪白人殖民者歧视有色人种的"文明等级论",将满人与白人殖民者眼中的所谓野蛮民族等量齐观。汪精卫认为,让满人与汉人居于同等地位,进行自由竞争,对他们来说不啻为生计上的自杀:"然彼满人由森林之生活而享政治之生活已数百年,其脑海中可谓无一毫之商智,其习惯中可谓无一毫之

---

[99] 汪精卫:《希望满洲立宪者盍听诸》,胡绳武主编:《清末立宪运动史料丛刊·立宪派与革命派的论战》,第128页。

商才,于此而欲与汉人争工商业上之生活,犹稚子与壮夫竞也。"[100]1905年末朱执信发表的《论满洲虽欲立宪而不能》也认为汉人在政治能力上优于满人,如不排满,"则其政治能力,亦固无所伸张也耶";如与后者共同立宪,"适以自累也"。[101]朱执信与汪精卫的分析,背后即为当时流行的"物竞天择""优胜劣败"话语,其暗含的判断是,中国在全球文明等级中的地位,受到政治能力落后的统治族群的拖累。

通过这样的结构性分析,汪精卫认为满人保全中国的目的只是保全自身,但如果保全中国会导致其自身的毁灭,那就宁可将中国赠予外族:"满洲人非不畏中国之亡,盖中国若亡,则彼族亦无立足地故也,然彼因欲保彼族,故欲保中国,设因保中国之故而至于灭其本族,则彼宁举中国以赠朋友耳。"[102]由此推断,立宪派的主张是缘木求鱼,让满人行真正的立宪,实现真正的平等,那类似于一种慢性自杀,是满人万万不可能接受的。

在后续的论战之中,汪精卫不断论证单一民族国家的优越性。在1906年5月1日发表的《驳〈新民丛报〉最近之非革命论》中,汪精卫进一步陈述自己主张的原理:"以一民族成一国家,其民族之观念与国家之观念能相融洽,故于政治之运用无所窒碍。使以数民族成一国家,则当察其能

---

[100] 汪精卫:《民族的国民》,胡绳武主编:《清末立宪运动史料丛刊·立宪派与革命派的论战》,第130—131页。
[101] 蛰伸(朱执信):《论满洲虽欲立宪而不能》,《民报》第1号,1905年11月26日。
[102] 汪精卫:《民族的国民》,胡绳武主编:《清末立宪运动史料丛刊·立宪派与革命派的论战》,第130页。

相安同化与否。果其相安同化,则亦能式好无尤。如其否也,则各民族位置不同等,势力不均,利害相反,各顾其本族而不顾国家,如是,则惟一民族优胜,独占势力,而它族悉处于劣败之地位,专以压制为治,犹足苟求一日之安,欲以自由、博爱、平等之精神施之政治,必将格格而不能入矣。"[103]在汪精卫看来,除非多民族国家能够同化为一个民族,否则就难以建立自由、博爱、平等的政治秩序。在1906年9月清廷发布上谕宣布"预备立宪"之后,汪精卫又撰文抨击清廷推行"立宪的排汉主义",具体体现为"以立宪为表,以中央集权为里,以立宪为饵,以中央集权为钓,阳收汉人之虚望,阴殖满人之实权"。[104]

来自湖南的革命派人士杨毓麟在1907年所作的《论国民联合运动之不活泼》中主张:"察今世文明各国之所以优胜,与吾国之所以劣败者,必以国民之能群与不能群为断。质言之,即以能执行联合运动与不能执行联合运动为断。"[105]中国人之所以"不能群",难以做到联合行动,重要的障碍就是"种族问题"。杨毓麟主张,只有通过革命,解决了满汉问题,才能够推动中国的组织力建设,从而提升文明程度。田桐于1908年在《复报》撰文《满政府之立宪问题》,认为人奔走劳苦,谋生活、幸福、自由、权利,"然

---

[103] 精卫(汪精卫):《驳〈新民丛报〉最近之非革命论》,《民报》第4号,1906年5月1日。
[104] 精卫(汪精卫):《满洲立宪与国民革命》,《民报》第8号,1906年10月8日。
[105] 杨毓麟:《论国民联合运动之不活泼》,饶怀民编:《杨毓麟集》,岳麓书社2001年版,第254页。

在野蛮专制之国,人民之生活也,幸福也,权利也,其程度必浅;在文明立宪之国,人民之生活也,幸福也,自由也,权利也,其程度必高"。然而,"中国可以为民主之立宪也,万不可以戴满洲政府而为君主之立宪"。田桐认为,普鲁士、奥地利、意大利、比利时都是君权较强的立宪模式,是"不完全之立宪国","自文明人之眼光观之,殊不满于人意"。如果中国采取这样的立宪模式,其结果只是加固满人对汉人的压迫,因此万万不可。[106]1906年同盟会组织的萍浏醴起义爆发后,就读于日本早稻田大学的同盟会会员陈家鼎在《汉帜》撰文,将君主立宪视为钳制民权的手段:"虽以日本国民之能力,且无如其政府何,况在异族政府之下哉!"陈家鼎认为,奥地利以立宪钳制匈牙利,英国以立宪钳制印度,土耳其以立宪钳制埃及,满人以立宪钳制汉人,皆出于同一原理。陈家鼎认为,如果各地不响应萍浏醴起义,致使清廷立宪成功,其结果将是"各省亦一匈牙利也,印度也,埃及也"。[107]柳亚子则举出"宪章之母国"英国对于爱尔兰的钳制,称维多利亚女王举行庆典时,爱尔兰人"树黑旗以志国哀",柳亚子追问:"夫孰谓我神明之胄而不及爱尔兰也!"[108]

其他革命派除了像汪精卫、杨毓麟那样强调"排满"的必要性之外,其重点论述的另一个方向是强调共和革命才是从"野蛮"向"文明"进化的关键。邹容在《革命军》中

---

[106] 田桐:《满政府之立宪问题》,《复报》第1期,1908年5月8日。
[107] 铁郎(陈家鼎):《论各省宜速响应湘赣革命军》,《汉帜》第1期,1907年。
[108] 亚卢(柳亚子):《中国立宪问题》,《江苏》第6期,1903年。

明确主张"革命者，由野蛮而进文明者也"，并举出英国革命、美国革命与法国大革命作为范例，而中国与列强相遇，被邹容视为是脱离"野蛮"的机会："吾幸夫吾同胞之得与今世界列强遇也；吾幸夫吾同胞之得闻文明之政体，文明之革命也；吾幸夫吾同胞之得卢梭《民约论》，孟德斯鸠《万法精理》，弥勒约翰《自由之理》《法国革命史》，美国《独立檄文》等书译而读之也。"《革命军》在"野蛮之革命"与"文明之革命"之间做出区分，将义和团运动作为前者之典型，称其特征是"有破坏无建设"，只会给国家带来灾祸；而后者是"为建设而破坏"，是"为国民增幸福"，其根本目的在于为国民争取自由、平等、独立与自主等。邹容期待通过"文明之革命"，造就"文明之政体"。[109]

何天炯在宋教仁、黄兴创办的《二十世纪之支那》创刊号刊文《二十世纪之支那初言》，一开始就将"一国之文明"与"一国之学术"关联起来，称"欧美文明诸邦"因学术精进，"文明程度"不断提高，日本亦然，但中国却不进反退。何天炯诉诸"天演公例"，认为"最劣之民族"无法击败"最最优者"，还主张高举"爱国主义"这杆大旗，"将以正确可行之论，输入国民之脑，使其有独立自强之性，而一去其旧染之污，与世界最文明之国民，有同一程度，因得以建设新国家，使我二十世纪之支那，进而为世界

---

[109] 邹容：《革命军》（1903年），张枬、王忍之编：《辛亥革命前十年间时论选集》（第2卷），生活·读书·新知三联书店1960年版，第651、665页。

第一强国"。[110]南社成员雷昭性称当今世界处于"以野蛮手段缘饰文明之时代,非真文明也",真正的文明,在他看来是竞争消泯,进入大同之境,因此,即便是立宪,在雷昭性看来也不过是"缘饰文明"。"然各国虽曰缘饰文明,终有可以缘饰者在",而清政府是"伪立宪而行真专制"。世界遵循进化之道,有自己的"运会",像清政府这样连"缘饰文明"都做不到的,当为"文明之运会"所不容,"故吾党之排满革命以建共和政府者,将以赴运会而免淘汰也"。[111]雷昭性虽然提出了更高的"文明"标准,但实际上仍然诉诸当时流行的"优胜劣败"话语来讨论清政府的立宪。

孙中山更是频繁用"文明"的概念为革命辩护。1905年,在东京留学生欢迎会上的演说中,孙中山强烈批驳强调政治进化必须循序渐进、当下需要先推行君主立宪的主张,认为如果不能够一步到位实行共和政治,"是反夫进化之公理,是不知文明之真价也"。孙中山认为,如果连菲律宾人都能力拒西班牙与美国而自建共和,美国黑奴都可以做共和国民,说中国人不能建共和,"是诬中国人曾非律宾人、北美黑奴之不若也"。孙中山主张,世界各国立宪都离不开流血,但既然都要流血,为何不直截了当建立共和,而要追求不完备的立宪呢?[112]1911年武昌起义爆发后,孙中山曾在

---

[110] 卫种(何天炯):《二十世纪之支那初言》,《二十世纪之支那》第1号,1905年6月3日,中国国民党中央委员会党史史料编纂委员会1983年影印版,第8页。
[111] 铁铮(雷昭性):《政府说》,《民报》第17期,1907年10月。
[112] 过庭(陈天华):《纪东京留学生欢迎孙君逸仙事》,《民报》第1号,1905年11月26日。

与《巴黎日报》记者谈话时否定以汉人君主替代满人君主的方案,认为:"倘以一中国君主而易去满洲君主,与近世文明进化相背,决非人民所欲,故惟有共和联邦政体为最美备,舍此别无他法也。"[113]

当然,孙中山所说的"革命"除了政治革命之外,还有社会革命的维度,而在后一个维度上,他对"文明"的用法就更为微妙了。在1906年《在东京〈民报〉创刊周年庆祝大会的演说》中,孙中山认为"文明越发达,社会问题越着紧","社会问题是文明进步所致,文明程度不高,那社会问题也不大"。孙中山断定,欧美未来也必须解决社会问题,因此中国应当未雨绸缪:"我们做事,要在人前,不要落人后。这社会革命的事业,定为文明各国将来所取法的了。"[114] 换而言之,孙中山考虑的不仅是参照"文明各国"已有的成就来自我改造,甚至要"弯道超车",走到"文明各国"之前。

辛亥革命爆发后,南京临时政府采纳的沈恩孚所作的国歌歌词,明显体现出革命派的"文明"观:"亚东开化中华早,揖美追欧,旧邦新造。飘扬五色旗,民国荣光,锦绣河山普照。喜同胞,鼓舞文明,世界和平永保。"[115] 通过共和革命实现"旧邦新造"的意义在于在"文明""开化"程

---

[113] 孙中山:《与巴黎〈巴黎日报〉记者的谈话(1911年11月21—23日间)》,《孙中山全集》(第1卷),第561—562页。
[114] 孙中山:《在东京〈民报〉创刊周年庆祝大会的演说》,《孙中山全集》(第1卷),第326—329页。
[115] 王立平主编:《百年乐府:中国近现代歌词编年选》,上海音乐出版社2018年版,第42页。

度上"揖美追欧"。这里的"文明"观,仍然是单数的、与"野蛮"相对的"文明"观,而不具备我们今天熟悉的"多元文明"的意涵。孙中山于1912年1月1日发布《临时大总统宣言书》,宣布对外方针为"当尽文明国应尽之义务,以期享文明国应享之权利……将使中国见重于国际社会,且使世界渐趋大同"。[116] 侧重点亦为承认国际体系中的"文明等级",以期中国通过遵守列强制定的规范,获得列强的承认。而袁世凯在这方面比革命派有过之而无不及。他于1912年4月29日发布的《中华民国首任大总统莅任宣言书》,主张"吾愿国民输入外国文明教育,即政治法律等学",强调反对排外:"夫输入外国文明与其资本,是国家主义,而实世界主义。世界文明之极,无非以己之有余济人之不足,使社会各得其所,几无国界可言。孔子喜言大同,吾国现行共和,则闭关时代之旧思想,必当扫除净绝。"[117] 考虑到袁世凯的上台具有英、法、德、美、俄、日六国"大国协调"的背景,袁世凯作此表态,丝毫不令人惊讶。值得一提的是,袁世凯力倡"忠信笃敬",但在修辞上,亦诉诸"文明各国"的权威。

革命派为了反对清廷的"预备立宪",对日本《明治宪法》有所批评,陈家鼎甚至将日本的立宪也视为钳制民权的手段,但这并不表明他们对日本不欣赏。孙中山长期以日本

---

[116] 孙中山:《临时大总统宣言书》,《孙中山全集》(第2卷),第2页。
[117] 袁世凯:《中华民国首任大总统莅任宣言书》,金山、白蕉编著:《袁世凯与中华民国》,人文月刊社1936年版,第65—68页。

为革命基地,在日本筹款,受日本"亚洲主义"的影响很深。在1897年8月中下旬,孙中山与宫崎寅藏、平山周的谈话,大谈通过中国革命,"雪亚东黄种之屈辱"[118];1898年8月与宫崎寅藏笔谈时,赞同宫崎的"中东合同,以为亚洲之盟主……阻遏西势东渐"的主张,同时将俄国视为共同敌人。[119]在上述1905年东京留学生欢迎会上的演说中,孙中山同时以日本为例激励众人奋发:"昔日本维新之初,亦不过数志士为之原动力耳,仅三十余年,而跻于六大强国之一。以吾侪今日为之,独不能事半功倍乎?"[120]在1911年3月上旬与日本记者的一次谈话中,孙中山强烈谴责加拿大政府歧视亚洲侨民的政策,还直接使用了日本精英提出的"亚洲门罗主义"一词,呼吁日本率领亚洲各国反对英、美、法、德与沙俄。[121]

当然,孙中山、汪精卫等人并不能代表革命派的全部。在革命派中,我们可以看到章太炎这样的"另类"人物。[122]章太炎曾经指出:"今之言文明者,非以道义为准,而以虚荣为准。持斯名以挟制人心,然人亦靡然从之者。盖文明即

---

[118]《孙中山全集》(第1卷),第174页。类似的表述还可见于1902年8月的《〈三十三年之梦〉序》,《孙中山全集》(第1卷),第216页;1904年8月31日的《支那问题真解》,《孙中山全集》(第1卷),第243页。

[119]《孙中山全集》(第1卷),第181—182页。

[120]过庭(陈天华):《纪东京留学生欢迎孙君逸仙事》,《民报》第1号,1905年11月26日。

[121]王耿雄等编:《孙中山集外集》(第1卷),上海人民出版社1990年版,第150页。

[122]王锐:《革命儒生:章太炎传》,广西师范大学出版社2022年版。

时尚之异名,崇拜文明,即趋时之别语。"[123]面对当时流行的线性的社会达尔文主义,章太炎倡导"俱分进化论",认为善进化,恶亦进化,乐亦进化,苦亦进化,一种进化的状态相比于未进化的状态,并非纯然的"进步";面对"进化"所带来的社会罪恶与痛苦,章太炎提出无政府、无聚落、无人类、无众生、无世界这"五无论",对于19世纪主流"文明"方案的各种构成要素——国家、立宪、代议制、政党、地方自治等,无不提出自己的反思。对于日本,章太炎密切关注其对朝鲜的侵略。1907年,章太炎联合印度、越南、缅甸、菲律宾、朝鲜、日本等地志士,组织"亚洲和亲会",倡导各国志士相互呼应,反抗帝国主义,寻求民族解放。而这是一种不同于寻求跻身于帝国主义列强的方向。在1908年的政论《清美同盟之利病》中,章太炎称:"日本之骄矜自肆,非吾良友也。"[124]革命派中的刘师培同样也认识到"帝国主义乃现今世界之蟊贼也"[125],但其采取的无政府主义立场,使其难以找到反抗帝国主义的组织化途径。而章太炎认识到,国家是弱小民族进行组织化抵抗必不可少的力量,"他国一日不解散,则吾国不得不牵帅以自存"。[126]

---

[123] 章太炎:《复仇是非论》,《章太炎全集》(第4册),上海人民出版社2014年版,第281页。

[124] 章太炎:《章太炎全集·太炎文录补编(上)》,上海人民出版社2017年版,第341页。

[125] 刘师培:《亚洲现势论》,李妙根编:《刘师培论学论政》,复旦大学出版社1990年版,第409页。

[126] 章太炎:《国家论》,《章太炎全集》(第8册),上海人民出版社2017年版,第491—492页。

就理论取径而言，章太炎在革命派中独树一帜，甚至在他所在时代的知识分子中，都堪称另类，他与辜鸿铭从不同的方向，对19世纪主流的文明论进行了反思。但是绝大部分革命派与立宪派都受到了同一种"文明等级论"的深刻影响，同时也从不同角度对明治日本表示了欣赏和敬佩。虽然两派存在革命或立宪的手段分歧，但在既有的国际体系之下寻求列强承认的认知，几乎是一致的。

## 四 余论

在20世纪初，立宪派与革命派围绕着是否应当模仿日本《明治宪法》进行立宪，展开了激烈辩论。对于大部分立宪派而言，《明治宪法》具有典范的意义，一些论者还直接追溯到日本宪法所模仿的普鲁士与德意志第二帝国宪法。立宪派倡导五族协同立宪。而革命派则对于清廷立宪持激烈的反对态度，由此也对后者模仿的日本《明治宪法》给予了很多负面评价，认为其君权过强，并会将社会阶级不平等的状态固定下来，如果以《明治宪法》为模板来立宪，必将巩固满人特权。革命派通过引用奥匈帝国的例子，力图证明多民族国家的立宪很容易导致民族倾轧。他们将日本视为单一民族国家，将中国视为多民族国家，由此推断，日本的立宪方案，无法适用于中国，也无法给中国带来富强。而立宪派从中导出的是"预备立宪"的重要性：经过"化种族之畛域"的改革，中国将最终具备君主立宪的条件。

革命派从民族矛盾的角度质疑立宪派在"立宪"和"富强"之间建立的联系，这在当时的东亚知识界与舆论界，只是质疑的角度之一。1907年,举人褚子临等曾呈递条陈,质疑了立宪可以强国、尊主的主流见解。[127]但更为系统的质疑实际上来自日本的理论家。1906年,曾为日本法政大学速成科讲授国际公法课程的法学博士中村进午在日本《外交时报》上撰文,为"预备立宪"泼冷水,指出中国立宪的条件与德国、日本非常不同:德日两国在制宪前,中央政府获得了重要战争的胜利,树立了较高的威望,但中国却并非中央集权之国,督抚权力畸大,中央政府威望低落。在这样不利的条件下,清廷为何急于推行"预备立宪"呢?中村猜测,"清国见立宪之国多致富强,以为立宪即可希冀富强","清国见日本之国势日益加盛,以为悉属立宪之赐,清国一立宪遂足以一跃而跻日本之上"。但立宪真能让国家富强吗?中村追问:立宪的布哇(布尔)、脱兰斯佛(德兰士瓦)结果又如何呢?中村在此指向19、20世纪之交英国与南部非洲白人殖民者的后裔布尔人所发生的第二次布尔战争,这场战争是立宪国之间的战争,导致德兰士瓦共和国和奥兰治自由邦这两个布尔人国家灭亡,布尔人集体沦为英帝国臣民。中村又追问,立宪的俄国与波斯又如何呢?当然,在1906年,俄国与波斯的立宪运动刚刚起步,未能充分展开,中国的主流舆论界会把俄国与波斯的国势走衰归结于未尽早立宪。中村的第三个案例就是日本,他指出,日本并非"因立宪而遂致富

---

[127]《拣选知县举人褚子临等条陈宪政八大错十可虑呈》,胡绳武主编:《清末立宪运动史料丛刊·清廷的预备仿行立宪》(第一卷),第205—206页。

强",而是在立宪之外有种种其他的原因。[128]其中一个原因就是明治维新时的国际体系对于日本改革比较有利——因为列强相互争斗,改革者可以利用列强之间的矛盾,推进自己的议程,但当下的中国却是国内争斗而列强无事,列强正积极干预中国内政,因此中国的立宪是否能够顺利推进,颇值怀疑。

中村进午同样注意到了他所教过的汪精卫提出的民族问题,认为清朝即便立宪,议会之中的满汉矛盾仍将是很大的挑战。但他甚至看到了更多的问题:选举制度、民众与政治家的素质,都有待完善。因此,建立议会并不意味着政治自动走上正轨,议会所反映的民意,其本身未必健全,而议员也可能会骑到人民的头上,于是人民除了贿赂官吏之外,又需要贿赂议员,又多了一层盘剥。在今天看来,中村的观察相当冷静,甚至冷酷。但对于当时的革命派与立宪派而言,所谓"文明国家"基本上都是"立宪国"的现象,带来极大的冲击力,从而使得"立宪"几乎成为一门"必修课",差异无非是在君主制之下推进,还是在推翻君主制、建立共和制之后再推进。

不管主流革命派与立宪派在具体判断上有多少分歧,他们共享了同一种视野和理论语言,都认为世界正在经历从"民族主义"向"民族帝国主义"的过渡,都认为中国需要

---

[128]〔日〕中村进午:《清国立宪之危机》,胡绳武主编:《清末立宪运动史料丛刊·清廷的预备仿行立宪》(第一卷),第163—164页。当时担任京师大学堂师范馆监督的江瀚,令其子翻译了中村此文,之后进呈给了军机大臣瞿鸿机。

经过自我改造，进而提升在文明等级中的地位，而日本通过明治维新实现文明等级的迁跃，是非常值得借鉴的典范。两派的主流都认为需要改变中国在"文明等级"中的地位，但并不认为在短期内改变"文明等级"的基本规则是现实的。梁启超在19、20世纪之交对于时势的诸多论述，实际上成为革命派与立宪派共享的话语，伯伦知理的论述既影响了梁启超，也影响了汪精卫。康有为的"三世说"实际上认为共和比君宪具有更高的文明程度，梁启超后来虽放弃了经学框架，但承袭了这一判断，只是康梁等立宪派认为人类进步要循序渐进，因而君主立宪是最为合适的选项；而革命派认为需要一步到位采取最为先进的选项，那就是通过革命推翻君主，实现民主立宪。

最后，正如汪精卫的论述所表明的那样，即便是比立宪派更关心平等，革命派也还是会将满人与"红夷黑蛮"相类比，并论证既然连菲律宾土著、美国黑人都可以做共和国民，中国人也可以，这些都体现出当时充满种族主义色彩的"文明等级论"的影响。而一种更强调种族与民族平等、更强调"自下而上"建构政治权威的政治观念的普及，仍有待第一次世界大战带来的冲击。

# 第三章　世界大战与"文明"观念在中国的渐变

第一次世界大战对中国的内政外交都产生了巨大的冲击。由于欧洲列强纷纷从殖民地抽调力量回援欧洲,日本乘隙而入,扩大在华控制力和影响力。战争爆发后不久,日本即出兵攻取德国占据的青岛,而这是日俄战争以来列强又一次在中国土地上开战。1915年,日本政府向袁世凯政府强加了"二十一条"。欧洲战场的胶着状态,一度带来协约国列强有求于中国的场景。然而,在华影响力日益上升的日本并不乐见中国复制其通过被列强承认、跻身于所谓"文明国"之列的道路。在英国希望袁世凯政府加入协约国阵营对德宣战的时候,日本方面嗅到的是中国国际地位上升的气息,于是表示了坚决的反对。[1] 在袁世凯筹划称帝的过程中,英、美、法、俄等国一开始表达的是乐观其成或至少不加反对的态度,然而日本组织其他列强要求袁世凯暂缓称帝,并支持了多个反袁势力。在袁世凯死后,亲日的段祺瑞执掌北京政府,日本给予段政府支持,同时也从中国获得了更多特权。

与此同时,美国威尔逊政府也扩大了在中国的影响力,并与日本发生利益冲突。1917年北洋集团围绕着是否加入

---

[1] 唐启华:《洪宪帝制外交》,社会科学文献出版社2017年版。

协约国参战而展开的"府院之争",背后就有美日角力的因素,这次冲突引发了张勋复辟,而段祺瑞在平定张勋复辟后拒绝恢复《临时约法》,导致了南北法统分裂。日本通过"西原借款",加强对段祺瑞政府的影响,在此前提下允许中国加入协约国参战。德国政府资助孙中山南下反段,期待孙领导的护法军政府反对段政府的参战政策,然而这一期待最终落空,1917年,南北两个政府都对德宣战。美日两国也于1917年11月达成《蓝辛-石井协定》,做出妥协,规定:"合众国及日本国政府均承认凡领土相接近之国家间有特殊之关系(territorial propinquity creates special relations),故合众国承认日本国于中国有特殊之利益(special interests),而于日本所属接壤地方,尤为其然。"[2]美国实际上承认了日本在中国拥有某些特殊权益。

在"一战"期间,中国是否应当对德宣战,在很长时间是一个会引发争议的问题。袁世凯政府很早就主张加入协约国一方作战,然而当时思想界、舆论界的主流,实际上对德国充满敬畏。在第一次世界大战之前,中国的不少舆论领袖不仅认同立宪是一个国家增加自身的内在组织力,最终在国际竞争中胜出,跻身于"文明国"的关键,而且还将日本在国际体系中成功"晋级"的经验进一步追溯到了普鲁士及

---

[2] 王绳祖、何春超、吴世民编选:《国际关系史资料选编:17世纪中叶—1945》,法律出版社1988年版,第447页;Ross A. Kennedy edi., *A Companion to Woodrow Wilson*, John Wiley & Sons, Ltd., 2015, p.234。中文报章对《蓝辛-石井协定》与"门罗主义"的讨论,参见屠汝涑:《"特殊利益"与日本之门罗主义》,《留美学生季报》1918年第2期,第155—160页。

其主导的德意志第二帝国。在"一战"爆发之初，中国舆论界的主流意见，仍然是预测德国会取得胜利。然而，随着德国战况日益不乐观，中国舆论界怀疑的声音不断出现。对德国的怀疑，直接导致了对战前流行的"文明论"的怀疑。而一些新的议题的重要性也不断上升，如贫富分化与阶级对立、社会主义、民主、民族自决等。

中国国内政治的变化，也影响着国人对大战的观感。从1914年到1918年，民国经历了袁世凯的集权与称帝、"护国运动"的兴起、1916年袁世凯的死去与《临时约法》的恢复、1917年围绕着是否加入世界大战而发生的"府院之争"、张勋发动的丁巳复辟，以及镇压复辟之后的法统分裂与"护法运动"的兴起。1917年，随着中国加入协约国集团，站到德国的对立面，中国舆论界对于德国的书写也发生了重大的变化，迅速转向负面。时人往往将德、奥等国与国内的君主复辟及军阀并列，加以口诛笔伐。

随着战争的发展，战前流行的单数意义上的"文明"观念，逐渐转向一种复数意义上的"文明"观念，越来越多的论者将"东方文明"与"西方文明"相并列。随着"文明"概念的转变，宪法讨论的核心议程，也从如何模仿列强的立宪形式，转变为如何实现宪法所承载的具体时代精神。换而言之，在战前，通过立宪来提升自己的"文明等级"，是获得当时国际体系鼓励的行为。但在战后，立宪的形式并不必然带来国际评价的提升，更重要的是宪法究竟体现了19世纪的价值追求，还是20世纪的价值追求。而在二月革命、十月革命、十一月革命等一系列革命之后，即便在当下不追求立宪,而是发动体现20世纪价值观念的革命,也有可能赢得积极正面的国际评价。

本章将首先以康有为、梁启超等理论家为例,探讨"一战"之前崇德思潮的内在理论脉络;其次,以"一战"初期的报刊文章为切入点,进一步分析当时的崇德言论背后的理论逻辑与隐含假设;再次,以《东方杂志》对"一战"的讨论为主线,勾勒出"文明"观念渐变的基本轨迹;最后,分析战后"文明"观念的新形态及其对于新道路探索的激发。

## 一 德国作为典范:"一战"前的论述

在近代战争不断升级的背景之下,一个常见的现象是,在国际体系中居于霸权地位,或崛起速度较快的国家,容易成为弱国学习和借鉴的对象,而遭遇较大战争失败的国家,容易被视为制度具有缺陷,因而不配成为学习和借鉴的对象。比如说,晚清革命派对法兰西第三共和国宪法的借鉴,始终不断遭到保皇派以法国在普法战争中的失败为由的阻击。[3]在"一战"之前,德意志第二帝国工业与军事实力不断提升,国际影响力不断增长,呈现出欣欣向荣的发展态势。由于在20世纪初即已经遭到英、法、俄三国协约的孤立,德国试图在华打开外交局面,对清政府以及北洋政府采

---

[3] 如康有为《法兰西游记》,从一开始就从普法战争后的法国割土讲起,康有为:《法兰西游记》,姜义华、张荣华编校:《康有为全集》(第八集),第143页。1917年康有为在《共和平议》中更是认为:"然民主国无强者,不宜于列国竞争之时也。"参见康有为:《共和平议》,姜义华、张荣华编校:《康有为全集》(第十一集),第49页。

取了相对温和的政策，如给予中国相对优惠的贷款，并帮助中国训练新军等，赢得了不少中国精英人士的好感，逐渐树立起代表"文明"与"进化"方向的形象。

作为一部立宪君主制宪法，日本《明治宪法》模仿了普鲁士-德国的二元立宪君主制，日本的法政学校教育也对德国正面形象的传播产生了很大的推动作用。如前所述，汪精卫曾在1906年接受日本法政大学速成科的训练。与汪精卫一起参加速成科学习的，还有一位叫张一鹏的留日学生，其后来成为汪伪政权的"司法行政部长"。1906年3月，沈钧儒、林长民等发起的《法政杂志》在日本创刊，其第1卷第1号发表了张一鹏的《法政杂志之趣旨》。张一鹏以"如何将个人组织为国家"的问题意识引出"法政"的重要性："自欧美以法治国雄天下，则吾散而不聚，虚而不实之中国，与之对立于生存竞争之地，其如石遇卵，立见摧折者，天演之公理也。然则居今日而欲返弱为强，转败为胜，则法政思想之普及，谓非当务之急乎？"[4]张一鹏在这里所说的"法治国"，对应着留日学生在日本课堂上学到的德国名词Rechtsstaat。《法政杂志》第1卷第5号刊登了朱绍濂翻译的日本帝国大学法科教授一木喜德郎讲"法治国"（Rechtsstaat）的讲义。[5]在张一鹏的视野里，"法治国"之所以值得羡慕，是因为它在组织国家、参与国际竞争上的功效。随着大量留日修习法

---

[4] 张一鹏：《法政杂志之趣旨》，《法政杂志》1906年第1卷第1号。原文作"转胜为败"，疑误。
[5] 〔日〕一木喜德郎讲述、朱绍濂译：《法治国主义》，《法政杂志》1906年第1卷第5号。

政的学生回国任教于国内的法政学堂，德国的"法治国"观念也得到了进一步的传播。

日本的法学精英承认本国的诸多法律理论源于德国，为中国精英直接追溯《明治宪法》的借鉴对象，引入普鲁士-德国的国家学说和宪法理论，提供了有利的条件。尤其是梁启超，试图培育和发挥"中等社会"的政治领导力，引领中国在"民族帝国主义"时代获得与列强并驾齐驱的国际地位。梁启超的德国知识主要来自日本的翻译和介绍，但其老师康有为在世纪之初曾经十多次到访德国首都柏林，并对德国进行了深入考察。德国的工业化与社会经济发展成就，激发了他的"物质救国"主张。康有为在《大同书》中已经探讨过劳资之间的矛盾，然而其1904年所作的《物质救国论》大谈如何学习德国的工业化经验，却对德国当时的工人运动以及德国社会民主党在德国国会中势力的上升不置一词，可见其认为经济社会平等还不是当时中国的急迫主题，因而无须考察德国在这方面的制度实践。在晚清"预备立宪"的背景下，康有为主张，德意志第二帝国的宪法比英、法都更适合于一个"万国竞争"的时代，因而值得中国直接学习："苟未至大同之世，国竞未忘，则政权万不能散漫。否则其病痿而不举……但具虚心以研天下之公理，鉴实趾以考得失之轨涂……遂觉德为新式，颇适今世政治之宜；而英、美亦若瞠乎其后者，微独法也。"[6] 我们大致可以从两个

---

[6] 康有为：《德国游记》，姜义华、张荣华编校：《康有为全集》（第七集），第444页。

主要方面概括康有为对1871年《德意志帝国宪法》的认知：

首先，它是一个君主主导的政制，政党和议会所起的作用比较弱，内阁对君主而非议会负责——《德国游记》这样评论威廉二世的权势："……威廉号令全壤，有若中国及俄之帝主。当万国皆趋宪政时，违之则大乱，而德乃由宪政返专制，然乃大治，岂不异哉？"[7]与此同时，康有为也并不认为德国的立法机关就是徒具象征意义的橡皮图章，它至少还是有"立法"与"定税"两项大权，"君虽有行政之大权，而不能出法律之外，故民不蒙专制之害"。[8]一位"明察勇敏"[9]的强势君主和一个有基本实权的议会相互补充，"既有议院以民权立法后，君主本难专横，而有贤君专制以行政，则配制适得其宜"。[10]

其次，德国虽然实行联邦制，但邦单位规模较小，而且各邦已被普鲁士整合进了一个中央集权化的政治过程，因而优于自治单位过大的美国联邦制。[11]康有为认为"德之政权在联邦议院"，指的就是联邦参议院的优势地位。在联邦参议院里，普鲁士参议员达到17人，排在第二的巴伐利

---

[7] 康有为：《德国游记》，姜义华、张荣华编校：《康有为全集》（第七集），第445页。

[8] 康有为：《奥政党考》，姜义华、张荣华编校：《康有为全集》（第九集），第293页。

[9] 康有为：《德国游记》，姜义华、张荣华编校：《康有为全集》（第七集），第443页。

[10] 康有为：《德国游记》，姜义华、张荣华编校：《康有为全集》（第七集），第444页。

[11] 康有为：《废省论》，姜义华、张荣华编校：《康有为全集》（第九集），第362页。

亚只占据6席,"普人乃以美言收拾诸小邦议员,遂成多数,而各王国以人少失权"。[12] 第二帝国立法机关的复杂架构,足可以表明联邦相对于各邦,已取得相当的优势。而德皇威廉二世所干预的政务不仅是联邦层面的,他经常巡游各地,对各邦事务发号施令[13],久而久之,联邦层面也习惯了这位君主的直接干预。于是,第二帝国虽有"联邦"之名,但实际上以普鲁士为中心,向着中央集权迈进。

康有为在其公羊学"三世说"的视野中,进一步认为,德国宪制不仅有利于德国自身,还为推进区域一体化、整合欧洲准备了条件。[14] 康有为在1913年的《不忍》杂志上发表过《大同书》部分内容,在其中探讨了"破国界"的具体进程:"先自弭兵会倡之,次以联盟国缔之,继以公议会导之。"[15] 而联合邦国有三种不同的形式,分别对应于"据乱世""升平世""太平世"。

"据乱世"的特征是"内其国而外诸夏",各国以本国利益为中心,但可召集平等的国家联盟。平等国家联盟的特

---

[12] 康有为:《德国游记》,姜义华、张荣华编校:《康有为全集》(第七集),第445页。

[13] 有统计表明,从1894年到第一次世界大战前,皇帝每年只有大约47%的时间待在柏林和波茨坦,其中又只有20%的时间留在柏林,其余时间都在各地巡游,见Isabel V. Hull, *The Entourage of Kaiser Wilhelm II, 1888-1918*, Cambridge University Press, 2004, 1982, pp. 33–40。

[14] 康有为《示留东诸子》称"他日欧洲一统必在德矣。以国国皆自由而彼独得君权,又代有英辟致之,乃天时人事之相赴,非偶然也"。康有为:《示留东诸子》,姜义华、张荣华编校:《康有为全集》(第八集),第273页。

[15] 康有为:《大同书》,姜义华、张荣华编校:《康有为全集》(第七集),第129页。

征是："其政体并无中央政府，主权各在其国，但遣使订约，以约章为范围……主权既各在其国，既各有其私利，并无一强有力者制之……"[16]"升平世"的特征是"内诸夏而外夷狄"，在文明国家之中，可以整合列国，"造新公国"。康有为举出三代之夏商周，春秋之齐桓公、晋文公，以及当时的德国作为例子。在他看来，齐桓公、晋文公召集的诸侯联盟不及三代与德国打造的政治统一体。德国治体的建立，则是先立公议会，允许各国举议员，普鲁士在联邦参议院中独占17席，普鲁士总理遂成为德意志的首相。在"公议会"之后设立的"公政府"，"立各国之上，虽不干预各国内治，但有公兵公律以弹压各国"。[17]而这在康有为看来，亦类似于德国的联邦政府，只是公政府也要经过选举产生，不应通过帝王世袭的方式，在此意义上，"升平世"的区域公政府最终将超越德国所实行的二元君主立宪制，更趋向于共和制。一旦能建立公议政院，不需百年时间，即可巩固联邦，而民权的逐渐扩大，可以起到削弱各国政府主权的作用，"如德国联邦"；各国即便有世袭君主，"亦必如德之联邦各国"。[18]最终，通过进一步张扬民权，"削除邦国号域"，人类进入"无邦国，无帝王，人人相亲，人人平等，天下为公"的大

---

[16] 康有为：《大同书》，姜义华、张荣华编校：《康有为全集》（第七集），第129页。
[17] 康有为：《大同书》，姜义华、张荣华编校：《康有为全集》（第七集），第130页。
[18] 康有为：《大同书》，姜义华、张荣华编校：《康有为全集》（第七集），第136页。

同世界。[19]

在"三世"的演进之中,普鲁士统一德国的经验,以及德意志第二帝国的宪制,成了康有为描述"升平世"的重要参照。康有为并不是将德国的统一简单地视为一个民族国家建构的事件,而是一个大国整合周边小国,形成更大的政治单位的区域一体化事件。在他眼里,德式联邦制尤其具有典范意义,它既保证了普鲁士的主导地位,又保存了其他邦国王侯的荣典与特权,因而比中国的"三代"经验更有利于区域一体化的推进。通过这一方式,一系列原本具有很大自主性的邦国就可以以"温水煮青蛙"的方式,成为一个更大国家不可分割的地方单位。

但康有为对德国联邦制的这一探讨,放在当时中国的语境中,实际上隐含着一个重要的对时势的判断:帝国主义列强不仅吞并弱小民族与国家,而且正在加快相互吞并的进程。在1913年刊行于《不忍》杂志的康有为《大同书》片段中,康有为甚至预测在百年之中,德国将吞并瑞典、丹麦、荷兰、瑞士,英国将吞并法国、西班牙、葡萄牙,而德国将赢得最后的胜利,统一欧洲。[20] 康有为并没有设想殖

---

[19] 康有为:《大同书》,姜义华、张荣华编校:《康有为全集》(第七集),第136页。

[20] "百年中弱小之必灭者,瑞典、丹麦、荷兰、瑞士将并于德……其班、葡初合于法,继合于英……而英有内变,或与德战而败……",见康有为:《大同书》,姜义华、张荣华编校:《康有为全集》(第七集),第132页。值得一提的是,这段文字未见于更早时期的《大同书》手稿,极大可能是因为,康有为遍考欧洲,对德国产生了新的判断,在出版的时候加上了此段文字。

民帝国之间的战争会引发殖民地脱离殖民帝国而独立,他看起来倾向于认为,一个殖民帝国在吞并另一个殖民帝国的时候,也将其殖民地一并纳入。中国作为弱小国家,面临着一个国际竞争更为激烈的时代,更需要学习适应"国竞"的宪法。

梁启超在1919年欧游之前,未能有机会亲身考察德国。但自从1903年"国家主义转向"以来,一直非常关注德国的国家学说与立宪经验。在1903年所作的《政治学大家伯伦知理之学说》中,梁启超反思了自己一度持有的"国者积民而成"的政治观,引入瑞士裔德国政治学家伯伦知理与德国公法学家波伦哈克的学说,将国家视为并非"积人而成"的机械物,而是具有自身意志与人格的"有机体",以此来批评卢梭基于社会契约的人民主权学说。在1905年2月4日发表在《新民丛报》的《新民说·论政治能力》一文中,梁启超进一步提出"中等社会"的论述,认为养成国民能力的主体,"不在强有力之当道,不在大多数之小民,而在既有思想之中等社会……国民所以无能力,则由中等社会之无能力……"[21]"中等社会"的精英养成"政治能力",进而引导大众,是"新民"的关键。

在1905年所作的《开明专制论》中,梁启超进一步指出,"主权在君"或"主权在民"都不合理,主权的恰当归属就只有一个——"国家现存及其所制定之宪法"。[22]这

---

[21] 梁启超:《新民说·论政治能力》,《新民丛报》第62号,1905年2月4日。另见梁启超:《新民说》,第71页。
[22] 张品兴主编:《梁启超全集》,第1075页。

从实质上引入了1848年革命后在普鲁士-德国蔚然成风的"主权在国论"。除了伯伦知理之外,黑格尔、哥贝尔、耶利内克等理论大家公开主张"主权在国"[23],而更多赞成国家具有有机和人格属性的理论家都倾向于接受或同情"主权在国论"。"主权在国论"的前提是中世纪政治理论中对君主与领地的严格区分,君主作为统治者拥有外在于并高于领地的法律人格(person),而领地的法律人格通常由自己的等级会议来承担。[24]在君主与领地具有不同法律人格的前提下,提出"人民主权"对君主来说当然具有极大的敏感性,因为这意味着取消君主独立的法律人格,将君主变为人民的代表者乃至"公仆"。法国大革命的血腥暴力与拿破仑帝国对德意志各邦的侵略损害了法国的"人民主权"学说在德意志地区的名声,德意志王侯们更难接受"人民主权"理论。但拿破仑的入侵也沉重打击了德意志各邦的旧秩序,使得视国家为君主财产的王朝主义和将君主等同于国家的绝对主义都难以为继。君主的绝对主权已经被视为过时,而"人民主权"又被视为洪水猛兽,在此条件下,德意志地区日益发展的国家有机体论和法人学说提供了一种折中的解决方案,将作为有机体和法人的国家作为主权的承担者。因此,君主可以作为国家这个有机体的首脑机关而存在,他可以与立法机关通过协商制定宪法,并合作进行统治,发挥出自身强大的行政

---

[23] 参见〔法〕狄骥:《法律与国家》,冷静译,辽海出版社、春风文艺出版社1999年版,第361—392页。
[24] Otto Gierke, *Political Theories of the Middle Age*, F. W. Maitland trans., Cambridge University Press, pp.70–72.

力，无须像共和国的行政首脑那样时时受其他机关掣肘，而且还有连任压力的困扰。

对梁启超而言，"主权在国"可以给他为清廷"预备立宪"过渡时期设计的"开明专制论"提供一个较好的理论框架。以"国"作为"君"与"民"之外的第三方，可以避开中世纪政治理论中的君民二元论在主权观念兴起时代所遭遇的尴尬，并可以有效对抗"主权在民"理论所可能带来的"议会中心主义"宪制主张。但在辛亥革命推翻皇权之后，康梁仍然主张"主权在国"，在这时候，这一理论的主要功能就不在于避免讨论主权是否"在君"的问题了。它发挥的主要功能，是回应中国语境中将"主权在民"与"议会中心主义"以及"地方自治"相关联的理解方式[25]，对以中央政府行政权力为中心进行政治整合的实践主张进行理论辩护。在1912—1913年北洋集团与革命派围绕着民国宪法模式的争论中，康梁都支持加强大总统的权力。梁启超甚至深度参与了1914年袁记《中华民国约法》的制定过程。到20世纪20年代"联省自治"发生之后，仍有评论者对梁启超在民初集权于总统的主张耿耿于怀。如李愚厂编辑的《省宪辑览》中评论称"其时德意志军国主义尚未多数人迷信，谓今日之世界，惟大国乃能生存，非广土众民，无力负荷岁增之军费

---

[25] 李庆芳在其《李庆芳拟宪法草案》中曾有如下勾勒："宪法着手之第一难关，即国权民权之根本问题也。主张国权者，必欲稍予大统领以节制权（即政治的职务）；主张民权者，则欲厚予国会以节制权。依之连类而及者，主张国权说，则着眼统一方面，注重政府；主张民权说，则着眼于地方方面，注重自治。"夏新华等整理：《近代中国宪政历程：史料荟萃》，中国政法大学出版社2004年版，第329页。

(梁启超主办之《庸言报》此类议论最大)"。[26]

在1912年5月所作的《国会选举案》(即康有为为民国新国会起草的选举法建议稿)中,康有为将德国政制的精神界定为"以国为重":"法初选举时,天赋人权之说盛,则以民为主。既而德争霸于国竞之时,则以国为重;今各国从之,盖时宜也。"[27] 康有为1913年的《拟中华民国宪法草案》进一步提出"中国民权已极张,而邻于列强,当以国权为重,故宜主权在国"[28],《拟中华民国宪法草案》代表着康有为通过借鉴德国宪法来为新生的中华民国进行政制设计的努力。在《拟中华民国宪法草案》中,总统既是国家元首,也是行政首脑,自主任用国务员,自主制定官制,都不需要经过议会批准,这一点极类似于德国皇帝的职权;总统可以提出法案,否决议会立法,解散议会,但议会不能反过来对内阁提出不信任案,这一点也极类似于1871年《德意志帝国宪法》的安排——尽管宪法并未直接规定皇帝的立法权,但借助听命于他的内阁和联邦参议院中的普鲁士代表,皇帝的立法意图很少能遇到较大的阻碍;相对于行政权力而言,议会权力较弱,但仍然有几项极其关键的实质权力:制定法律的权力、定税的权力、批准政府预算的权力以及对总统和国务员的弹劾权等。这一权力范围比德国议会两院的权力

---

[26] 夏新华等整理:《近代中国宪政历程:史料荟萃》,第637—638页。
[27] 姜义华、张华荣编校:《康有为全集》(第九集),第303页。
[28] 康有为:《拟中华民国宪法草案》,姜义华、张华荣编校:《康有为全集》(第十集),第51页。

略大。[29] 在央地关系上，1913年的《拟中华民国宪法草案》对模仿美国、以省为单位实行联邦制表示极大的忧虑。但是，康有为对德国的联邦制更为放心。其基本的原因在于，德国的自治单位较小，即便是最大的普鲁士，也是"地小民寡，仅如吾一府耳"，其自治带来的国家分裂风险较小。[30]

梁启超在1913年所拟《进步党拟中华民国宪法草案》在大方向上与康有为的《拟中华民国宪法草案》类似，都主张加强大总统权力，赋予大总统解散议会、自主制定官制官阶、任用国务员无须经过国会同意的权力。其第一条的立法理由说明旗帜鲜明地主张"主权在国论"："临时约法第二条采主权在民，与国家性质不相容，无论何种国体，主权皆在国家，久成定说，无俟喋引，国体之异，则在行使国家主权之机关，有单复专共之异耳。本宪法所规定各机关，即所以代表共和之实也。"[31] 值得一提的是，康梁推介的"主权在国"理论，其影响力甚至持续到1916年国会重新召集后对《天坛宪法草案》的审议讨论之中，当时宪法起草委员会委员秦广礼主张规定"中华民国之主权属于国民全体"，何雯提出反对，认为"国家主权在人民其说已旧，现在之新学说是以主权属于国家为言"。[32] 在国会1922年再次召集之后，

---

[29] 对该草案的解读，参见章永乐：《旧邦新造：1911—1917》，北京大学出版社2016年版，第129—168页。
[30] 康有为：《废省论》，姜义华、张荣华编校：《康有为全集》（第九集），第370页。
[31] 梁启超：《进步党拟中华民国宪法草案》，张品兴主编：《梁启超全集》，第2615页。
[32] 吴宗慈：《中华民国宪法史》，法律出版社2013年版，第243、407—408页。

"主权在国"再也没有出现于讨论记录之中。

总结而言,战前康梁对1871年《德意志帝国宪法》及第二帝国主流国家思想的描述和推崇,具有两个方面的特色:一是强调中国处于激烈的"万国竞争"之中,甚至很快要迎来一个西方列强相互兼并的时代,因此中国的宪制万万不可散漫,具体到制度上,无法期待尚不成熟的议会与政党挑起政治整合的大梁;二是主张只有经过恰当训练、具有政治能力的社会力量才能够在政治上发挥积极作用,梁启超的"中等社会"之说,一方面是排除守旧的"强有力之当道"[33],另一方面也是主张,中国民众中的绝大多数,在没有达到合格的政治能力之前,并没有积极参与政治之必要。康梁在这两个方面的看法,与19世纪西方主流"文明等级论"在精神上是高度契合的,后者在国内划分不同的文明等级,认为缺乏财产和教育者没有足够的能力来承担政治责任,选举权与被选举权只能对少数具备责任承担能力的公民开放。

同时,梁启超还在晚清和民初知识界推广了普鲁士与斯巴达之间的类比。1902年梁启超在《雅典小志》勾勒出雅典与斯巴达对立的形象:"斯巴达主干涉,雅典主自由;斯巴达重阶级,雅典重平等;斯巴达善保守,雅典善改进;斯巴达右武,雅典右文;斯巴达贵刻苦,雅典贵乐利。"[34]梁启超认为19世纪的自由主义、民族主义接近雅典的精神,

---

[33] 梁启超:《新民说·论政治能力》,《新民丛报》第62号,1905年2月4日。另见梁启超:《新民说》,第71页。
[34] 梁启超:《雅典小志》,《新民丛报》第19号,1902年10月31日。

20世纪则与19世纪有着明显的不同，乃是一个"民族帝国主义时代"。西方列强凭借雅典精神完成内部的政治建设，进而借助斯巴达精神来对外扩张。[35]在《斯巴达小志》中，梁启超进一步论述，当今的"民族帝国主义"是斯巴达与雅典的合体："数十年前，尚犹斯巴达自斯巴达、雅典自雅典，今则斯巴达无一不雅典，雅典亦无一不斯巴达。一雅典足以亡我，而奈何雅典无量也。一斯巴达足以亡我，而奈何斯巴达无量也。仅雅典足以亡我，而奈何其雅典而斯巴达也。仅斯巴达足以亡我，而奈何其斯巴达而雅典也。斯巴达而雅典、雅典而斯巴达者遍满于大地，于是乎不斯巴达、不雅典者遂无所容。"[36]而普鲁士-德国则体现了斯巴达与雅典的合体，其对外态势，又更接近于斯巴达。

梁启超的论述直接影响到了杨度。杨度于1903年在梁启超主编的《新民丛报》上发表了《湖南少年歌》，回应梁启超的《少年中国说》，疾呼"中国如今是希腊，湖南当作斯巴达，中国将为德意志，湖南当作普鲁士"，"若道中华国果亡，除是湖南人尽死"。[37]在19世纪中期湘军崛起的背景下，杨度直接从政治层面，将湖南与中国的关系，类比于普鲁士与德国的关系。《湖南少年歌》不仅表达了杨度个人对普鲁士-德国的偏爱，同时也对湖南省域认同的建构产生了深刻的影响。比如说，在湖南第一师范读书时，毛泽东

---

[35] 梁启超：《斯巴达小志》，《新民丛报》第12号，1902年7月19日。
[36] 梁启超：《斯巴达小志（续第十二号）》，《新民丛报》第13号，1902年8月4日。
[37] 刘晴波主编：《杨度集》，第95页。

就有一个外号叫作"毛奇",即普法战争中普军的总参谋长Helmuth Karl Bernhard von Moltke。在1917年发表于《新青年》的《体育之研究》中,毛泽东指出:"体育者,养生之道也,东西之所明者不一……现今文明诸国,德为最盛,其斗剑之风,播于全国。"[38]毛泽东将德国视为"文明诸国"之中最重体育者,背后即是一种强调竞争的文明观,他进而认为,在中国参与列国竞争的过程中,湖南需要担负特殊的使命。罗章龙回忆,早在1920年上半年组织驱张(即湖南都督张敬尧)代表团赴京请愿之时,毛泽东就主张"要想把湖南,创建成中国的先进样板,应效仿古希腊的斯巴达,德国的普鲁士,使湖南人民拥有自决权"。[39]由此可体现出梁启超和杨度的论述对青年毛泽东的深刻影响。

## 二 战争初期的德国形象

第一次世界大战爆发之初,中国舆论界的领袖们纷纷预测德国会取得胜利。[40]陈世宜于1914年9月以笔名"匪石"在《时报》撰文,感叹德国建国"不过四十年,而进步之速如此,其前途宁有涯哉",并比较俄、英、法、德四国,认为,俄法两国的霸业已经是历史的陈迹,"今所争雄于欧

---

[38] 毛泽东:《体育之研究》,《新青年》1917年第3卷第2号。
[39] 罗章龙:《回忆新民学会(由湖南到北京)》,中国革命博物馆、湖南省博物馆编:《新民学会资料》,人民出版社1980年版。
[40] 本章对战争爆发时候的挺德声音的探讨,参考了先行研究的史料整理。参见马紫微:《"一战"前后德国在华形象与中国思想界之转变》,华中师范大学历史文化学院2020年硕士论文。

洲大陆者，厥惟英德两国之相持不下耳"。[41]而梁启勋1915年撰文称："夫今日中国人所最宜则效者为何事？则列强始建国时或始改政体时之事是已，其最近而最足使人兴起者，孰有若德国者哉？"[42]支持德国的原因，在原理上是认为德国代表着"天演之进化"的方向，因而不可能落败。我们可以举出梁启超、李大钊与马相伯三例。

梁启超是大战之初崇德派的舆论领袖。大战爆发当年，梁启超撰《欧洲战役史论》，盛赞德国乃"今世国家之模范"，其赞誉涉及德国政治组织、国民品格能力训练、学术进步、制作改良、军队和交通机关等方方面面，尤其认为德国"全国人之共为国家一器械而各不失其本能"，在以上各方面，世界各国无一能与德国相比。梁启超主张，"一战"是德国与英法诸国的"新旧之战"，德国代表了"新学艺""新思想""新人物""新国家"，英法诸国则代表着旧的方面。梁启超主张，按照"历史进化之原则"，奉行国家主义的德国绝不会在大战中落败。梁启超最为强烈的表述是，如果德国真的遭遇失败，"凡有国者，其可以不必培植民德，不必奖励学术，不必搜讨军实，乃至一切庶政，其皆可以不讲矣"。[43]更称"彼德国者，实今世国家之模范……使德而败，则历史上进化原则，自今其可以摧弃矣"。[44]德国不仅是一

---

[41] 匪石（陈世宜）：《欧洲霸局之今昔观》，《时报》1914年9月6日。
[42] 梁启勋：《俾斯麦时代之德国》，《大中华》第1卷第2期，1915年2月20日。
[43] 梁启超：《德国战役史论》，张品兴主编：《梁启超全集》，第2719—2720页。
[44] 梁启超：《德国战役史论》，张品兴主编：《梁启超全集》，第2719页。

个杰出的国家,甚至可以被称为"进化原则"的现实代表。

李大钊曾在梁启超、汤化龙主持的进步党资助下留学日本,一度深受梁启超等人影响。虽然他在留日期间接触日本社会主义思想,与进步党渐行渐远,但在1915年仍然认为意大利、法国、西班牙、葡萄牙、荷兰、丹麦、瑞典、挪威乃至英国,已"纷纷者皆成文明史上之过客矣",而德国与保加利亚却是较新的国家,此次大战,"又为其生命力之所注,勃然爆发,以挥展其天才矣"。他将诸国与德国的交战视为"陈腐之国族"与"新兴之国族"、"死灰沉滞之生命力"与"朝气横溢之生命力"、"白首之国民"与"青春之国民"之间的对决,前者必败,后者必胜,"此殆天演公例,莫或能逃者也"。[45]因此,德国代表着"天演"的方向。

1915年4月《大公报》刊发时任参政院参政马相伯的文章,反驳1915年德国即将失败的论调,认为德国的胜利是"天演"的自然结果。与梁启超和李大钊相似,马相伯诉诸"天演"的规律,认为"德之学艺,无一科不日征月迈",德国"得民心与财力,整齐而驰骋之",因而代表着"天演"的方向。马相伯的表述与梁启超惊人地相似:如果德国在战争中失败,那么"是天演之进化不足恃也"。[46]战初中国舆论领袖们将德国与"天演之进化"深度绑定的结果是,德国的失败,不可避免地冲击到论者对"天演之进化"以及与之

---

[45] 李大钊:《青春》,《新青年》1915年第1卷第4号。
[46] 马相伯:《答客问一九一五年》,《大公报》(天津)1915年4月2日。

相联系的文明观的信仰。

德国对其君主的大力宣传，更是引发了中国舆论界对德皇威廉二世的一片称颂之声。1913年10月，许家庆在《东方杂志》撰文《德皇即位二十五年之纪念》称威廉二世在政治、军事、工商实业、音乐、戏剧、雄辩、宗教、美术、骨牌、骑术、游戏上，均有造诣，德国国力发达的原动力就是"国民之头上，有皇帝威廉第二，以其绝伦之精力，不绝激励之、指导之、鞭鞑之、教化之"。[47]梁宗鼎撰文《戏剧家之威廉大帝》称威廉二世是"具政治家、经济家、军事家、实业家、文学家、神学家、音乐家、美术家、游猎家、戏剧家于一身之元首"，还有"帝王中之外交家""商业之王"之名，其性格"灵活活泼，趣味浓深，自负之心极强，恒以一己为旋转世界大势之中心点"。[48]陈世宜盛赞威廉二世"资性英迈，抱负伟大"，"整理工商，扩张军备，锐意进取，不遗余力"。[49]

前述马相伯所撰《答客问一九一五年》解剖国内的崇德之风，认为此风首先并非因为国人"崇拜德人学术之高强"，而主要是对德国有所期待："德皇侈心铁血，谓日耳曼兵力所至，天即畀以有家而仗义执言之雄略，时有所闻，阴与我尊夏攘夷、扶危定倾之大人心理符合"，所以才会在战争开始就"念念于德之镇全欧，抚四海以主持公道于我亚东

---

[47] 许家庆：《德皇即位二十五年之纪念》，《东方杂志》1913年第10卷第2号。
[48] 梁宗鼎：《戏剧家之威廉大帝》，《东方杂志》1914年第11卷第4号。
[49] 匪石（陈世宜）：《欧洲霸局之今昔观》，《时报》1914年9月6日。

矣"。[50]这就是说,当时中国国内甚至有人期待德国在平定欧洲之后,会在亚洲扮演公道正义的主持者角色。

大战爆发后,德国人表现出强烈的爱国心。1914年10月4日,93位德国知识分子在一份题为《致文明世界的宣言》(*Aufruf an die Kulturwelt*)的宣言书上签字,支持德国的战争政策与军事制度;到10月16日,三千多名德国教授(占全国教授的80%)在《德意志帝国高校教师宣言》(*Die Erklärung der Hochschullehrer des Deutschen Reiches*)上签字,支持德国军国主义,赞美"die Manneszucht, die Treue, der Opfermut des einträchtigen freien deutschen Volkes"(纪律、忠诚、和谐自由的德意志民族的自我牺牲的勇气)。[51]而中国舆论界集中报道的是,德国战时军用金属品匮乏,而德国国民不需要政府发布公告,就争先恐后地将家中用了很久的金属器具无偿上交国家,"以爱国之热诚,争先送至而毫无难色"。[52]德国社会党原本极力反对德国扩充军备,但一旦开战,即召开临时大会修正党纲,呼吁党员为国家服务。[53]梁启超在《痛定罪言》一文中对德国国民的爱国精神大加赞叹,并对中国做出反省:"朝野上下,共相习以为口头禅,事无公私,皆曰为国家起见,人无贤不肖,皆曰以国家为前

---

[50] 马相伯:《答客问一九一五年》,《大公报》(天津)1915年4月2日。
[51] William M. Calder Ⅲ & Alexander Demandt eds., *Eduard Meyer: Leben und Leistung eines Universalhistorikers*, Brill, 1990, pp.453-454.
[52] 劳勉:《爱国心》,《民彝》第1期,1916年5月15日。
[53] 梁启超:《各国交战时之举国一致》,《大中华》第1卷第3期,1915年3月20日。

提。"[54]梁启超认为,只要个人利益与国家利益有冲突,许多中国人就会抛开国家利益,追求私利,表现出国民程度的落后。

在1915年3月发表的《各国交战时之举国一致》一文中,梁启超分析德国何以对外一致,认为"其国中人种本纯粹,教派阶级之争,亦早消灭",德国社会民主党原本反对扩军备战,但战争一起,即修正主张,支持战争。梁启超认为有三个原因使德国人产生了强烈的爱国心,首先是国家组织逐渐完善,内部受压抑的人较少,所以能将其国民凝聚为一体。其次,政治不断改良,国家与民众相互依存,结成命运共同体。最后,教育的普及带来民族素质的提高,"多数国民,皆明于世界大势。知物竞至烈,非厚集其力,不足以相倚而图存,断不肯漫争意见,自取分裂,以致削弱"。梁启超呼吁"吾国民睹此,其可以鉴"。[55]而这些分析也表明了梁启超对如何激发民众爱国心的关键因素的理解:以德为师,首先必须革除弊政,改良国家组织与政治;其次是以教育开启民智,使民众认识到国家与国民相互依存,一荣俱荣,一损俱损。

德意志的"尚武精神"更是时人赞美的对象。《东方杂志》发表的《论中国之国民性》提出"中国之国民性平和的而非战斗的"这一论断。[56]而崇尚和平的国民性在大争

---

[54]梁启超:《痛定罪言》,张品兴主编:《梁启超全集》,第2775页。
[55]梁启超:《各国交战时之举国一致》,《大中华》第1卷第3期,1915年3月20日;张品兴主编:《梁启超全集》,第2789页。
[56]《论中国之国民性》,《东方杂志》1908年第5年第6期。

之世，就会阻碍中国的自我保存。《大公报》发表文章《中国人贵有尚武精神说》认为"我中国为尚文之国，兵力既不强，故民气亦因之而不振"。这些论断与20世纪初梁启超等人对"大一统"的批判在逻辑上是共通的。该文认为，"泰西人以得入军籍为荣，而中国人以投入军籍为贱，泰西人以精神活泼、身体强立为贵，而中国人以耸肩缓步、温柔安静为雅"，更有"好铁不打钉，好人不当兵之说"，所以中国武德不振，处处受制于人。[57]而作为尚武精神的代表，德国很自然地被视为中国问题的答案。

在"一战"爆发之初，陈独秀发表系列文章，以大战激励国人，推崇战争为人类社会进步的力量，视和平主张为自取灭亡，批评中国人的最大病根是"苟安忍辱，恶闻战争"，从而屈服于暴君、异族[58]；陈独秀引用福泽谕吉的论述，力主中国增强"兽性主义"，认为"强大之族，人性、兽性同时发展。其他或仅保兽性，或独尊人性，而兽性全失，是皆堕落衰弱之民也"，而中国国民过于文弱，"欲以此角胜世界文明之猛兽，岂有济乎？"[59]陈独秀的同乡，曾就读于陈独秀执教的安徽公学并在1913年营救过陈独秀的刘文典，于1916年在《新青年》撰文主张战争促进社会进化："战争者，进化之本源也；和平者，退化之总因也。好战者，美德也；爱和平者，罪恶也。"刘文典认为，"盖世界所以

---

[57]《中国人贵有尚武精神说》，《大公报》（天津）1903年1月10日。
[58] 陈独秀：《答李嘉亨》，《新青年》1917年第3卷第3号"通信栏"。
[59] 陈独秀：《今日教育方针》，《新青年》1915年第1卷第2号。

不灭,乾坤所以不熄者,实赖此永世不休之战争"。东洋各国者,中国最爱和平,也最为软弱,应当从和平的迷梦中醒来,"改造诸华为最好战之民族"。[60]今日之天下为军国主义之天下,"德意志者,军国主义之产地而吾国之镜也",但刘文典认为军国主义并非源于德皇一人的野心,而是来自德意志的民族精神。[61]《新青年》1916年9月发表的一封读者来信称,中西国民强弱的重要根源在于,"中人爱和平,西人尚武勇,实足为其总因,故窃谓德之军国主义,最适于今日之中国"。而代表刊物立场的"记者"的回答,一方面在修辞上称"德之军国主义,则非所仰慕",另一方面又力主"慈悲博爱非战诸说"不适合"不武之被征服民族"。[62]此时的《新青年》尚未转向马克思主义,这些尚武的论述都体现出19世纪"文明等级论"的强烈影响。

当然,陈独秀个人并非德国的推崇者,他认为德国君主虽号召军队为祖国而战,但"实为主张帝王神权之凯撒之野心而战耳",为侵犯他人之自由而战,属于"帝国主义"而非"爱国主义"。[63]他曾撰文《法兰西人与近世文明》,推崇法国对于近代文明的贡献。[64]但即便如此,在1915年

---

[60] 刘叔雅(刘文典):《欧洲战争与青年之觉悟》,《新青年》1916年第2卷第2号。
[61] 刘叔雅:《军国主义》,《新青年》1916年第2卷第3号。
[62] 《通信》,《新青年》1916年第2卷第1号。
[63] 陈独秀:《爱国心与自觉心》,《甲寅》1914年第1卷第4号。见任建树编:《陈独秀著作选编》(第1卷),上海人民出版社2009年版,第147页。
[64] 陈独秀:《法兰西人与近世文明》,《青年杂志》第1卷第1号,1915年9月15日。

底德军进展顺利的背景下,陈独秀在《青年杂志》1916年第1期开篇文章中也预测德国将取得胜利:"德人所失,去青岛及南非洲、太平洋殖民地外,寸地无损;西拒英、法,远离国境;东入俄边,夺地千里;出巴尔干,灭塞尔维亚,德、土二京,轨轴相接。德虽悉锐南征,而俄之于东,英、法之于西,仅保残喘,莫越雷池。回部之众,倾心于德。印度、波斯、阿拉伯、埃及、摩洛哥,皆突厥旧邦,假以利器,必为前驱。"陈独秀认为德国形势一片大好,有可能控制英国所掌握的往返欧亚的要道,夺取英、法、俄的亚洲殖民地,重绘世界地图。正是在预测德国可能取胜的背景之下,陈独秀呼吁中国人奋发自强,更新自己的人格,更新国家、社会、家庭、民族,"必迨民族更新,吾人之愿始偿,吾人始有与皙族周旋之价值,吾人始有食息此大地一隅之资格"。[65] 如此,"新青年"就成为一种对抗德国所代表的"皙族"(白人)威胁的呼声。威廉二世的"黄祸论",在此被颠倒过来,用作对中国国民的警告。

正是在这样一种舆论背景下,杜亚泉于1914年在《东方杂志》上撰文《大战争与中国》指出,"世事之进行为螺线,历史之开展成圆周,吾人曩日抱怀和平之理想,以为世界文明日进,则战争将从此绝迹。此理想殆不能实现矣"。杜亚泉将日本进攻青岛与十年之前的日俄战争相比较,二者都是列强在中国土地上进行的战争。而五千多名德国人在青岛与日本海陆军对峙,"众寡悬殊,应援全绝而犹效死勿去,

---

[65] 陈独秀:《一九一六年》,《青年杂志》第1卷第5号,1916年1月。

寄五千余通之遗言，以示必死"。杜亚泉对此表示了极大的敬佩："青岛五千余德人，果能视死如归，同殉祖国，则遗此军国民之模范，亦足使吾人景仰流连而闻风兴起矣。"当然，杜亚泉关心的不仅是德国人所表现出的爱国主义精神，他看到的是欧洲各国在华侨民，皆表现出了爱国主义精神："战耗传来，交战国人民之侨寓东亚，营商业，任教育，及受吾政府之佣雇者，皆弃其职业，托其妻子，联袂归国，以效命于疆场，曾无观望徘徊之意。"[66] 而这对缺乏国家认同和国家观念的中国民众来说，是非常重要的榜样。

在杜亚泉看来，大战是对中国民气必要的刺激："生物之精神，皆由感受外界之刺戟而起奋兴。国民亦然。"他指出，清廷的预备立宪和革命派的鼓吹革命相互激荡，带来了民国的建立，但"今也立宪革命，已如春梦一场，遽然醒觉矣，国民之精神，正陷于懊丧沉滞疲软颓唐之状态"，无论是欧战的爆发，还是日德两国在中国土地上的相争，都是对中国国民的刺激。杜亚泉认为："吾侪国民，欲于此四郊多垒之秋，争存立于亚东大地之上，则非激发其真挚之爱国心，忍受剧烈之痛苦，准备重大之牺牲不可。"原因在于，"二十世纪之国家，苟不建筑于国民爱国心之基础上者，即幸不灭亡，亦奴隶国而已"。但中国古代君主视国家为一姓一人之私产，普通百姓只有乡土感情而无国家观念，因而在战争中缺乏武德。而立宪正是要解决上述问题："近十年以来，我国上下，所以亟亟谋立宪者，亦外觇世变，内察国

---

[66] 伧父（杜亚泉）：《大战争与中国》，《东方杂志》1914年第11卷第3号。

情,欲谋国家之生存,则对于普通人民,不可不高其智德,优其待遇,与以公权,试以自治,变一姓一人私有之国家,为全体国民公有之国家,而后能合全国之心思才力,以捍国家之患难,谋国家之发达。"[67] 杜亚泉在此重述了20世纪已经形成的在立宪与激发国民爱国心、加强组织力并谋求国际承认之间的联想机制。

对外战争促进内部团结的提升。杜亚泉指出,大战开始的时候,沙皇俄国允许波兰人自治,给予犹太人同等的待遇,英国对爱尔兰自治方案也做出让步,"可知国家欲对外而维持国势,则必对内而固结民心"。他希望袁世凯政府"乘此列强多事之秋,整理内治,力促宪政之成功,以顺舆情而固国本",使得政府不是依靠"少数奔走之官僚与佣雇之军队"的爱国心,而是激发民众的爱国心。而目前中国面临着"国民性之消失"的问题,上层社会要么争权夺利,要么"流寓他邦,托身租界,借外人之庇护,作犹太之富民";中下层社会则被欧洲物质层面的成就所吸引,"咸思依附其末光,以沾溉余沥,仿效其风习,以自诩文明",而这就使得欧洲各国可以利用中国民众的离心力,推广自身的语言、商品,实施同化政策,"英、德两国,近年来在东亚之竞争冲突,其争点即在于此"。[68]

《大战争与中国》同时提出了批评西方的若干线索:"世界主义,博爱主义,虽为基督教之标帜,而其国民之里

---

[67] 伧父(杜亚泉):《大战争与中国》,《东方杂志》1914年第11卷第3号。
[68] 伧父(杜亚泉):《大战争与中国》,《东方杂志》1914年第11卷第3号。

面,则褊狭之民族主义,桀傲之帝国主义,固结而不可解。以民族之夸负心,酿成民族战争,同一白色人种之间,犹演出如此之惨剧。"然而,在此匆匆一闪的对西方国家的批评,并没有发展成为对西方文明的反思。杜亚泉的论述方向是,如果中国无法重振民气,那么日耳曼、斯拉夫两民族通过大战解决近东问题之后,会将目光投向远东,中国的准备状况堪忧。因此,大战的意义,第一是"戟刺吾国民之爱国心",第二是"唤起吾民族之自觉心"。[69]

杜亚泉比较了参与战争的各国之实力,认为战争无法迅速结束。在此讨论过程中,他仍然给予德国极高的赞誉:"德为新兴之民族,其勇猛精锐之气,与拉丁诸国民之享受自由,营和平丰富之市民生活者迥异。世人或以德帝维廉二世拟法帝那破仑,一朝失败,则声威全坠。不知当时之法国,以帝皇个人之野心为动机,率国民而使战;今日之德国,以一国民族之生活为主义,怂帝皇而使战。其情形迥不相同,屈个人易,屈民族难。"他认为"今日德意志国民,为其向上之生活而战"。这一分析实际上重述了梁启超分析"民族帝国主义"的基本逻辑——民族帝国主义的对外扩张并非源于少数帝王的野心,而是民族力量的膨胀。杜亚泉一方面浓墨重彩地强调"欧洲之国家,战争一起,举国一致,其国家观念之强诚为吾侪所惊叹",但同时也注意到"其社会中之一部,即劳动阶级之观念,全与权力阶级异趣"。杜亚泉认为,劳动阶级认为战胜的利益大多会落入权力阶级之手,因

---

[69] 伧父(杜亚泉):《大战争与中国》,《东方杂志》1914年第11卷第3号。

而主张限制军备,反对战争,他们不足以决定战争的后果,但"彼等之势力,实足以牵制欧洲之国势,使其息鼓偃旗,无力再战"。如果欧洲各国社会民主党发挥其作用,或可在战事导致各方疲惫之时,促进和平早日实现,如此,"国民之爱国心,民族之竞争心,不表见于炮火,而表见于工商事业、文化事业之中"。[70] 杜亚泉最后仍然强调了"爱国心"与"竞争心"在战争之外的事务中的体现。

在"一战"爆发之初所作的《大战争与中国》中,杜亚泉虽然对欧洲"同一白色人种之间,犹演出如此之惨剧"表示震撼,并认识到"劳动阶级"的阶级认同往往强于国家认同,有可能导致战争提前结束,但并没有将这两个方面发展为对西方文明的反思。他仍然相信,大战之后的世界是个充满竞争的世界,差异仅仅在于在哪一方面的竞争而已。通过以上对比分析可见,"一战"爆发之初的杜亚泉仍然持有中国舆论界较为典型的认识:一种强调"国竞"的文明认识范式,支配着一系列论述者的话语。

## 三 战争局势与舆论之渐变

尽管在"一战"开战之初,中国舆论界普遍看好德国,但战况的发展不以人的意志为转移。德国在西线战场上迅速陷入长时间的堑壕战,难以向前推进。同时,中国国内舆论界也开始讨论中国在战争中的国家利益,主张加入协约国一方作战的声音逐渐壮大。甚至袁世凯政府也试图利用协约国

---

[70] 伧父(杜亚泉):《大战争与中国》,《东方杂志》1914年第11卷第3号。

有求于中国的时势,推动加入协约国一方作战,以提升中国的国际地位,但这一政策未能获得日本的支持。在袁世凯死后,日本在确认能够主导段祺瑞政府的前提之下,支持中国加入协约国一方作战。随着中国的外交政策不断向着反德的方向摆动,舆论界对于德国的态度也不断发生变化,并带动了对于"文明"的重新认识。在《东方杂志》主编兼主笔杜亚泉身上,完整地体现了这个渐变的过程。

在世界大战期间,杜亚泉以"伧父""高劳"等笔名发表了与欧战有关的文章60余篇。在1914年10月发表的《大战争之所感》,杜亚泉对欧洲战事的观察,逐渐出现不同以往的思考。杜亚泉指出,欧洲"文明国家"的人民平日享受的幸福超过了中国人,然而战争一起,则死伤无数。中国平时嫌忌战争,并没有发生欧洲那样的大战,但平时有很多的不幸。欧洲当下之贫乏,源于有形的战争,而中国人之贫乏,则源于无形的战争。杜亚泉感慨:"欧人畏贫乏,故不甘死于贫乏,而愿死于战争。吾人畏战争,故不肯死于战争,而宁死于贫乏。人生斯世,殆无免死之方,惟得各自择其就死之方法已耳。"这已经不再像以往那样,以欧洲国家在战争中的表现,为中国人树立榜样,而是直面欧洲国家所面临的不幸,思考他们的不幸与中国人的不幸究竟有何不同。[71]

1915年1月,杜亚泉作《社会协力主义》,进一步从之前的立场上后退。他之前曾赞扬交战国之国民举国一致,并

---

[71] 伧父(杜亚泉):《大战争之所感》,《东方杂志》1914年第11卷第4号。

引之为中国国民的典范,现在他认为,这种立场的极端化就是非和平的"军国民主义、民族的帝国主义";而其反面"平和主义"的极端就是"非国家之世界主义、社会主义"。杜亚泉认为,中国数千年大一统并闭关独立,导致自身的国家主义不如欧洲发达,因而也对两种主义之间的冲突缺乏经验。而欧洲所经历的正是两种主义的激烈竞争,和平的方面,则有万国和平会议缔结仲裁条约,而国家主义方面则有军备竞赛、结盟和世界大战。大战以来,交战国表面上是国家主义的势力在伸张,但和平主义也在潜滋暗长。中国未来将如何面对这两种主义呢?杜亚泉主张对二者进行调和。

杜亚泉指出,即便是国民的国家主义,也包含危险的成分。他引用近代社会学的研究指出,不同人种在相互接触的时候,"惟以智巧武力相尚,无道德为之标准,彼此相接,常存骄慢自负之心,而无克己自制之力",经常会相互学习对方的消极面。他举出一个例子:东洋人种与西洋人种接触的结果是,日本人模仿西方的军国主义而"称霸亚东",中国人也模仿西洋的民族主义而同室操戈,然而"吾东洋人平日所欢迎崇拜之西洋文明,安知其非西洋罪恶乎?西洋人之罪恶,今方以大战争之血洗之,吾人之模拟西洋罪恶者,其将何以自赎欤?"今日在中国国内提倡国家主义,其意图在于以国家的危害来警示民心,以降低内部的冲突。但杜亚泉认为这一导向也存在风险:"以倾向极端之民心,导之以易走极端之主义,使其主义而得所发展也,将不免与他国家、他民族以兵戎相见;使其主义而不得发展也,则且必于自己之国家、自己之民族中,自寻祸乱,自相残杀矣。"[72]即,要么对外发泄,与其他国家民族冲突,要么在内部发泄,导致内部自相残杀。

杜亚泉认为,"平和主义"与"国家主义"的关键区分,在于协力与竞争的范围不同,"国家主义,对于国民为协力,对于他国家为竞争。平和主义,对于人类为协力,对于自然界为竞争"。20世纪的问题,是如何一方面确保"国民之协力",另一方面从"国民之协力"进入"人类之协力"。杜亚泉从国际经济交换的紧密化,进一步探讨了"人类之协力",他指出,欧战虽然与中国相隔遥远,但已经影响到了中国经济,很多出口的货物因为没有国际买家而价格下跌,另外一些需要进口的货物则因为缺乏货源而价格上涨。在今天,我们知道这是一个战争导致全球产业链、供应链断裂的问题。杜亚泉从中得出的结论是:"故今日之国家,已由竞争而渐进于协力。"[73]

1915年3月,杜亚泉发表评论《论思想战》,将欧洲战局和中国国内袁世凯政权之下的复古思潮放在一起进行评论。杜亚泉根据"人类进化之程度",将战争的起因分为三个类型:"其始争得失,进则争利害,更进则争是非。争得失者为事实战,争利害者为事实战,亦为思想战,争是非者则思想战也。"当代世界"尚非以思想遏止战争之时代,而为以思想挑发战争之时代"。杜亚泉认为,欧洲大战争的起

---

[72] 伧父(杜亚泉):《社会协力主义》,《东方杂志》1915年第12卷第1号。
[73] 伧父(杜亚泉):《社会协力主义》,《东方杂志》1915年第12卷第1号。

因，即在于大日耳曼主义、大斯拉夫主义、大不列颠主义等主张的"思想战"。德国的盘哈提（Friedrich Adam Julius von Bernhardi）将军所著《战争哲学》（*Deutschland und der Nächste Krieg*，直译为《德国与下一场战争》），主张战争为万物之母，具有更新国民的意义，此论引来英国思想界的猛烈攻击。盘哈提以生物生存竞争之学说为信条，而英国思想界以生物协力生存之学说为根据，但是像后者那样反对盘哈提主义的战争理论，最终仍然是以武力的方式与盘哈提主义对抗，"则亦乌能证盘哈提主义之非，适足以成盘哈提主义之是耳"。杜亚泉认为，思想如果过于极端，则容易引起"思想战"，如辛亥革命可谓对戊戌变法以来极端守旧思想的回应，而近来的尊孔复古运动，又是对辛亥革命之后极端革新思想的回应。为避免"思想战"发展到欧洲大战这样的规模，杜亚泉希望思想界人士保持开放，避免封闭和极端。[74]

1915年，日本向袁世凯政府强加"二十一条"。在此背景下，杜亚泉又作《国民对外方法之考案》，主张战乱并非源于弱国，强国的欺凌才是其原因："……故世界之二大喷火口，非中国与巴尔干，在欧洲则德意志，在亚洲则日本也。今德意志之喷火口，已爆烈矣。日本能免于爆烈与否，正未可料。"此篇以很大的篇幅探讨贫富之间的矛盾问题。杜亚泉指出："近世国家之所以维持其富强者，大都吸收世界之原料，改其品质，换其地位，以增其价值。彼既以吸收他人之生产而致富与强，则以生产物供给其吸收者，转形其

---

[74] 伧父（杜亚泉）:《论思想战》,《东方杂志》1915年第12卷第3号。

贫弱，自无待言。故今日之国际关系，实与社会间个人之关系无殊。"而第一次世界大战之所以发生，是因为"富强者既吸收他人之生产物以资生，其吸收之量无穷，而供其吸收者有限，于是富强者之间，互竞其吸收之地位而常相争斗。欧洲列强之屡起战争，大都为此"。杜亚泉事实上已经认识到，第一次世界大战是殖民帝国为了争夺殖民地而爆发的战争。那么，中国当何去何从？杜亚泉主张中国平日"当常以亲善之意对待列强"，"惟和平忍耐以从事于生产，勤其肢体，劳其筋骨，求利益于自然界，为人类作成衣食之原料"，由于世界富强之国的民众已经习惯了富足的生活，不会在勤奋方面与中国人竞争，"故如此勤勉刻苦之人民，终必为世界中不可少之人类"。杜亚泉认为，这与过激的国家主义与崇洋这两种极端态度相比，是更为公允中正的态度。[75]

杜亚泉于1916年9月发表《论民主立宪之政治主义不适于现今之时势》，主张"民主立宪之政治主义"为18世纪、19世纪之产物，在20世纪的国家对立竞争之中，靠此主义不能维持生活。杜亚泉驳斥德、奥战败将导致国家主义从此消退的论调："国家主义虽以德意志为发源地，此时已弥漫于世界各国，决不能因德意志之挫败而消灭，与十九世纪之政治主义不因法兰西之挫败而消灭同也……此主义必将腾跃于二十世纪之天地间，以构成未来之历史，固吾人所不难豫

---

[75] 伧父（杜亚泉）：《国民对外方法之考案》，《东方杂志》1915年第12卷第6号。

想者也。"[76]与之相应,他对"政治主义"进行了批评:"政治主义"认为国家从属于人民,为保障人民权利而设,所以关注限制国家,使其不至于侵损人民之自由,但经常引起国家内部的竞争和动荡,从而导致国际上列强的觊觎。此时往往需要运用国家主义加以调剂。但他同时认为,中国国内帝制派放弃"政治主义"的主张并不符合进步的程序:"欧洲诸国既由政治主义以进于国家主义,吾国前途于此种程序,自亦不能凌越。若使吾国今日毁弃其政治主义,则国家主义必无从发生。盖国家主义建立于国民爱国心之上,而欲团结吾国民以发生真正之爱国心,不能不从政治改良入手也。时势既不我待,则此不能凌越之政治主义,惟有望其急速完成。"换而言之,如果没有"政治主义",就不能调动国民的爱国心,从而建设真正的"国家主义"。在1916年护国战争、洪宪帝制失败、地方实力派围绕着法统与权位反复博弈的背景之下,杜亚泉对比欧洲各国的同仇敌忾与中国内部的四分五裂,感叹:"今日欧洲诸国民排万难以实现其国家主义,若吾侪国民对于内部之政治问题,竟为党人、政客之所误,或为官僚、武人之所厄,而不能自拔,则瞻望将来,安能实现其国家主义以当二十世纪之难局哉?"[77]

1916年,在欧洲西线战场上,德军在凡尔登战役中渐现颓势,6月下旬,英法联军对德发起了索姆河战役,坦克

---

[76] 伧父(杜亚泉):《论民主立宪之政治主义不适于现今之时势》,《东方杂志》1916年第13卷第9号。
[77] 伧父(杜亚泉):《论民主立宪之政治主义不适于现今之时势》,《东方杂志》1916年第13卷第9号。

第一次投入战场使用,造成了"一战"中最为惨烈的阵地战。中国舆论界紧密关注着大战的进展。在1916年10月发表的《静的文明与动的文明》中,杜亚泉已经悄然从评论欧战的惨烈,进入对西方文明的反思:"自欧战发生以来,西洋诸国日以其科学所发明之利器戕杀其同类,悲惨剧烈之状态,不但为吾国历史之所无,亦且为世界从来所未有。吾人对于向所羡慕之西洋文明,已不胜其怀疑之意见,而吾国人之效法西洋文明者,亦不能于道德上或者功业上表示其信用于吾人。则吾人今后不可不变其盲从之态度,而一审文明真价之所在。"[78] 杜亚泉提出,是时候改变盲从西洋文明的态度,提出自己的独立见解了。

1917年2月,美国宣布与德国断交。3月14日,中国也宣布与德断交。4月6日,美国对德宣战。"一战"的走向变得明朗起来。杜亚泉在1917年4月《东方杂志》第14卷第4号发表《战后东西文明之调和》,指出大战以来,试图借助西方文明来解决中国的悲惨与痛苦的思路已被视为谬想。东西洋的现代生活都不是圆满的生活,东西洋的现代文明都不是模范的文明;因此,值得追求的是未来的新文明。但新文明的产生又需要以旧文明作为基础,由此需要的是东西方文明取长补短、相互调和。"文明之定义,本为生活之总称,即合社会之经济状态与道德状态而言之。经济、道德俱

---

[78] 伧父(杜亚泉):《静的文明与动的文明》,《东方杂志》1916年第13卷第10号。

发达者为文明，经济、道德均低劣者为不文明。"[79] 而当下东西洋文明都处于病态，而治疗文明的弊病，是人类协同的事业。

杜亚泉接下来分析了东西洋社会的基本特征。在经济上面，"东洋社会，为全体的贫血症；西洋社会，则局处的充血症也"；东洋社会病于匮乏，西洋社会却由于经济力的膨胀而相互冲突。而在道德上，西洋"重力行而蔑视理性"，精神错乱，处于狂躁状态；东洋"讲理性而不能力行"，精神薄弱，处于麻痹状态。杜亚泉指出："现代之道德观念，为权力本位、意志本位，道德不道德之判决，在力不在理，弱者劣者，为人类罪恶之魁。战争之责任，不归咎于强国之凭陵，而诿罪于弱国之存在，如此观念，几为吾人所不能理解。"[80] 而这实际上已经是对战前主流的"物竞天择，适者生存"的社会达尔文主义观念的反思。

杜亚泉预测，大战之后西洋社会的经济将趋于"社会主义"。因为大战虽然由国家民族之间的经济竞争而起，但根本上是少数阶级之间的经济竞争，多数民众是被少数阶级所驱策裹挟。对战争的反思，将产生一种超国家、超民族的运动，使得少数阶级悔悟，认识到与其投资于战争，不如投资于社会政策，扩充社会事业，由此促生社会主义的发达，而这实际上与东洋社会的固有精神相接近。作为对比，我们

---

[79] 伧父（杜亚泉）：《战后东西文明之调和》，《东方杂志》1917年第14卷第4号。
[80] 伧父（杜亚泉）：《战后东西文明之调和》，《东方杂志》1917年第14卷第4号。

可以回顾杜亚泉在1914年发表的《大战争与中国》一文的论调,在其中杜亚泉虽然也提到了劳工阶级的反战有可能导致战争在进入疲惫状态之后提早结束,但他强调的仍然是,战争的结束将意味着军事的竞争转变成其他的竞争模式,但关键词仍然是"竞争"。但在1917年4月,"竞争"不再是杜亚泉的关键词,"社会主义"的位置显著上升。杜亚泉指出,孔子所谓的"不患寡而患不均"与社会主义所谓"各取所需"具有相似的追求。孔孟均从社会全体来思考经济,社会主义是中国固有的传统,西方有人认为王安石发明了社会主义,但王安石只不过是中国固有的社会主义传统的继承者而已。而西洋转向社会主义,也将使得中国数千年来的社会主义理想,有了实行的手段。

杜亚泉于1917年7月发表的《未来之世局》再次综合评论国际局势与国内局势,指出在国家的民主主义时期,政党的偏私与武人的跋扈看似比单纯的民主主义时代更为收敛,但实际上是大大加强了,二者均借助了国家主义作为自身的伪装,刺激国民敌视他国,制造国际对抗,以维持自身的势力,由此引发了战争,形成了对抗性的联盟。"一战"结束将给中国的政党与武人带来教训,促使他们自我改良。而在全球范围内,国家经过政党与武人的扰乱,"渐有溶解之势,而数国家联合之大团体,将于此时出现";杜亚泉期待国民"注目于未来之大势,预备为科学的劳动家以作二十世纪之主人焉"。[81] 在此,无论是国家的联合,还是"科学

---

[81] 伧父(杜亚泉):《未来之世局》,《东方杂志》1917年第14卷第7号。

的劳动家",都意味着对19世纪的国家主义的超越。

1917年8月14日,中国对德国与奥匈帝国宣战。杜亚泉于1917年9月出版的《东方杂志》第14卷第9号撰文《宣战与时局之关系》,指出对德奥宣战,类似于加入政党应当履行的手续。目前交战的双方,德、奥、土、保是君主国,与中国的共和政体不同,而协约国方面,英、美、俄、法,"皆民治主义之先进或后进",与中国精神更为契合。德国有扩张野心,是现状的破坏者,而协约国列强在东亚有土地财产关系,旨在维持现状。中国应当加入维持现状而非破坏现状的一方。并强调,对德国的无限制潜水艇战,从理性上必须加以反对。[82]

1918年8月,在战争结束前夕,杜亚泉撰文《国家主义之考虑》,旗帜鲜明地批判国家主义,指出有人认为"国家主义之使用武力与权谋,乃以国家为界限,对于限外为侵略而国内则仍尚和平;对于限外为竞争,而国内则仍主协力。吾人苟认明界限,而不误其施用,自不至发生弊害"。这在理论上看起来没有什么问题,但在事实上很难划出明确的鸿沟。弱国对外交涉经常处于下风,但如果提倡国家主义,对外无用武之地,就会将其适用于国内,引起国内的纷争。杜亚泉在该文中主张要汲取日本教训,日本的教育倾向于国家主义,喜欢谈大亚细亚主义、大日本主义与排斥白人,等等,稳健派视之为不负责任,而且引发列强的猜忌,从而自

---

[82] 伧父(杜亚泉):《宣战与时局之关系》,《东方杂志》1917年第14卷第9号。

缚手脚。"自物竞天择之学说输入吾国以来，吾社已受莫大之变动，近虽稍见宁息，而余波未平，若再以广泛之国家主义助其澜而张其焰，将如病热之人而复予以奋兴之剂，其祸患恐不知所届，愿吾人之稍加审择也。"[83]

杜亚泉所批评的"物竞天择之学说""国家主义"，其实都是他自己曾经主张过的观点。而"物竞天择之学说"的引介者严复又如何看待这场战争呢？作为曾经的西学传播先锋，严复在1918年8月22日致熊锡育（字纯如）的信中感叹："不佞垂老，亲见脂那七年之民国与欧罗巴四年亘古未有之血战，觉彼族三百年之进化，只做到'利己杀人，寡廉鲜耻'八个字。回观孔孟之道，真量同大地，泽被寰区。此不独吾言为然，即泰西有思想人亦渐觉其为如此矣。"[84] 严复正在经历的，实际上是对西方文明整体的某种幻灭。然而，严复已经没有时间将他的判断发展成为新的思想体系，从而改变思想界对他的印象。1921年，他溘然长逝，享年67岁。

而李大钊在1918年7月所作的《东西文明根本之异点》受到杜亚泉"动的文明与静的文明"区分的影响，称"东洋文明主静"，"西洋文明主动"。在这篇评论中，李大钊已经一改其在1914年从强调国家组织力的"文明"视角预测德国必胜的语调："由今言之，东洋文明既衰颓于静止之中，而

---

[83] 高劳（杜亚泉）：《国家主义之考虑》，《东方杂志》1918年第15卷第8号。
[84] 汪征鲁、方宝川、马勇主编：《严复全集》（第八卷），福建教育出版社2014年版，第365页。

西洋文明又疲命于物质之下,为救世界之危机,非有第三新文明之崛起,不足以渡此危崖。俄罗斯之文明,诚足以当媒介东西之任,而东西文明真正之调和,则终非二种文明本身之觉醒,万不为功。所谓本身之觉醒者,即在东洋文明,宜竭力打破其静的世界观,以容纳西洋之动的世界观;在西洋文明,宜斟酌抑止其物质的生活,以容纳东洋之精神的生活而已。"[85] 李大钊超出杜亚泉的视野,从俄国十月革命看到了"第三新文明"崛起的端倪,并将"俄罗斯文明"视为东西文明调和的媒介。

无论是康梁、严复、杜亚泉还是李大钊,在"一战"之前已经有系统著述的经验。而对于"一战"期间才开始著述的青年来说,时代交给他们的,首先是战前的理论话语。1918年初,22岁的青年茅盾(沈雁冰)在自己编辑的《学生杂志》上发表评论《一九一八年之学生》。文章一开始即陈述作者的时代观与文明观:"二十世纪之时代,一文明进化之时代也。全世界之民族,莫不随文明潮流而急转。文明潮流,譬犹急湍;而世界民族,譬犹小石也。处此急流之下之小石,如能随波逐流以俱进,固无论矣;如或停留中路而不进,鲜不为飞湍所排抉。故二十世纪之国家,而犹陈旧腐败,为文明潮流之障碍,必不能立于世界;二十世纪之人民,而犹抱残守缺,不谋急进,是甘于劣败而虚负此生也。此二十世纪之所以异于十八、十九世纪,乃吾人所应

---

[85] 李大钊:《东西文明根本之异点》,《言治》季刊第三册,1918年7月1日。

知。"[86] 在此,茅盾陈述的事实上仍是基于"优胜劣败"、强调国家民族之竞争的文明观,而这其实是"一战"之前的流行话语。

青年茅盾接下来的论述,在很大程度上模仿了陈独秀的政论《一九一六年》的结构,首先对欧洲战争的形势进行了描述,然后断定欧战问题接近解决,"亚东局势,必且大变"。在此背景下,如同1918年的陈独秀,青年茅盾断定中国对新的局势缺乏准备,有可能沦为埃及、朝鲜、印度乃至土耳其之流。这依然是"一战"之前各种忧国忧民的文章常用的写作套路。面对危机,青年茅盾提出了"革新思想""创造文明""奋斗主义"三个主张。"创造文明"强调突破对于西人的模拟,激发自身的创造力。青年茅盾认为战国诸子代表着中国创造力的高峰,但这种创造力在秦汉之后走向了停滞。这一将先秦与秦汉以后的中国历史对立起来的论述方式,又是"一战"之前的常态话语。我们大致可以说,青年茅盾的这一评论,基本上没有脱离"一战"之前就已经成熟的叙述模式。然而这种强调超越对西方的模仿、从而"创造文明"的论述,却是自"一战"爆发以来才逐渐壮大的话语要素。它强调的不再是遵循西方提出的文明标准,被动地寻求承认,而是积极主动地创造新的文明。

## 四 战后世界的"文明"观念

1918年11月11日,德国正式宣布投降。1918年11月13

---

[86] 雁冰(茅盾):《一九一八年之学生》,《学生杂志》1918年第5卷第1号。

日,北京拆毁了1900年在义和团运动中被杀的德国驻华公使克林德(Klemens Freiherr von Ketteler)的纪念碑,1919年,克林德纪念碑散件被运至北京中央公园,重新组装成牌坊,镌刻了"公理战胜"四字。这一事件的戏剧性在于,在仅仅四年之前的中国舆论界,德意志第二帝国还被广泛视为"优胜劣败"的"天演"之"公理"的代表,是最新的"文明"的典范。而何谓最新的"公理"?用陈独秀在《每周评论》发刊词中的话说:"凡合乎平等自由的,就是公理;倚仗自家强力,侵害他人平等自由的,就是强权。"[87]根据这个最新的界定,德国就从"公理"的代表,变成了"强权"的代表。

导致德国投降的关键因素,是1918年爆发的"十一月革命",而这场革命又在很大程度上受到了1917年11月爆发的俄国十月革命的影响。1919年1月,杜亚泉撰文《大战终结后国人之觉悟如何》评论刚刚开幕的巴黎和会,认为"此国际战争之讲和会议,实已变为阶级战争之讲和会议","讲和之主动者,实为各国之下层人民"。[88]早在1918年11月,李大钊在北京中央公园发表演讲《庶民的胜利》,认为世界大战的终结是"庶民的胜利"和全世界军国主义的失败。他从阶级的角度去总结世界大战的发生与终结原因:"原来这回战争的真因,乃在资本主义的发展。国家的界限以内,不

---

[87]《发刊词》,《每周评论》1918年第1期,1918年12月22日。
[88] 伧父(杜亚泉):《大战终结后国人之觉悟如何》,《东方杂志》1919年第16卷第1号。

能涵容他的生产力,所以资本家的政府想靠着大战,把国家界限打破,拿自己的国家做中心,建一世界的大帝国,成一个经济组织,为自己国内资本家一阶级谋利益。"俄、德等国在战争过程中掀起社会革命,遏制资本家政府的战争,协约国的劳工社会也要求和平,于是有了一种国际联合行动的趋势,"这亘古未有的大战,就是这样告终。这新纪元的世界改造,就是这样开始。资本主义就是这样失败,劳工主义就是这样战胜"。[89] 李大钊更是进一步指出,俄国革命是20世纪世界革命的先声。

杜亚泉在1919年初发表《大战终结后国人之觉悟如何》认为,大战的终结标志着"旧文明死灭,新文明产生"。对欧洲而言,"旧文明者,即以权利竞争为基础之现代文明;而新文明者,即以正义公道为基础之方来文明也"。但对中国则大不同,因为中国当时"固以权利竞争为新文明,而以正义人道为旧文明也"。但从欧洲引入的所谓"新文明",却具有强烈的副作用:"我国近二十年来之纷扰,实以权利竞争为之厉阶,皆食此所谓新文明者之赐,与欧洲国际间纷扰之祸根实为同物。欧洲所竞争者为国家权利,故发生国际战争;吾国人所竞争者,为个人权利,故发生国内战争。范围之大小虽殊,因果之关系则一。"杜亚泉批评民国的政党与武人争权夺利,由此形成的"国内战争","实欧洲国际战争之缩影也"。而中国人面对国内的纷扰,其心态与欧洲多数民众求和平的思想是一致的:"盖民本主义与大一统主义,

---

[89] 李大钊:《庶民的胜利》,《新青年》1918年第5卷第5号。

乃吾国民传统思想之最著者,故对于欧洲之平民政治与其世界和平运动,不少共鸣之感。"[90]

在1917年丁巳复辟后的共和法统分裂背景下,杜亚泉希望以"民主"精神来解决国内的南北分裂和对峙问题:"威尔逊之所谓美国精神,今已照耀于世界,吾中国当亦有所谓中国精神,夫岂不能表见于国境以内乎?"杜亚泉认为,国内的政客与武人,应当认真对待国内的和平会议。南北两个国会都不能代表民众的真正意思,南北政权都被武人所占据,都无法获得民众的承认,应当由民众来表达自己的意思,另外选举他们自己的代表人物,并裁撤军队。"循民意而行之,则与新世界共其光荣;返民意而行之,则与旧世界同归消灭。"[91]

《东方杂志》在同年还发表了《终了的老世纪与德国学者》一文,认为从1815年到1918年的旧世纪已经终止,"人类今日才醒觉过来"。文章将矛头指向达尔文,认为其讲"弱肉强食""天演竞争",导致了严重的社会后果:"只有十九世纪的人,把自有生民以来的罪恶,都聚在自己的身上。恍恍惚惚,读了达尔文的天演论,便以为作恶是应该的。"[92]而德国的军国主义,就是"天演竞争"观念的结果。《每周评论》于1919年3月16日进一步发表短评《亚洲的德意志》称:

---

[90] 伧父(杜亚泉):《大战终结后国人之觉悟如何》,《东方杂志》1919年第16卷第1号。
[91] 伧父(杜亚泉):《大战终结后国人之觉悟如何》,《东方杂志》1919年第16卷第1号。
[92] 《终了的老世纪与德国学者》,《东方杂志》1919年第16卷第4号。

"欧洲的德意志,已经抛弃军国主义了,亚洲的德意志,还是毫无觉悟。"[93]这里的"亚洲的德意志",指的是在作者看来仍然奉行军国主义的日本。"亚洲的德意志"这一具有强烈负面感情色彩的表述,体现出作者对于德意志军国主义的激烈否定。

将《东方杂志》在战争之初的论述与战争之后的论述放在一起,我们可以清晰地看到认识范式的翻转。如果战前的"公理"与"文明"的核心道理是"优胜劣败"、竞争(乃至战争)推动进步,那么新的"公理"与"文明"的关键词变成了"和平""自由""平等""互助""民主""社会主义"。许多这一时期的精英都体现出同样的转变趋势。

如前所述,梁启超在"一战"爆发之初一度看好德国,但很快转向主张中国加入协约国,对德宣战。1918年底,梁启超亲赴欧洲,并于1919年旁听了巴黎和会的讨论。目睹欧洲在世界大战后的惨状之后,梁启超对战前他所推崇的许多理论做出进一步的反思。战前的梁启超经常援引社会达尔文主义,认为国家已经是人类最高的团体,如果破除国界,全球一统,国家之间的竞争就会消灭,人类文明因此会停滞不前。[94]"一战"让梁启超看到国家间的冲突所带来的灾难性后果,看到片面强调竞争的"文明等级论"对这种灾难负有责任。战后的梁启超从强调人类团体之间的竞争转向强调合作与互助,主张国家之上存在更高的团体,主张中国应当

---

[93]《亚洲的德意志》,《每周评论》1919年第13期。
[94] 梁启超:《新民说》,第57页。

积极参与国际联盟的建设,并从批判中国两千年来的"大一统"为"新民"之阻碍,转向自豪地宣布中国古代传统中富含建设超国家秩序的资源。[95]

与此同时,梁启超不再主张"主权在国"论,而是探讨"民主主义"的"全民政治"应当如何落实。[96]他并未因此而反思他在1903年对心目中的"19世纪"理论代表卢梭的批判是否真正公允,但至少,他已经悄悄收起了当时心目中的"20世纪"理论代表伯伦知理的旗号。梁启超一度推崇的"主权在国"论担心未经训练的民众及其在代议机构中的代表无法承担起国事重任,从而给激烈国际竞争中的中国带来不利后果。出于这种担心,康梁都看重"中等社会"的领导作用,在民初都反对扩大选举权和被选举权范围,反对扩大国会权力。然而,事实证明,中国的"中等社会"并没有发挥他们所期待的政治整合作用,民初的精英政治走向了军阀割据和混战,各种精英势力相互对峙并形成某种难以打破的均势。可以说,以"中等社会"为主体推进政治建设的思路,受到了巨大的挫折。

而要发挥民众的作用,除了办好地方自治、引入职业代表制和国民公决等制度建设之外,更要避免社会两极分化造成的资本寡头专制。梁启超在《欧游心影录》中指出:"欧洲工业革命时代就因为没有思患预防,如今闹到积重难返,费尽九牛二虎之力,还矫正不了几分。好在我们是个后

---

[95] 梁启超:《欧游心影录》,商务印书馆2014年版,第31、169—174页。
[96] 梁启超:《欧游心影录》,第33—34、42—44页。

进国,他们走的路怎么错法,都已眼见,他们所用的医方,一张一张的罗列供我参考,我们只要避了那迷人的路,用了那防病的方,令工业组织一起手便是合理健全的发展,将来社会革命这个险关何尝不可以免掉。"[97]从梁启超的视角来看,中国恰恰因为落后,而具有了某种"后发优势",可以预先看到先发国家道路的利弊,节省"走弯路"的成本。

康有为不仅在战前认为德国可能会取胜,还在"一战"的大部分时间中,一直保持着支持德国的态度。在1917年"府院之争"时,康有为曾致电段祺瑞和黎元洪,指出中国的国力不足以与德国作战[98],他甚至参与了德国支持的丁巳复辟。从康有为所作的《大同书》来看,他是一个具有社会革命视野、对19世纪欧洲社会主义运动不乏了解和同情的思想家。然而,他的理想图景的激进性和当下实践的保守性,却是并行不悖的。康有为反复强调,要循序渐进,不能跳过必要的历史阶段。在1904年《意大利游记》中,康有为曾称"吾昔者视欧美过高,以为可渐至大同,由今按之,则升平尚未至也"。[99]这一说法将当时的欧美视为尚未抵达"升平世"阶段。既然连欧美也处于"据乱世",那么"内其国而外诸夏"即是通行的规则,像德意志第二帝国一样加强内部组织以进行"外竞",就代表着现阶段的时代精神。在这

---

[97] 梁启超:《欧游心影录》,第46—47页。
[98] 康有为:《致北京电》,汤志钧编:《康有为政论集》,中华书局1981年版,第977页。
[99] 康有为:《意大利游记》,姜义华、张华荣编校:《康有为全集》(第七集),第374页。

一阶段，康有为认为在政体上应奉行君主立宪，而引入共和制仍为时过早；而在经济社会政策上，康有为也反对革命派的社会革命主张。他期待中国通过内部的精英整合，提高自身的国际地位。在"一战"德国落败之前，康有为确实真诚地相信德国代表着新的世界潮流，应当成为中国学习的榜样。

在德国战败之后，康有为不再公开主张效仿德意志第二帝国，但仍然没有放弃他的君主立宪方案。但他也不得不调整他的德国论述。比如说，在1919年1月致陆徵祥等人的信中，康有为运用"三世说"理论框架，将拿破仑与德皇威廉二世都作为实行"据乱世"之法、"私其国"的范例。而到了"升平世"，列国之间加强协调，"欧美人互相提携而摈斥他种，夷灭菲洲，彼亦自谓内诸夏而外夷狄者也"。[100] 康有为在此把19世纪欧洲的维也纳体系作为"升平世"的国际体系，欧美人相互提携，对外殖民，正体现了"内诸夏而外夷狄"的特征。只是德皇威廉的对外政策出现了"返祖"现象，不是继续推进国际联盟的建设，而是"私其国"，攻击其他文明国家（诸夏）。将1919年的信件与1904年的游记相比，康有为对欧美所处历史阶段的定位出现了很大的修改。这是在其自身的"三世说"框架中对历史阶段定位的调整，看似不动声色，但实际上是巨大的改变：如果当世是"据乱世"，德意志第二帝国就是典范；但如果已经是"升平世"，德国就不再是典范，而建设国家之上的国际联盟，成

---

[100] 康有为：《致议和委员陆、顾、王、施、魏书》，姜义华、张华荣编校：《康有为全集》（第十一集），第99页。

了代表时代精神的任务。虽然理论框架不同，康有为理论调整的方向，仍然是与梁启超同向而行。

胡适早年服膺于《天演论》，甚至据"适者生存"之意取了"胡适"作为笔名，最终在1910年官派留美时以"胡适"为正式名字。"一战"爆发后，胡适长期身处保持"中立"的美国，并在美国宣战之后回到中国，这使得他能够接触到与欧洲和日本不同的政治与知识氛围。胡适丝毫没有注意到美国在保持"中立"的同时，向交战双方贩卖武器和物资，大发战争财，而是相信美国的"中立"是为了和平及人道主义。而这个具有"和平"形象的美国，成为胡适观察和理解世界的重要支点。"一战"爆发之后，胡适在1914年12月12日的日记里指出："今世界之大患为何？曰：非人道之主义是已，强权主义是已。弱肉强食，禽兽之道，非人道也。以禽兽之道为人道，故成今日之世界。"他引用德意志第二帝国的国歌歌词"德意志兮，德意志兮，凌驾万邦"（Deutschland, Deutschland, über alles），认为这正是强权主义的体现。在此基础上，胡适激烈批评"天择"之说，指出："今之持强权之说者，以为此天演公理也。不知'天择'之上尚有'人择'。天地不仁，故弱为强食。而人择则不然。人也者，可以胜天者也。"[101] 养老而济弱，即是"人择"的体现，也是"仁"的体现。胡适在1915年5月8日的日记里又记录了自己与同学韦莲司（Edith Clifford Williams）的对话，认为达尔文《物种由来》（即《物种起源》）在西方遭到了许多守旧者的驳斥，但

---

[101] 胡适：《胡适留学日记》（上），安徽教育出版社2006年版，第466页。

《天演论》传播到中国,则"无有拒力",胡适同意韦莲司的看法:这仍是东方人士"习于崇奉宗匠之言"的表现。[102]

而世界的出路是什么呢?胡适认为:"救世之道无他,以人道易兽道而已矣,以公理易强权而已矣。"[103]而他倡导的救国之道,则是:"兴吾教育,开吾地藏,进吾文明,治吾内政:此对内之道也。对外则力持人道主义,以个人名义兼以国家名义力斥西方强权主义之非人道,非耶教之道,一面极力提倡和平之说,与美国合力鼓吹国际道德。国际道德进化,则世界始可谓真进化,而吾国始真能享和平之福耳。"[104]胡适批判"西方强权主义",但并没有对西方文明感到幻灭,因为他身处一个自我标榜不同于欧洲列强的国度,因此才有"与美国合力鼓吹国际道德"的主张。在1915年5月的日记里,胡适还抄写并翻译了威尔逊总统的演讲,称赞威尔逊能在国中宣战言论汹汹之时,"独能为此极端的人道主义之宣言,其气象真不凡"。[105]而在1917年1月威尔逊主张对德宣战,在参议院发表《没有胜利的和平》("Peace without Victory")演讲时,胡适又抄录并翻译了其演讲的结语,称其"文中陈义甚高",并评论前总统西奥多·罗斯福对威尔逊的攻击是"失志则如疯狗不择人而噬矣"。[106]对于威尔逊1916年开启第二任期时所发表的演说

---

[102] 胡适:《胡适留学日记》(下),第67页。
[103] 胡适:《胡适留学日记》(上),第466页。
[104] 胡适:《胡适留学日记》(上),第467页。
[105] 胡适:《胡适留学日记》(下),第89页。
[106] 胡适:《胡适留学日记》(下),第451—454页。

词,胡适同样抄录并翻译。[107]他尤其赞赏威尔逊建构国际联盟的主张,认为这是实现和平的好方法,因此相信美国放弃中立而参战是为了和平,并对拒绝参军的美国友人表示不愿苟同。[108]

我们大致可以说,留学时期的胡适已经"以美国为方法"——当然是以他所看到的美国为方法,相信美国具有远大的道德抱负,代表着不同于欧洲与日本的选项。因而,对于美国抱有巨大的信心的胡适不会像他昔日的偶像严复那样,在目睹欧战之后,对西方文明产生极强的幻灭感;更不会像李大钊、陈独秀那样,转向"以俄为师"。

大战以来,梁启超、康有为、杜亚泉、胡适对于西方态度的演变是有差异的,但都经历了对社会达尔文主义的幻灭,都以否定德国军国主义而告终。而青年毛泽东是在"一战"期间才开始进行系统性的著述,在战前并没有强烈的成见,因而也谈不上有剧烈的转向。他对普鲁士-德国的同情,甚至持续到"一战"之后。1919年7月,在《凡尔赛和约》签订后,毛泽东连续撰写了11篇涉德政论,其中的万字长文《德意志人沉痛的签约》有这样的论述:"德国为日耳曼民族,在历史上早蜚声誉,有一种倔强的特质。一朝决裂,新剑发硎,几乎要使全地球的人类都挡他不住。我们莫将德国的穷兵黩武,看做是德皇一个人的发动。德皇乃德国民族的结晶。有德国民族,乃有德皇。德国民族,晚近为尼采,

---

[107] 胡适:《胡适留学日记》(下),第472—474页。
[108] 胡适:《胡适留学日记》(下),第507页。

菲希特，颉德，泡尔生等'向上的''活动的'哲学说所陶铸。声宏实大，待机而发。至于今日，他们还说是没有打败，'非战之罪'。德国的民族，为世界上最富于'高'的精神的民族。惟'高'的民族，最能排倒一切困苦，而惟求实现其所谓'高'。我们对于德皇，一面恨他的穷兵黩武，滥用强权。一面仍不免要向他洒一掬同情的热泪，就是为着他'高'的精神的感动。"[109]这里的分析，隐含着梁启超对于"民族帝国主义"的分析的逻辑，即强调德国的扩张并非源于个别君主的野心，而是民族力量的膨胀。由于中国在巴黎和会上遭遇的不公平待遇，毛泽东对受到巴黎和会沉重打击的魏玛民国也心存同情。他对德国的肯定并不能被简单地解读为对国家主义的赞美，因为他很快预测德国会爆发进一步的阶级革命。但他对德国的肯定评论，多少体现了湖南省域认同中的普鲁士-德国影像在战后的延续。

而在对"文明"的认识上，毛泽东这一期间的著述展现了两种"文明"观念的交织。一种是复数的"文明"观念。在1920年3月致周世钊的信中，毛泽东分析指出："世界文明分东西两流，东方文明在世界文明内，要占个半壁的地位。然东方文明可以说就是中国文明。"他主张应在研究过中国古今学说制度的大要之后再开展留学。另一种是单数的"文明"观念。在同一封信里，毛泽东主张："我觉得俄国是世界第一个文明国。我想两三年后，我们要组织一个游

---

[109] 毛泽东：《德意志人的沉痛签约》（1919年7月21日），《毛泽东早期文稿（1912.6—1920.11）》，第352页。

俄队。"[110]毛泽东沿用了战前的"文明国"概念,但对其标准进行了置换。这种单复数"文明"观并行的用法,在"一战"后的中国存在相当的典型性。复数的"文明"指向一个社会在历史中累积的总体成就,并已经在相当大程度上脱离了与"野蛮"的对立。而单数的"文明"则可以更直接地展现一种价值尺度,"文明"意味着好的、进步的、值得向往的,它的反面仍然是"野蛮",意味着坏的、落后的、不值得追求的。当毛泽东说"俄国是世界第一个文明国"的时候,他用以评判"文明"的实质尺度,已经不可能是19世纪主流的俯视底层民众的"文明"尺度,而是一种以底层民众为政治主体的新尺度。在这一方向上,毛泽东与李大钊会合,并在李大钊就义之后,继续推进其未能完成的事业。

## 五 余论

在第一次世界大战爆发之初,中国舆论界支持德国的情绪高涨,这并不是偶然的现象。战前中国流行的"竞争推动进步"的"文明"观念,本身就以德国为典范;也因此,德国的失败就不仅是一个国家的失败,更会触动战前中国舆论界对"文明"的认识范式。随着战争的进展,我们可以看到,各方不断对自己的论述做出调整。不管是杜亚泉式的、梁启超式的、康有为式的,还是李大钊式的理论调整,都可以显示出,中国知识界、舆论界对"文明"的理解发生了范

---

[110] 毛泽东:《致周世钊信(1920年3月14日)》,《毛泽东早期文稿(1912.6—1920.11)》,第476页。

式性的改变。

战前主导中国舆论界的"文明"理解范式是一元式的、等级式的,承认少数殖民帝国居于"文明国"的地位,认为立宪的重要目的是模仿并寻求这些"文明国"的承认,从而在国际体系中获得与殖民帝国平等的地位。但在第一次世界大战之中,殖民帝国的猛兽式厮杀,导致这种强调竞争与国家内部组织力的"文明"观丧失了舆论领导权,甚至被视为世界大战的原因,而战前的主流"文明"观念所否定的"大一统"传统与强调和平协作的文化,以"东方文明"的名义,获得了更为积极正面的评价。"文明"是多样的,而且可以互鉴互补,这成为很多论者的新的视野。而阶级之间的斗争终结了国家之间的大战,使得社会主义在舆论界获得极大声誉。冯自由曾这样描绘战后中国舆论界的状况:"这回欧洲大战后的结果,社会主义的潮流,真有万马奔腾之势,睡在鼓里的中国人便也忽然醒觉,睡眼惺忪的不能不跟着一路走。现在社会主义的一句话,在中国却算是最时髦的名词了。"[111]经过一个复杂的"否定之否定"过程,"一战"后的诸多论者发现,孔孟之道和当世的社会主义存在很多精神上的一致性。秦汉之后的中国传统曾被视为走向"文明"的绊脚石,现在却可以被视为建设新文明的积极资源。

在此,我们还有必要探讨辜鸿铭这个独特的案例。辜鸿铭生于南洋华侨家庭,是个灰蓝眼睛的混血儿,早年在英

---

[111] 冯自由:《社会主义与中国》,香港社会主义研究所1920年版。

国、德国接受教育，在思想上尤其受到英国浪漫主义大家卡莱尔（Thomas Carlyle）的深刻影响，后者批评英国资本主义社会物欲横流、道德沦丧，主张通过恢复古老的宗教秩序来恢复道德。因此，从所受的教育来说，辜鸿铭从一开始就与19世纪主流的尚"智"而不尚"德"的"文明等级论"处于深刻的紧张之中。在义和团运动爆发后，辜鸿铭即发表系列英文评论，为义和团运动以及清政府辩护，于1901年编为 *Papers from a Viceroy's Yamen*（《总督衙门来书》，又名《尊王篇》），其基本论证方式是将"文明"与社会的组织力脱钩，论证"文明"的意义在于培养有道德而优雅的教养者。如果说此时辜鸿铭只是较为谨慎地为中国文明辩护，1914年世界大战爆发后，辜鸿铭主动出击，在英文报纸《中国评论》上发表系列评论，于1915年以 *The Spirit of the Chinese People*（《中国人的精神》）为题结集出版，次年又出版德文版，论证中国文明可以为西方文明的自救提供启示："我相信，学习中国文化，学习中国书籍和文学，所有欧美人民都将大有裨益"，"我想表明研究中国文明如何有助于解决当今世界面临的问题——如何将欧洲文明从崩溃中拯救出来"。[112]世界大战的爆发使得辜鸿铭确信西方文明陷入了深重的危机，因而将其早先对中国文明的辩护发展成为"中国文明救西论"。但辜鸿铭的文明观本身并未因时势的变化而有什么实质性转变，因为他对"文明"的理解，早在欧洲接触浪漫主义思想的时候就已经奠定，从巴克尔到福泽谕

---

[112] 黄兴涛等译：《辜鸿铭文集》（下卷），海南出版社1996年版，第8页。

吉、康有为、梁启超的那种尚智、尚力的"文明"观,从一开始就是他致力于批判的对象。

辜鸿铭的"中国文明救西说",引发了《新青年》作者群体的激烈批判,甚至将其与1917年张勋发动的帝制复辟关联在一起。[113]在五四运动前后的"东西方文化论战"中,《新青年》作者群总体上将"东"与"西"的关系视为"旧"与"新"的关系,既反对辜鸿铭的"中国文明救西说",也反对杜亚泉、梁启超等人的"东西文明调和论"。然而在论战中,《新青年》作者群事实上也对"西方"做了新的界定,他们所肯定的"西方",不是那个贫富对立、阶级分化、穷兵黩武,在世界大战中相互毁灭的"西方",而是那个在很大程度上寄托了他们平等与自由之理想的西方。而在"十月革命一声炮响"后,《新青年》作者群体加速分化,胡适继续相信美国作为西方文明的道德代表的资格,但更多作者将美国也纳入了"帝国主义"的范畴。马克思主义在战后中国的传播使得东西方的关系获得了一个更为宏大的理论框架:西方社会已经进入资本主义乃至帝国主义阶段,而东方"还停滞于宗法社会及封建制度之间"[114],"东"与"西"的关系仍然是"旧"与"新"的关系,但无论是西方还是东方的社会都存在巨大的缺陷,最终都要超越自身目前所处的阶

---

[113] 陈独秀:《质问〈东方杂志〉记者——〈东方杂志〉与复辟问题》,《新青年》1918年第5卷第3号。
[114] 瞿秋白:《东方文化与世界革命》,《瞿秋白文集·政治理论编》(第二卷),第14页。

段，如瞿秋白所云，建设一种新的"社会主义的文明"。[115] 李大钊在1918年7月所设想的"第三新文明"，在此获得了更为具体的内涵。经过这一系列思想转变，像战前那样，由现实中的西方列强单方面掌握"文明的标准"、对其他民族发号施令的观念局面，已经一去不复返了。

在这一视野之中，对宪法与"文明"关系的理解，也迅速发生改变。已经死亡的德意志第二帝国的宪法，不再是"文明"的象征，甚至其他帝国主义列强的宪法的"文明"成色，也在淡化。一种新的宪法分类标准，在战后中国悄然兴起，那就是"20世纪之宪法"与"19世纪之宪法"的区分。

---

[115] 屈维他（瞿秋白）：《东方文化与世界革命》，《新青年》1923年第1期；瞿秋白：《现代文明的问题与社会主义》，《东方杂志》1924年第21卷第1号。

# 第四章　渡河之舟
## "20世纪之宪法"观念的兴起

在宪法的诸多分类方法之中，以"世纪"作为划分标准是一种虽不常见，但具有重要理论意涵的分类方法。德国宪法学家卡尔·罗文斯坦（Karl Loewenstein）在20世纪50年代发表的《反思我们革命年代的宪法价值》（"Reflections on the Value of Constitutions in Our Revolutionary Age"）一文中明确区分了"18世纪之宪法"与"19世纪之宪法"[1]；在晚近的一篇题为《什么是20世纪之宪法》（"What is the Twentieth-Century Constitution"）的论文中，美国马里兰大学宪法学教授彼得·昆特（Peter E. Quint）将美国宪法正文及其前11条修正案作为"18世纪之宪法"的典范，以之为基准，通过与更为晚近的外国宪法的对比来探讨何为"20世纪之宪法"。[2] 英国剑桥大学出版社出版过《18世纪宪法（1688—1815）：档案与评论》（*The Eighteenth-Century Constitution, 1688–1815: Documents and Commentary*）以及

---

[1] Karl Loewenstein, "Reflections on the Value of Constitutions in Our Revolutionary Age," Arnold J. Zurcher edi., *Constitutions And Constitutional Trends Since World War II*, New York University Press, 1955, pp. 194–197.

[2] Peter E. Quint, "What is the Twentieth-Century Constitution," *Maryland Law Review*, Vol.67, No.1, pp.238–257.

《19世纪宪法（1815—1914）：档案与评论》(*The Nineteenth-Century Constitution, 1815–1914:Documents and Commentary*)两种英国宪法资料与评注集[3]，其标题即诉诸"18世纪之宪法"与"19世纪之宪法"概念。在日本的法政文献中，同样可以看到这种以"世纪"来界定宪法时代精神的论述方式，如我妻荣编辑的《新法律学辞典》在对《魏玛宪法》的解释中明确使用"20世纪宪法"这一术语。[4]然而，从这些文献的具体论述来看，"18世纪""19世纪""20世纪"往往不仅仅是纪年尺度，其分期也并不与公历纪年完全重合，其指向的，更多是一种浓缩的"时代精神"。

当代中国法学界对以"世纪"来界定宪法时代精神的用法并不完全陌生[5]，但却极少在关于当代中国法律实践的探讨中使用这一宪法分类方式。同时，也很少有学者注意到

---

[3] H. J. Hanham edi., *The Nineteenth-Century Constitution, 1815–1914: Documents and Commentary*, Cambridge University Press, 1969. E. Neville Williams edi., *The Eighteenth-Century Constitution, 1688–1815: Documents and Commentary*, Cambridge University Press, 2009.

[4] 我妻荣编辑的《新法律学辞典》认为，德国《魏玛宪法》"一方面根据19世纪的自由主义与民主主义，另一方面又采取强调财产权的义务性，以保障所有的人过人的生活为理想的社会国家的立场，在这一点上，被看作20世纪宪法的典型'"。〔日〕我妻荣编：《新法律学辞典》，董璠舆译校，中国政法大学出版社1991年版，第1007页。

[5] 参见徐秀义、韩大元主编：《现代宪法学基本原理》，中国人民公安大学出版社2001年版，第31页；焦洪昌主编：《宪法》，浙江大学出版社2008年版，第69—70页；何华辉：《比较宪法学》，武汉大学出版社2013年版，第37—38页；黄越钦：《劳动法新论》，中国政法大学出版社2003年版，第50—52页。更早的讨论，可参见罗家衡：《中华民国宪法刍议》，台北自由出版社1945年版，第78页；林纪东：《法学绪论》，台北五南图书出版有限公司1978年版，第260—267页；龚祥瑞：《比较宪法与行政法》，法律出版社1985年版，第172—175页。

这一现象:"20世纪之宪法"这样一个在今日中国已经不常用的学理性概念及其所包含的宪法分类方式,一度在20世纪20年代中国的制宪实践和关于宪法的公共讨论中发挥过重要作用,影响到中央政府层面的制宪和一系列"省宪"的起草。更没有任何研究文献探讨过这样一个问题:"20世纪宪法"或"20世纪之宪法"这样的术语及相应的宪法分类方式,在汉语语境中究竟是如何出现并扩散开来的?

这个历史考证问题貌似并不起眼,但随着中国近代思想研究的进展,已经日益变得重要。正如汪晖教授《世纪的诞生》所揭示的那样,在1900年之前,中国士大夫基本上没有人使用过"20世纪"这个词语,然而从1900年初开始,以梁启超为先驱,一大批中国的仁人志士不约而同地使用起"世纪"与"20世纪"这样的表述,进而向前追溯,以"19世纪""18世纪"命名之前的时代。作为一种纪年方法的"世纪"源于西方格里高利历,其得以广泛应用,表明当时的论者已经体会到,传统的干支纪年法、王朝纪年法以及晚清不少人士倡导的黄帝纪年法和孔子纪年法,都已经不足以把握他们所面临的新时势。汪晖教授指出,"世纪"的意识体现了对一个独特时势的把握,这个时势"把他者的历史、把整个外部的历史变成自己的历史,同时也将自己的历史置于全部历史的内部予以解释和指认。这是全球范围内的共时性关系的诞生,也是从共时性关系中确认其内部非均衡性的开端"。[6] 新时势的关键就是梁启超所说的"民族帝国主义"

---

[6] 汪晖:《世纪的诞生》,第93页。

的兴起——东西方列强以民族的组织力和经济力为后盾，进行全球的势力扩张，由此也给殖民地半殖民地社会带来一种强烈的共时性体验。晚清和民初中国知识界和舆论界对"帝国主义"的讨论已经揭示，帝国主义不仅仅是一种政治和军事上的压迫性力量，更在经济、社会和文化上产生了极大的影响力。对这种压迫性力量的抵抗，因而不可能仅仅局限于政治和军事领域，更需要本国在经济、社会和文化领域进行深刻的变革。

《世纪的诞生》将"世纪"与"20世纪"建构为思想研究的对象，但尚未深入论述"世纪"观念在宪法领域的体现。在此之前，法学界已有作品探讨近代宪法演进中出现的对私有财产权的限制、公民经济社会基本权利的入宪等[7]，亦有作品从"法律移植"的视角，探讨20世纪20年代以来中国从中央到各省的制宪中对《魏玛宪法》"社会权"的转译和借鉴[8]，但既有研究文献尚未专门探询"20世纪之宪法"（或"20世纪宪法"）这一具体的汉语表述方式以及以"世纪"进行宪法分类的方式之起源。本章将尝试填补这一研究空白。与以往相关研究文献不同的是，本章不是对具体

---

[7] 如聂鑫：《宪法基本权利的法律限制问题：以中国近代制宪史为中心》，《中外法学》2007年第1期；聂鑫：《财产权宪法化与近代中国社会本位立法》，《中国社会科学》2016年第6期；聂鑫："刚柔相济"：近代中国制宪史上的社会权规定》，《政法论坛》2016年第4期；张翔：《财产权的社会义务》，《中国社会科学》2012年第9期。

[8] 李富鹏：《魏玛宪法社会权的中国转化》，《环球法律评论》2020年第3期。该文指出民国时期国人对《魏玛宪法》"社会权"的理解具有"政策化"的倾向，颇有意义。

制度或立法技术的探讨，而是对以时代精神划分宪法类型的分类方式的溯源式研究，将集中探讨"20世纪之宪法"的表述与相应观念在近代中国语境中的发生，从而推进对法律的"时代精神"的研究。

本章尝试提出如下主要观点：汉语中"20世纪宪法"或"20世纪之宪法"的表述，以及相应的以时代精神对宪法进行分类的方法，出现于20世纪20年代前期，是国际体系和制宪议程剧变带来的直接产物。第一次世界大战之前，尽管中国舆论界已经有大量对"20世纪"及其时代精神的讨论，但"20世纪"与"宪法"尚未组合到一起，成为宪法讨论中的关键词。第一次世界大战彻底摧毁了1814—1815年维也纳会议奠定的维也纳体系，催生了一系列新的独立国家及其新宪法；中国20世纪20年代前期法统分裂、南北对峙的局势，也催生了一个制宪的高潮；中国的"宪法热"与欧洲的"宪法热"相互激荡，其结果是，在欧洲出现的新的宪法讨论议程，深刻影响到中国在这一时期的法政话语和制宪活动。战后大量新宪法议题的出现，给讨论的参与者带来时间意识上深刻的断裂感，"20世纪之宪法"的自觉，由此发生，而1919年制定的、从今天来看具有极大缺陷的德国《魏玛宪法》，成为中国精英人士眼中"20世纪之宪法"的典范。与"20世纪之宪法"观念同时出现的，是对"19世纪之宪法""18世纪之宪法"的追溯性描述。在新的宪法意识之下，中国晚清与民初的制宪活动，也被一些论者纳入"19世纪之宪法"的范畴。

从"20世纪"意识到"20世纪之宪法"意识，其间有大约二十年的时间差。众所周知,法律体系,尤其是宪法,通常是一个社会中自我延续的惯性较强的构成部分,要经过相当的思想和政治社会力量的积累,才有可能推动其变革。这种积累中必不可少的步骤,就是影响立宪的精英人士去了解、适应、接受乃至倡导新的法律议程。在第一次世界大战之前,尽管中国已有不少仁人志士对帝国主义进行了深刻的思想批判,但当时的法律议程,基本上仍然是被一种"适应型"的意识所主导,论者大多对改变帝国主义列强主导的国际体系缺乏信心,其主流意识是不寻求改变等级性、压迫性的体系本身,但求改变中国在这个国际体系中的位置。19世纪国际体系内嵌的"文明-半文明-野蛮"之等级,被视为短期内不可动摇的结构。因此,日本的明治维新才成为中国法律变革的主导性典范,因为日本正是通过以西律为典范改变本国的法律,而获得西方列强的认可,最终改变自身在国际上的"半文明国家"的地位,得以跻身列强俱乐部"国际大家庭"。而日本所模仿的普鲁士-德意志第二帝国,更是成为许多中国知识分子眼中的新潮流代表。然而,第一次世界大战却让这个看似不可动摇的结构动摇了:一系列自称为"文明国家"的列强自相残杀,上千万条生命灰飞烟灭,这不仅震惊了非西方世界的旁观者,也震惊了西方列强自身,19世纪"文明"神话的玫瑰色迅速褪去。列强之间的相互厮杀更是摧毁了原有的"大国协调"体系[9],被列强"大

---

[9] 关于"大国协调"与战前国际体系的关系,参见章永乐、魏磊杰主编的《大国协调及其反抗者》一书。

国协调"压抑的工人运动和民族解放运动喷薄而出,尤其是俄国十月革命爆发,对西方列强产生了极大的震动。为了防止未来再次出现布尔什维克式的革命,西方国家的当权者愿意对国内相对温和的反抗力量做出有限的让步。而这就使得在19世纪被压抑的经济议题和社会议题,加速被纳入法律讨论的议程。

然而将欧美出现的新的立宪议程嵌入中国的语境,始终面临着一个"共时性问题":贫弱的中国与欧美列强处于同一时代吗?与欧美列强相比,中国是一个农村人口占绝对多数的大国,工业化起步晚、进展慢,产业工人数量与农民相比可谓微不足道。西方出现的新立法议程,因而也容易被视为过于"超前",不适合中国的国情。在中国推进"20世纪之宪法"概念的精英,也就需要回应一系列具体的问题:中国是否处于西方工业化国家已经经历过的某个阶段,因而不应该吸纳西方工业化国家当下的立宪议程?中国的历史传统与社会土壤适合引入这些新的立宪议程吗?正是在历史行动者对问题及其答案的反复斟酌中,"20世纪之宪法"的形象逐渐变得丰满起来。

本章将首先在北洋时期国会宪法起草委员会的立宪讨论中寻找"20世纪之宪法"观念的踪迹,进而追溯更早探讨"20世纪之宪法"的人物和文献,并进一步考察这些讨论在当时发挥了何种影响力;本章还将进一步探讨:中国究竟是被动地接受"20世纪之宪法"的议程,还是主动地参与了"20世纪之宪法"议程之形成,并进一步思考这一观念与20世纪中国道路的相关性。

## 一 "20世纪之宪法"观念的生成

20世纪20年代中国产生的"20世纪之宪法"观念,其关键特征是强调"19世纪之宪法"的缺陷,并凸显自身对这些缺陷的回应。如果仅在"20世纪"与"宪法"之间做松散的关联,并不强调"20世纪"与"19世纪"的差异,或许可以归入"20世纪之宪法"观念的"前史",但并不属于严格意义上的"20世纪之宪法"观念。我们可以举出这种松散的关联方式的一个例子:在护法运动期间,被黎元洪解散的国会曾在广州重新召集,并讨论了宪法草案的修改。在对宪法草案第十九条第二项"国民教育以孔子之道为修身大本"进行讨论时,宪法起草委员会委员马君武在反对立孔教为国教时,曾提出"20世纪定最新宪法"的说法:"笃信宗教为欧洲数百年前之陈迹,现在日进文明,无不主张政府分离者,北美自开国以来即倡宗教与教育分离之主义,世界大势所趋既已如此,当兹20世纪定最新宪法而必取数百年前之腐说加以规定宁非狂耶。"[10] 在此,马君武用了"20世纪"的说法,只不过是强调当代与数百年之间的对比,并未在与"19世纪"对比的意义上,精确地界定"20世纪"乃至于"20世纪之宪法"所体现的时代精神。

严格意义上的"20世纪之宪法"观念,究竟是如何表达的?我们还是可以将眼光投向国会宪法起草委员会的讨论:从1923年1月8日开始的宪法起草委员会第五十二次会

---

[10] 吴宗慈:《中华民国宪法史》,第427页。

议到2月21日的第六十一次会议，委员们集中讨论生计和教育入宪的问题。当年4月17日，宪法起草委员会正式决定在宪法草案中增加"生计"一章，梁启超领导的"研究系"骨干人士、宪法起草委员会委员林长民为该章起草了立法理由。林长民指出："本章条文多半采取德意志新宪法中关于经济生活之规定，即谓德宪为本法案之渊源固无不可。然国民生计本为吾国古来政治学说之所置重……若德宪之精神，谓为实行社会主义固无不可，实则德宪与社会主义为两物，特用以和缓社会主义之激进，完全范之于法律轨道以内……本章采取德宪亦为缓和社会剧变之意。"[11]

在解释为何参照德国《魏玛宪法》之时，林长民着重从两个方面予以说明。首先，强调"国民生计本为吾国古来政治学说之所置重"，并引用了孔子"不患寡，而患不均"的论述以及孟子对"恒产"的强调，以此说明，德宪并非外在于中国传统之精神；其次，林长民分析了自18世纪以来时代精神的变迁，强调资本主义发展所导致的社会两极分化，正在带来社会革命的潮流。林长民认为"十九世纪之宪法为个人自由之宪法，即为资产阶级之宪法"，此种宪法如果不变，必将造成激烈的社会革命，"假使各国宪法皆有关于国计民生之规定，皆有伸缩之余地，则一切法制可以随时改变，无论何种派别不必更为革命的行动矣"。[12] 又多次引用1918年《俄罗斯苏维埃联邦社会主义共和国宪法（根

---

[11] 吴宗慈：《中华民国宪法史》，第1021页。
[12] 吴宗慈：《中华民国宪法史》，第1022页。

本法)》与1921年远东共和国的《赤塔宪法》作为最为激进的社会革命所产之宪法，通过对比，将更为温和的《魏玛宪法》树立为最值得参考的典范，旨在未雨绸缪，为未来的社会经济立法留足空间，以防止激进社会革命之发生。

林长民在关于宪法草案是否应当规定劳工问题的辩论中，更为明确地提出了"20世纪制定之宪法"与"19世纪宪法"的对立：

> 诸君须知，十九世纪世界各国国民争宪法，二十世纪世界各国国民争生活，即所谓生活问题是也。盖因十九世纪之宪法差不多皆是保障一部分人民之宪法，即是保护有产阶级之资本家。因为十九世纪宪法不公平，故现在世界各国宪法皆难免动摇。中国宪法成立在世界各国之后，正可鉴于各国之失，而免去生计革命之结果……要知，现在二十世纪制定之宪法，系"面包宪法"，即是制定生活程度之宪法，宪法之中必要容纳种种主张，如民生制度经济制度之类，方足以保持长久。[13]

国会宪法起草委员会委员长汤漪原则上支持林长民的"生计"专章草案，其发言如同林长民那样，将"19世纪"与"个人主义"关联在一起，并认为"个人主义发达过甚"导致资本家的专制。而"中国历史上因无自由主义，遂未发

---

[13] 吴宗慈：《中华民国宪法史》，第1094页。

生资本家",但不能保证中国未来不会发生类似的情境,因此需要在宪法上预留空间。至于立法的精神,"必须一方面提倡生产,一方面又防止资本家或企业家之操纵"。同时,汤漪强调:"本席主张并非因世界有此新潮流即须仿而效之,确系根据中国历史。孔孟之言,所谓'富之教之'精神规定于宪法。"[14] 这些论述基本上是以不同的形式,重述了林长民的主张。

如果说"20世纪之宪法"是到了1923年初才在国会宪法起草委员会的讨论中"闪亮登场",这一议题在公共舆论界的出现则更早一些。第一次世界大战摧毁了俄罗斯帝国、奥斯曼帝国、奥匈帝国与德意志帝国,欧洲地图发生了巨大的变化。1918年苏俄制定《俄罗斯苏维埃联邦社会主义共和国宪法(根本法)》;1919年,德国制定并颁布了新宪法,史称《魏玛宪法》;此后,奥地利、拉脱维亚、波兰、捷克斯洛伐克、南斯拉夫等国纷纷制宪。到1928年,欧洲大陆产生了十余部新宪法,而全世界产生了三十多部新宪法。当时的中国正处于法统分裂、南北对峙的状态,北方的安福国会致力于制定新的宪法,同时,从北京到各省都有一些精英人士主张"联省自治",希望先从制定省宪开始,最终制定国宪,完成国家之统一。在此背景下,全国知识界、舆论界出现一股堪与欧洲相比的"宪法热"。"一战"之后欧洲与中国的"宪法热"相互叠加,在20世纪20年代初的中国舆论界形成一个翻译和介绍国外宪法的小热潮。

---

[14] 吴宗慈:《中华民国宪法史》,第1097—1098页。

1920年，当时在德国留学的张君劢即在《解放与改造》杂志发表德国新宪法译文（载二卷八号）以及《德国革命论》（载二卷三、四号）、《德国新共和宪法评》（载二卷九、十一、十二号）、《中国之前途：德国乎？俄国乎？》（载二卷十四号）等文，介绍德国革命以及《魏玛宪法》。1922年，《东方杂志》出版第十九卷第二十一、二十二号两期，作为"宪法研究号"，集中评介了战后各国宪法动态，讨论了民国中央与省层面的制宪。张君劢对《魏玛宪法》的介绍以及《东方杂志》"宪法研究号"的许多内容，在宪法起草委员会的讨论中得到了响应。

我们先从张君劢对战后立宪新趋势的介绍说起。国会宪法起草委员会的讨论曾经两度提到张君劢的《德国新共和宪法评》，可见这一文本的重要影响。[15]张君劢立论的关键在于区分三个世纪的宪法，并将《魏玛宪法》作为"二十世纪之新宪法"的代表。《德国新共和宪法评》开篇即提出：

> 吾尝于世界数十国之宪法中，求其可以代表一时代者有三：曰，一七八七年之美国宪法；曰，法国第一革命之宪法；曰，德之新宪法。美宪法所代表者，十八世纪盎格鲁撒逊民族之个人主义也；法国宪法所代表者，十九世纪民权自由之精神也；今之德宪法所代表者，则二十世纪社会革命之潮流也。此二十世纪之新宪法……

---

[15] 吴宗慈：《中华民国宪法史》，第1005、1062页。

张君劢对三个世纪宪法的时代精神特征的划分，究竟源于何处？在魏玛民国的制宪讨论记录中，牧师弗里德里希·瑙曼（Friedrich Naumann）提出了立法的时代精神问题：德国究竟该如何在东方的苏俄体制与西方传统体制之间做选择？当社会主义的大众不再那么倾向于个人主义的时候，基本权利的旧提问方式应当如何做出改变？法学家康拉德·贝伊勒（Konrad Beyerle）对法典化技术的演进做出分期：第一期是中世纪"城市自由"背景下英国对自由权的文本化，第二期是1787年美国宪法与1789年法国《人权宣言》，尤其是后者，不仅借鉴了美国经验，而且将自然法哲学所要求的生命权、自由权、财产权等原则交织在一起，确立了第一份基本权利的目录。[16] 比较来看，张君劢以"世纪"来标记三个时代，并将美国宪法与法国大革命宪法分在两个世纪，这一做法也许借鉴了别的德语文献，但至少不是对《魏玛宪法》制宪会议辩论的概括。但我们能比较确定的是，这种以"世纪"作为时代精神的标识的做法，至少可以追溯到对张君劢具有重要影响的梁启超。

梁启超正是在中国推广"世纪"与"20世纪"概念的先驱。早在1900年1月底，梁启超就撰写了《二十世纪太平洋歌》，探讨正在到来的新时代与过去时代的差异。[17] 但是，在1919年欧游之前，他仍然无法明确概括这个新的20世纪

---

[16] 李富鹏：《近代宪法社会权的肇始：以魏玛制宪档案为中心》，《法制史研究》（台湾）2020年第37期。
[17] 梁启超：《二十世纪太平洋歌》，《新民丛报》第1号，1902年2月，收入张品兴主编：《梁启超全集》，第5426页。

究竟有什么样的总体特征。在与革命派的论战中,他还激烈地批评过社会革命的思路,认为欧洲的许多议题对中国而言仍然太早,发展实业仍然是中国第一位的任务。[18]然而,在1920年欧游归国后发表的系列文章(后来集结为《欧游心影录》)中,梁启超却一改前见,做出这样的判断:"社会革命恐怕是20世纪史唯一的特色,没有一国能免,不过争早晚罢了。"[19]梁启超认为,中国还没有发生欧洲因资本主义而产生的两极分化,但必须对社会革命的潜在可能性提高警惕,未雨绸缪。他同时论证,中国古代传统富含社会主义精神,因此"一战"之后欧洲人所提倡的社会主义,对中国而言并不是外来的。只是,对欧洲的社会主义方法,不能照搬,中国需要一方面大力奖励实业,另一方面防止出现欧洲的阶级对立。

张君劢在1906年赴日留学之后结识梁启超,并加入后者发起的"政闻社"。对于张君劢,梁启超可谓亦师亦友。1918年底,张君劢随梁启超欧游,梁启超在1920年初回国,张君劢留在欧洲,前往德国留学。在欧游期间,两人有大量时间朝夕相处。而对林长民而言,梁启超既是政团的领袖,也是亲密的朋友。1919年,梁启超不断从巴黎和会向其"研究系"同人发回关于和会讨论的电报,而林长民是关键的接应者,其将巴黎和会把德国在山东的利权转让给日本的信息

---

[18] 梁启超:《驳某报之土地国有论》,张品兴主编:《梁启超全集》,第1576—1606页。
[19] 梁启超:《欧游心影录》,第13页。

与曹汝霖、章宗祥、陆宗舆卖国关联在一起报道，对于五四运动的爆发起到了非常关键的作用。[20]两人还于1928年结为亲家。考虑到这些密切的交往因素，梁启超、张君劢、林长民的"世纪"观念出现如此多的重叠，就丝毫不令人惊讶了。林长民在宪法起草委员会上发言引用孔子和孟子来论证社会主义精神乃源于本土传统，其所引用的内容，与梁启超在《欧游心影录》中的引用出处[21]完全一致。梁启超在《欧游心影录》中提出了两个宪法改革措施，一是引入全民公决，二是职业团体代表参与立法[22]，而这恰恰也是张君劢《德国新共和宪法评》在介绍《魏玛宪法》时所突出的两个方面。张君劢和林长民对20世纪之宪法与《魏玛宪法》的讨论，在很大程度上响应了梁启超欧游系列文章的主张，都强调了20世纪与社会革命的关联，强调了中国传统包含社会主义精神，强调要通过必要的改良避免激烈的社会革命。我们或许无法准确地界定"20世纪之宪法"意义域中的某一个具体的观点究竟由谁首创，但完全可以将梁、张、林三人

---

[20] 1919年，在观摩巴黎和会的过程中，梁启超不断向林长民等"研究系"同人发回消息，这些消息通过"研究系"的媒体广为传播。梁启超密切关注关于山东问题的谈判，在3月中旬给林长民等人的电文中，即将矛头指向皖系的章宗祥、曹汝霖等人。参见中国社会科学院近代史研究所《近代史资料》编译室主编：《秘笈录存（近代史资料专刊）》，中国社会科学出版社1984年版，第133页。得知巴黎和会关于山东问题的决定之后，梁启超从巴黎向林长民等发回电报，林长民于5月2日在《晨报》上发表《外交警报敬告国人》，在国内产生了极大影响。两天之后，五四运动爆发，群众要求惩办曹汝霖、章宗祥、陆宗舆等人，这与梁启超、林长民等人此前的舆论工作，有着分不开的关系。
[21] 梁启超：《欧游心影录》，第45页。
[22] 梁启超：《欧游心影录》，第43—44页。

放在一起,视为"一战"之后最积极阐发和宣传"20世纪之宪法"观念的中国思想群体。

## 二 "20世纪之宪法"观念的时代影响

继张君劢《德国新共和宪法评》介绍《魏玛宪法》之后,民国报刊上出现了一系列对于战后欧洲各国新宪法的介绍和讨论,这些讨论又在宪法起草委员会的讨论中激发回响,有些观念还影响到了当时的制宪活动。让我们来看看这些讨论的具体内容:

一,联邦制问题:当时争论的核心在于《魏玛宪法》体现的中央集权倾向,是否代表了时代精神。张君劢《德国新共和宪法评》讨论《魏玛宪法》相较于旧宪法之变化的第一个方面,是德国联邦制的变化。张君劢指出,《魏玛宪法》实现了中央政府行政权与立法权的扩张,各邦改称州(Länder),以普鲁士为代表的大州在联邦参议院的投票权受到限制,宪法也为州界的调整留出了法律空间,因而体现出了更为显著的统一的精神。[23] 然而在当时"联省自治"运动如火如荼的背景之下,德宪的联邦制规定是否体现战后宪法的新趋势,论者意见并不一致。北大政治学教授张慰慈主张"德国的新宪法把从前的地方主义观念完全打破",代表了战后宪法的趋势。[24] 与李大钊、陈独秀关系较近的北大政治学教授高一涵响应张慰慈的论述,认为最近波兰、捷

---

[23] 张君劢:《宪政之道》,清华大学出版社2016年版,第257—258页。
[24] 张慰慈:《欧洲的新宪法》,《东方杂志》1922年第19卷第22号。

克斯洛伐克与南斯拉夫的宪法都采用了单一制，而德国新宪法的精神也在于打破地方主义。[25]李三无却认为"欧战之前，凡属采用中央集权之国，无不身受其害"，俄国即从中央集权改为联邦制，其他如奥地利、波兰新宪法，均体现了增强地方自治的精神，"惟德意志新宪法，虽仍采联邦主义，而颇有统一主义之倾向"，然而这一倾向并不代表普遍精神。[26]但宪法起草委员会委员王敬芳则认为，苏俄实际上是政治与经济权力均集中于中央，"可谓行古今中外所未有之集权矣"。王敬芳是"省宪"坚定的反对者，他注意到，1922年5—6月在上海召开的"中华民国八团体国是会议"，其"国宪草拟委员会"在8月下旬通过张君劢草拟的宪法草案，将1917年修正的《天坛宪法草案》第二条"中华民国永久为统一共和国"中的"统一"改为"联邦"二字。王敬芳对此当然不悦，但也不好直接反对，而是以"虽未必适合国情，要不失为一贯之主张"来表示理解。他引用了张君劢《德国新共和宪法评》中的几处论述，认为"德本联邦国，而此次所定之新宪法则力取单一国之精神"[27]。这可以说是用张君劢对德国新宪法的论述为据，来对主张省宪者进行反击。赞成省宪运动的李愚厂也感受到了《魏玛宪法》的倾向与省宪运动之间的张力，于是在其所编《省宪辑览》中一方

---

[25] 高一涵：《我国宪法与欧洲新宪法之比较》，《东方杂志》1922年第19卷第22号。
[26] 李三无：《宪法问题与中国》，《东方杂志》1922年第19卷第21号。另参见何勤华、李秀清主编：《民国法学论文精粹（宪政法律编）》，法律出版社2002年版，第76页。
[27] 吴宗慈：《中华民国宪法史》，第1004—1005页。

面说"今之省宪运动中人,其根本头脑颇偏于德式,故吾欲举德国立宪之成绩,以励我国民之勇气",另一方面又称"所谓德国立宪乃指国宪而言,吾省宪不能削足适履"[28],意即中国的省宪运动不应受限于德国在央地关系上的新立法模式。

二,行政与立法分权模式问题:当时比较一致的倾向是不鼓励采取美式总统制,在制度安排上糅合总统制和议会制。张君劢《德国新共和宪法评》第二部分探讨德国联邦政府如何调和美国的总统制和法国的议会制,对行政权与立法权之关系进行重新安排。总统由选民直接选举产生,任免总理及内阁成员,内阁对议会下院负责,但总统又可以以国民公决来限制议会,议会也可以三分之二多数提出动议,通过国民公决罢免总统。张君劢对宪法起草者柏吕斯(Hugo Preuß)博士"兼法美两制之长而去其短"的说法,仍有疑虑。[29]在1922年《东方杂志》的宪法专号中,张慰慈介绍了德国、波兰、捷克斯洛伐克、南斯拉夫宪法的行政立法关系,强调总统或国王的命令须由一个或几个国务员副署负责才能发生效力,而内阁则对议会负责。[30]留美攻读政治学的程学愉(程天放)也认为"联邦政府之组织采内阁制,与法国相似",国家大政由内阁会议多数决定,而总理与阁员有兼任下议院议员之法律空间,程学愉评论称"大有采取英国合立法行政为一的情形",但并未像张君劢那样探讨《魏

---

[28] 夏新华等整理:《近代中国宪政历程:史料荟萃》,第644页。
[29] 张君劢:《宪政之道》,第259—265页。张君劢对《魏玛宪法》观察的重大盲点,是忽视了魏玛民国总统的紧急状态权力所具有的重大影响力。
[30] 张慰慈:《欧洲的新宪法》,《东方杂志》1922年第19卷第22号。

玛宪法》立法者兼采法美之长的初心。[31]

欧洲新宪法的这一倾向,影响到国内一系列宪法草案的制定。如《湖南省宪法》第五章规定在省长之外设省务院,省长颁布法令须经省务院长及主管之省务员副署。[32]《浙江省宪法》第五章分设省长与省政院,省长发布法令文书须经政务员副署。[33]《广东省宪法草案》第五章[34]、《河南省宪法草案》第五章[35]、《江苏省制宪草案》第五章[36]也做了类似规定。张君劢所拟《国是会议宪法草案》第四至五章[37],1925年汪馥炎、李祚辉合拟的《中华民国联省宪法草案》第五章[38],1925年段祺瑞政府推动制定的《中华民国宪法草案》第六章[39]也都规定了分设总统与国务总理、总统颁布法令须经国务员副署。

此外,张慰慈还介绍了《魏玛宪法》与捷克斯洛伐克宪法设立议会常设委员会的规定,认为这一制度有利于在议会闭会时监督政府行政。[40]程学愉介绍了《魏玛宪法》规定的众议院组织两种常设委员会的权力,认为"有这两种

---

[31] 程学愉:《德意志之新宪法》,《东方杂志》1922年第19卷第22号。
[32] 夏新华等整理:《近代中国宪政历程:史料荟萃》,第662—663页。
[33] 夏新华等整理:《近代中国宪政历程:史料荟萃》,第690—691页。
[34] 夏新华等整理:《近代中国宪政历程:史料荟萃》,第716页。
[35] 夏新华等整理:《近代中国宪政历程:史料荟萃》,第727页。
[36] 夏新华等整理:《近代中国宪政历程:史料荟萃》,第744页。
[37] 夏新华等整理:《近代中国宪政历程:史料荟萃》,第754—756页。
[38] 夏新华等整理:《近代中国宪政历程:史料荟萃》,第774—775页。
[39] 夏新华等整理:《近代中国宪政历程:史料荟萃》,第540—542页。
[40] 张慰慈:《欧洲的新宪法》,《东方杂志》1922年第19卷第22号。

常驻机关，人民代表的权力自然增加不少"。[41]在民国制宪史上，1913年《天坛宪法草案》第五十一至五十四条规定了"国会委员会"，但在当时颇受北洋集团和前立宪派势力（也包括梁启超在内）诟病，认为这对大总统行政构成过大掣肘，后在1916—1917年二读时全部删除。然而在战后欧洲新宪法相关规定的鼓励下，20世纪20年代前期多个宪法草案文本出现了议会常设机构的规定，如《湖南省宪法》第三十七条设议会常驻委员会[42]，张君劢所拟的《国是会议宪法草案》规定在参议院闭会期间设外交、军事、财政、法律四种委员会[43]，1925年段祺瑞政府推动起草的《中华民国宪法案》第三十七条规定众议院得设常任委员会[44]，等等。

三，批评代议制，倡导加强直接民主。民初中国试验了议会政党政治，然而议会与政党并未起到政治整合作用，民国两度遭遇君主复辟，1917年更出现法统分裂。而这导致代议制政治的声望不断走低。战后若干欧洲新宪法加强直接民主，引发了当时中国精英的关注。梁启超在《欧游心影录》中主张将全民公决制度引入中国。[45]他所拟的《湖南自治法大纲》规定了公民的直接提案权和复决权，其所附"理由"明确承认这一规定采自德国新宪法，认为"现在世界设制之倾向，皆趋于此点，我国所宜亟采

---

[41] 程学愉：《德意志之新宪法》，《东方杂志》1922年第19卷第22号。
[42] 夏新华等整理：《近代中国宪政历程：史料荟萃》，第660页。
[43] 夏新华等整理：《近代中国宪政历程：史料荟萃》，第753页。
[44] 夏新华等整理：《近代中国宪政历程：史料荟萃》，第539页。
[45] 梁启超：《欧游心影录》，第43—44页。

也"。[46] 张君劢《德国新共和宪法评》的第三部分介绍了魏玛民国加强直接民主的举措,其核心为国民公决制度。[47] 有更多论者跟进后续讨论。在1922年《东方杂志》的宪法专号中,王世杰进一步分析了《魏玛宪法》关于直接民主规定的两种特殊作用,一是可以解决行政、立法机关之间及上下两议院的冲突,二是使公民成为政府各机关的仲裁人。[48] 李三无列举了德国、奥地利、普鲁士、捷克斯洛伐克、爱沙尼亚等国所采用的国民投票制度,认为近世列国宪法"已有直接投票制度之趋势矣"。[49]

而在宪法起草委员会关于地方制度的讨论中,国民公决制度引起了比较多的讨论。刘恩格提出"省宪法通则",讨论了国民公决(referendum)制度"补救代议专制之弊"的功效。[50] 王泽敉批评起草委员会起草的"地方制度"号称参考德宪,却不学习德宪的国民公决制度。王泽敉主张省、县两级议员由民众直接选举产生,从而在地方层面实践直接民主。[51] 而从当时的"省宪"来看,在《魏玛宪法》规定的创制、复决两大权之外,湖南省宪草案规定了罢免权,浙江省宪草案规定了不信任议决权。李愚厂所编的《省宪辑览》

---

[46] 夏新华等整理:《近代中国宪政历程:史料荟萃》,第650页。
[47] 张君劢:《宪政之道》,第265—270页。
[48] 王世杰:《新近宪法的趋势——代议制之改造》,《东方杂志》1922年第19卷第22号。
[49] 李三无:《宪法上民主政治种类之选择》,《东方杂志》1922年第19卷第22号。
[50] 吴宗慈:《中华民国宪法史》,第707页。
[51] 吴宗慈:《中华民国宪法史》,第834—842页。

中的《湘浙省宪比较观》一文认为:"按创议、复决、罢免三大权,为近时谈民治主义者,极有力之主张,湘宪完全采用,浙宪则取其二而弃其一。惟世界各国虽最新产出之德国宪法,亦止有创议、复决两权,尚未明定撤回权。"[52] 由此可见湘浙两省地方精英试图一步到位、草拟最先进之宪法的自觉追求。

四,宪法的社会主义精神问题。张君劢《德国新共和宪法评》第四部分盛赞《魏玛宪法》体现社会主义精神,是全文影响最大的部分。他将社会主义界定为"尊社会之公益,而抑个人之私利""重社会之公道,限制个人之自由",认为"德宪法第五章之生计的生活,社会主义之精神所寄,而此次革命成败所由决也。考其各条之规定,无在非个人自由主义与社会主义之兼容并包"。[53] 他介绍了《魏玛宪法》关于私有财产权之限制、土地与工业国有、劳工保护、职业团体代表参与立法等规定。1922年,张君劢参照《魏玛宪法》,起草了《国是会议宪法草案》,其第十章"教育与生计"中以若干条款规定了劳动保护、劳工结社自由、私有财产限制、职业团体参与立法等内容。[54] 从后续的讨论来看,多数论者认为限制私有财产和资本、保护劳工、加强公民经济社会基本权利体现了战后宪法的新趋势。在《东方杂志》的宪法专号讨论中,李三无指出,欧战之前的宪法"无不仅认政治上个人之价值,而于社会生活及经济生活上个人

---

[52] 夏新华等整理:《近代中国宪政历程:史料荟萃》,第700页。
[53] 张君劢:《宪政之道》,第270页。
[54] 夏新华等整理:《近代中国宪政历程:史料荟萃》,第759页。

之价值,固未尝注意及之",欧战之后世界宪法"由政治的民主政治(political democracy)趋于社会的民主政治(social democracy)",德国与苏俄的新宪法均体现了这一趋势,但德国宪法是改良式的,而苏俄"纯然采取社会主义,而为极端社会的民主政治之国家"。[55]程学愉指出,德国新宪法具有"国家社会主义"的色彩,注重政治外的经济与社会生活,有许多规定"都是旧宪法所不曾有的"。[56]

如前所述,1923年4月17日,宪法起草委员会正式决定在宪法草案中增加"生计"一章,并由林长民起草立法理由。宪法起草委员会的讨论中出现了不同的声音。邱珍认为:"现今中华民国既无大地主压制劳农,亦无大资本家压制劳工,且社会生活艰难之原因亦不尽由于大地主及大资本家压制之影响,实系由于政治上发生之影响。我宪法中如规定国民生计问题,大类无病而呻,似乎可以不必。"[57]但从讨论记录来看,大部分委员赞同在宪法中规定国民生计,只是在立法技术上对是否设立专章、如何设立专章有不同的意见。骆继汉参照《魏玛宪法》,提出设立"经济制度"专章,共十条,其第七条明确规定国内劳动立法应尊重各国正式国际劳动会议议决之原则,骆继汉认为此条"一以世界主义促进国际之劳动立法,一以民主主义创造国内之劳动行政"。[58]汪

---

[55] 李三无:《宪法问题与中国》,《东方杂志》1922年第19卷第21号。另参见何勤华、李秀清主编:《民国法学论文精粹(宪政法律编)》,第70—71、72—73页。
[56] 程学愉:《德意志之新宪法》,《东方杂志》1922年第19卷第22号。
[57] 吴宗慈:《中华民国宪法史》,第1096页。
[58] 吴宗慈:《中华民国宪法史》,第1084页。

彭年主张起草"民生"专章,其具体内容参照德国《魏玛宪法》制定,并特意采纳了骆继汉关于国内劳动立法应尊重各国正式国际劳动会议精神的主张。[59]

向乃祺提出在宪法草案中加入"财计制度"一章:"自机器发明,工场业与资本集中,大肆兼并,劳工雇主显分阶级,而生计革命之说甚嚣尘上。若在我国,资金枯竭,产业衰蜕,无业游民充塞都邑,资本主义方在萌芽,于此而谋建设,宜于预防垄断之中仍寓保护奖励之意。"[60]当时已是北京共产主义小组成员的江浩主张补充"劳工"一章。其基本判断是"中国大乱,现在尚系军阀官僚,今后已人工资争斗,问题极大,幸勿忽视"。[61]沙彦楷主张在宪法中加入"共同生计"之规定;张嘉谋主张财产应定相当之限制,理由为"中国旧禁兼并,环瀛亦渐感大托辣斯之苦痛,此时预为限制,使贫富相维,可免将来社会之革命"。[62]

黄攻素等委员则提出了内容最为激进的"资产制度"专章,其中有禁止利息、私有企业雇工不得超过二十五人、劳动报酬不得低于普通生活费亦不得超过普通生活费十倍、政府按90%税率征收遗产税、政府有义务为无产贫民提供最低限度的生活标准等极其具体的规定。在其理由书中,黄攻素等认为"国内频年纷扰,残杀不已,皆由资产制度之不良、武人名流交相肆虐",但"所幸我国乏深根蒂固大资

---

[59] 吴宗慈:《中华民国宪法史》,第1080页。
[60] 吴宗慈:《中华民国宪法史》,第1086页。
[61] 吴宗慈:《中华民国宪法史》,第1087页。
[62] 吴宗慈:《中华民国宪法史》,第1088页。

本之工商业……资本家之真势力尚未造成，破除尚易"，其宪法草案旨在以和平手段消除资本势力，"一可减少现在制造资本家之流血，二可免去将来破坏资本家势力之流血"。[63]

张君劢《德国新共和宪法评》介绍了劳资双方的协调机制以及职业团体代表参与立法的机制，引发了许多关注。在1922年《东方杂志》的宪法专号中，张慰慈介绍《魏玛宪法》设立由劳资双方代表共同参与的全国经济会议，拥有经济性质议案的提案权，政府也会在该会议提出经济性质的议案，波兰与南斯拉夫宪法也做了类似的规定[64]；当时已经在积极宣传马克思主义的林可彝主张议会之外的各职业团体应该获得向议会提案的权利，"像德国新宪法的规定，极为必要"。[65]张君劢将其德宪相关规定的精神概括为"使生计的自治组织日趋于完全，与政治的自治组织相辅以行"[66]，宪法起草委员会中的汪彭年直接搬用这个说法，说明其起草的专章的精神[67]，并认为"各国所立代议机关，实多结晶于有产阶级之上也"，由此引起俄国革命，而德宪设立生计代议机关，更为可取。[68]除汪彭年外，骆继汉也提出了模仿《魏玛宪法》，规定在议会两院之外由全国职业团体代表组成代表会议，就重大社会经济政策提出意见和法案。[69]

---

[63] 吴宗慈：《中华民国宪法史》，第1092页。
[64] 张慰慈：《欧洲的新宪法》，《东方杂志》1922年第19卷第22号。
[65] 林可彝：《天坛宪法应该怎么样改正》，《东方杂志》1922年第19卷第21号。
[66] 张君劢：《宪政之道》，第272页。
[67] 吴宗慈：《中华民国宪法史》，第1076页。
[68] 吴宗慈：《中华民国宪法史》，第1079页。
[69] 吴宗慈：《中华民国宪法史》，第1084页。

这一思路还影响了同时期"省宪"的制定。梁启超将其在《欧游心影录》中提出的职业团体代表制思路付诸实施,在其所拟的《湖南自治法大纲》第十二条规定,省教育会、农工商会可向省议会提出关于教育、生计的法律案,省议会必须以之付议员。梁指出此项规定采自德国宪法第一百五十六条,"其用意以调剂代议制度,实最中庸的民治主义所表现也"。[70] 1922年1月1日正式颁布的《湖南省宪法》第六十五条规定,省教育会、农会、工会、商会、律师工会及其他合法职业团体,都可提出该团体范围内之法律案。[71] 1921年9月9日颁布的《浙江省宪法》第九十八条[72]以及《广东省宪法草案》第七十条[73]、《河南省宪法草案》第一百零八条[74]、《江苏省制草案》第四十五条[75]均做了类似规定。

五,关于宗教与教育之规定,论者大多赞同加强政府在教育与文化方面的责任。张君劢《德国新共和宪法评》第五部分讨论"宗教及教育制度之大原则",尤其赞扬德宪关于教育制度的规定"足以副思想界革命之名,而奠人类平等之基础"。[76] 程学愉也对此做了简要的介绍。[77] 宪法起

---

[70] 夏新华等整理:《近代中国宪政历程:史料荟萃》,第650页。
[71] 夏新华等整理:《近代中国宪政历程:史料荟萃》,第663—664页。
[72] 夏新华等整理:《近代中国宪政历程:史料荟萃》,第693页。
[73] 夏新华等整理:《近代中国宪政历程:史料荟萃》,第716页。
[74] 夏新华等整理:《近代中国宪政历程:史料荟萃》,第730页。
[75] 夏新华等整理:《近代中国宪政历程:史料荟萃》,第745页。
[76] 张君劢:《宪政之道》,第276—279页。
[77] 程学愉:《德意志之新宪法》,《东方杂志》1922年第19卷第22号。

草委员会委员王用宾赞扬德宪之规定张扬"人类平等"之精神,主张中国宪法应设立教育专章。[78]另有多名议员主张在宪法草案中设立教育专章,或加强对于教育、考试之规定。[79]而各省"省宪"也多有参考欧洲最近宪法对教育进行规定者,如1921年9月9日颁布的《浙江省宪法》设第十一章"教育",共九条。[80] 1921年12月19日通过的《广东省宪法草案》设第十章"教育",共四条。[81] 1922年公布的《湖南省宪法》在第七章"行政"中有七条关于教育的规定[82],罗敦伟以《魏玛宪法》为参照,批评《湖南省宪法》关于教育和文化生活的规定过于简单。[83] 1922年张君劢起草的《国是会议宪法草案》设第十章"国民之教育与生计",关于教育之规定共七条。[84] 1925年段祺瑞政府推动的《中华民国宪法草案》设立"教育"专章,覆盖第一百五十条至第一百五十五条。[85] 1925年《中华民国联省宪法草案》设第九章"教育",共四条。这些宪法草案基本上均规定了义务教育制度,并规定政府的教育保障责任。我们可以看到的是,经过袁世凯"洪宪帝制"的失败和新文化运动,立孔教为国教的提议在宪法争论中已经很大程度上被边缘化,政

---

[78] 夏新华等整理:《近代中国宪政历程:史料荟萃》,第1035页。
[79] 夏新华等整理:《近代中国宪政历程:史料荟萃》,第1098—1111页。
[80] 夏新华等整理:《近代中国宪政历程:史料荟萃》,第693—694页。
[81] 夏新华等整理:《近代中国宪政历程:史料荟萃》,第719页。
[82] 夏新华等整理:《近代中国宪政历程:史料荟萃》,第665页。
[83] 夏新华等整理:《近代中国宪政历程:史料荟萃》,第681页。
[84] 夏新华等整理:《近代中国宪政历程:史料荟萃》,第758—759页。
[85] 夏新华等整理:《近代中国宪政历程:史料荟萃》,第547页。

教关系已经不再是争论的焦点。

民国国会从1913年第一次召开,经过数次解散和重新召集,断断续续进行制宪工作。"20世纪之宪法"观念的产生,也深刻影响到了舆论界对国会之前制宪工作的评价。林可彝批评《天坛宪法草案》所规定的基本权利主要是政治基本权利,缺乏经济基本权利之规定。他指出"现在欧洲下级民族,均有或程度以上的觉悟,其要求经济的基本权,好像旭日方升",而"我国政治状态,亦站在世界政治法则底下而变动,则若拘泥我们特有国情,恐不久就弄到一团糟",宪法作为政治的根本,当然"不能不注意时代趋势"。林可彝认为《天坛宪法草案》着重规定的政治基本权利"虽也是发展个人能力必要的工具,实只有中流社会的人才享受得到,大多数下层民族,实沾不到一点儿恩典"。他举例称,言论自由与出版自由其实只有受过一定程度教育的人才能够行使,职业自由只有具有一定技术训练的人才能够行使,居住迁徙自由也与个人的财产状况密切相关。[86]因此,如果没有经济层面的保障,下层阶级的政治权利也不可能得到真正的行使。

高一涵将中国"怀胎十年"的宪法草案内容与苏俄、德国、捷克斯洛伐克、波兰与南斯拉夫五国新宪法之内容做比较,批评"恐怕断没有人能够猜想到他们是同一个时代的产儿"。高一涵认为中国宪法"不啻是这一百四五十年个人主义的宪法的汇纂",十年之前世界上还没有代表最新思潮的

---

[86] 林可彝:《天坛宪法应该怎么样改正》,《东方杂志》1922年第19卷第21号。

新宪法，中国宪法的缺陷还可以掩盖，但随着战后一系列新宪法的出现，中国宪法的缺陷便凸显了出来。从古希腊到19世纪，政治的参与者基本上是有产阶级，所以重视政治的自由，忽略经济的自由，而"我国的宪法仍然死抱着个人主义的旧说，所以对于社会中的经济生活，一个字也不提"。[87] 李三无指出，《天坛宪法草案》"其所取之原则与精神，多偏颇陈腐，仍一有产阶级之权利书，与吾民今日所要求者相反，决无赓续采用之价值，实宜根本推翻，重新起草"。李认为"旧式宪法，本为保护有产阶级之权利而设，以致酿成今日偏颇的现象；使资本主义，大肆其威，社会基础，时见摇动，冲突矛盾，日有所闻；此制定宪法之时所不可不加以深切之注意者也"，中国制定新宪法，尤须注重"有产阶级与无产阶级之调和"。[88]

舆论界的这些声音影响到国会宪法起草委员会内部的讨论。汪彭年批评经过二读会后的《天坛宪法草案》："除规定国体与主权及政权之分配外，人民直接获福利者仅属国民一章。而按诸实际，仍不过一种装饰品，因自由权之取得与否，仍须依诸法律也。至关于人民之生计生活则绝未提及，盖当时起草者目光全注重于政治，未尝计及国民生计，此非起草者之疏忽，因彼时环境之现状，尚不能与起草者以警觉也……盖人最切要之问题，厥为生计，此问题不有相当之解

---

[87] 高一涵：《我国宪法与欧洲新宪法之比较》，《东方杂志》1922年第19卷第22号。
[88] 李三无：《宪法问题与中国》，《东方杂志》1922年第19卷第21号。

决,仅恃此迷于一向之宪法,求得中华民国之长治久安,恐属幻想矣。"[89] 蒋义明亦批评《天坛宪法草案》有两个根本的缺陷,一是忽略以财计为立法中心,二是人民缺乏直接参与的机会。[90]

经过战后欧洲与中国的制宪热潮,不仅宪法讨论的议程发生了改变,宪法讨论的语言也经历了范式性的转变。新的宪法学术语言突破了形式平等的权利话语,追问权利能从结果上得以落实的经济与社会条件,并期待国家承担起保障公平的经济社会秩序的责任。正是在这一视野中,用普遍与抽象话语书写的"19世纪之宪法",被视为有产阶级的宪法,其道义正当性大大褪色,其对于政治权利的关注,被认为需要在更为坚实的经济社会平等的基础之上,才能够得以证成。尽管讨论者中有邱珍这样认为中国面临的主要问题与欧美截然不同,因而不必参照欧美最新潮流的人士[91],但大多数讨论者认为中国并不处于与欧美截然不同的时空之中,因而也不能自外于20世纪的时代精神,即便欧美工业化社会的一些弊病在中国尚未完全呈现,中国亦需未雨绸缪,为应对这些问题留出法律上的空间。

## 三 新宪法与新文明

在梳理"一战"之后的新的制宪热潮与宪法讨论之后,

---

[89] 吴宗慈:《中华民国宪法史》,第1076页。
[90] 吴宗慈:《中华民国宪法史》,第1085页。
[91] 吴宗慈:《中华民国宪法史》,第1096页。

我们接下来可以进一步追问，它们究竟在多大程度上体现了一种新的"文明"观念。我们大致可以说，"一战"之前的主流"文明"话语，体现了一种纵向的等级观念，不仅西方列强将中国置于"半文明"乃至"野蛮"的位置上，甚至中国自己的知识精英往往也默认中国处于较低的位置，所以要通过自我改造，提升自身在文明等级中的地位。而"一战"之中逐渐兴起的一种多元文明观念，将"东方文明"与"西方文明"相并列，二者有各自的特点，都需要实现自身的内部革新。这一从"纵向"到"横向"的转变，体现了深刻的认识范式转换。

战前中国舆论界在纵向的文明等级观念之下对于德意志第二帝国宪法与国家思想的推崇，呈现出两个方面的特色：一是强调中国处于激烈的"万国竞争"之中，甚至很快要迎来一个西方列强相互兼并的时代，因此中国的宪制万万不可散漫，具体到制度上，无法期待尚不成熟的议会与政党挑起政治整合的大梁；二是主张只有经过恰当训练、具有政治能力的社会力量才能够在政治上发挥积极作用，梁启超的"中等社会"之说，一方面是排除守旧的"强有力之当道"，另一方面也是主张，中国民众中的绝大多数，在没有达到合格的政治能力之前，并没有积极参与政治之必要。这两点，与19世纪西方的"文明等级论"在精神上是高度契合的。

然而，在"一战"之中，强调"竞争"的西方文明，最后走向了内部的相互厮杀，上千万条生命灰飞烟灭，这就从根本上对强调组织化竞争的19世纪文明观，产生了极大的冲击。许多反思指出，导致这种悲剧性冲突的力量，恰恰是掌握资本、政权与军队的精英，而非在原有的"文明等级论"之下处于"野蛮"地位的工人与农民。而在中国国内，精英主义的法统政治也在"一战"期间走到军阀混战、法统分裂的地步。内部撕裂的"中等社会"，是否能够承担起引领中国的使命呢？局势的突变带来的震撼，同时也使得西方社会的自我反思在中国赢得了巨大的影响力。正是在这一背景之下，战后宪法讨论的语言，发生了根本性的范式转换。国家之间的猛兽性竞争不再是"文明"的象征，寻求国际永久和平成为欧美国家的主流政治议题；对帝国主义战争之社会根源的探寻，使得各种类型的社会主义话语从战前的被压抑状态走向主流舆论场；布尔什维克的革命和社会民主党在若干欧洲国家的执政地位，更是使得社会经济议题迅速进入战后新宪法之中。

对于许多具有"中等社会"自觉的精英们来说，要避免下层阶级的革命洪流，只有首先重视社会革命的可能性，进而做出必要的社会改良。19世纪的"文明等级论"衰落，使得一种新的"普遍历史"话语取得了主导地位，这种话语将19世纪的自由资本主义视为战争与社会分裂的根源，认为20世纪的世界有必要探索新的经济和社会组织方式，克服战争与社会分裂。即便对欧美来说，这样的探索也是新的，而这在时人看来，恰恰给中国带来了一个新的机会——如果在19世纪的"文明等级论"下，她只能做一个气喘吁吁的追随者的话，在新的"普遍历史"话语中，中国完全可以和欧美国家同时就社会如何重新组织的前沿课题做出探索。从梁启超、张君劢、林长民等人的论述来看，他们认为中国古代传统中所包含着的一些原则、精神和制度实践，如"大一统"的实践以及儒家对民生的强调，恰恰可以在这一探索中发挥支持作用，"东方文明"并不必然居于比"西方文明"更低的等级，而是各有自身的特色。这种"共时性"论述，带来的是一种战前中国不具备的政治与文化自信。

梁启超、张君劢、林长民的"调和论"在战后国内舆论界仍不过是"一家之言"。经历过民初两次君主复辟，《新青年》所凝聚的作者群体大多相信中国的古代传统对于君主复辟起到了支撑作用，因而对重新肯定古代传统存有种种疑虑。"西方"与"东方"的关系，在他们看来仍然是"新"与"旧"的关系。然而经历过"一战"，当下的"西方"已经不再是评价中国的现成尺度。马克思主义的传入，为这种基本判断提供了一个宏大而丰富的理论框架，在这个框架里，西方已经发展到了资本主义乃至帝国主义，而东方依然徘徊在封建主义之中；西方殖民主义依靠东方的封建力量来进行间接统治，使得东方社会摆脱封建主义的难度进一步增加。[92] 这个分析框架所导出的结论并不是福泽谕吉式的通过自身的努力，寻求列强的承认，而是进行"反帝反封建"的革命。

在新的文明观与历史观之下，"法统"的重要性下降了。从晚清立宪运动到20世纪20年代初，宪法和"法统"始终在政治之中占据着重要地位，政治行动者要么是试图创立新的法统，要么是在既有的宪法框架之内争夺解释权。孙中山虽然较早提出"军政–训政–宪政"的三阶段论，但其

---

[92] 屈维他（瞿秋白）:《东方文化与世界革命》,《新青年》1923年第1期。

中前两个阶段并不以制定正式的宪法为自己的中心任务，孙中山对于1912年的《临时约法》也有很多不满之处，在1913—1916年曾打出"二次革命"与"三次革命"的旗号，其主旨不在捍卫《临时约法》。但是现实政治的需要，也使得他在1917年打出"护法"的大旗。而在1925年段祺瑞下取消法统令之前，北洋集团的政治一直与对"法统"的争夺关联在一起，甚至段祺瑞在取消法统之后，也计划制定新的宪法。"法统"的中心地位，跟民国初年不存在完全压倒其他政治力量的政治派系有关——各派别纷纷诉诸"法统"，来为自己的派系获得额外的政治红利；但从更大的历史情境来看，"法统"的地位也跟当时国际体系中流行的"文明"观相关：从晚清的立宪运动以来，中国舆论界主流的观点一直是，"立宪"应当被视为在国际体系中获得进一步承认、提升中国所属的"文明等级"的必由之路。由此来看，"一战"打破了列强之间的"大国协调"，战后又未能建立新的、稳定的"大国协调"，这就使得"承认"的压力大大降低。立宪变得没有那么急迫，但是宪法本身的内容，却变得更重要了。在"一战"之后，再模仿19世纪列强的宪法，就被视为落后于新的时代。20世纪20年代兴起的国民革命，其核心关注点并不在如何制定具体的宪法条文，而是通过社会革命，为新的秩序奠定新的社会阶级基础。这在第一次世界大战之前，是难以想象的。

在文明观与历史观发生突变之后，20世纪20年代中国的一些论者还从民国自身所面临的政治冲突经验出发，重新理解德国宪制的巨大变革。省宪的鼓吹者李愚厂将德意志第二帝国的政治称为"军阀政治",但即便在那个时代,德国也有比中国更强的政团、工团力量。首先,德国革命之后,社会民主党人中激进与温和的两派达成妥协,最后才有《魏玛宪法》的诞生,而中国自从民初以来,各种政治派别之间很难达成妥协,共和法统几度中断。其次,李愚厂痛感中国军人干政之甚,而德国革命虽由军人首倡,但军人很快服从共和政府,"今日德国政权全在社会党,一扫军阀政治之腥毒"。[93] 李愚厂对德国政治中的这种妥协精神表示了敬慕。而更早时候,梁启超也在《欧游心影录》中批判第二帝国的"军国主义",将其掌权者称为"军阀"。[94] 他们对第二帝国政治的这种追溯性命名,自然受到其对民国政治困境的思考的影响。与英美等宪法秩序较为稳定的国家相比,刚刚发生共和革命并迅速建立起相对稳定的宪法秩序的德国,在历史处境上与民国有更多相近之处,因而更容易引起他们借鉴的兴趣。

而论者提出的另外一个借鉴新宪的理由是,学习欧洲东部若干晚近制宪的国家,比学习更早制宪的国家更为容易和稳妥。如张慰慈指出,"欧美各先进的民治国",其宪法有自身独特的历史背景,其人民也有较为丰富的政治经验,往往是在无意之中,不知不觉地将宪法变成现在的样子,其宪法中有大量基于历史与风俗习惯的内容,是否适用于别处,经常难以确定。相比之下,欧洲新国家的制宪者试

---

[93] 夏新华等编:《近代中国宪政历程:史料荟萃》,第645—646页。
[94] 梁启超:《欧游心影录》,第157—158页。

图"利用各先进国的经验,去选择那种已经发生良好结果的制度,采入他们的新宪法之中",因此"从我国的制宪问题着想,我觉得那几个较小的较不发达的新国家的宪法,比之那较大的较发达的先进国的宪法更加重要"。[95]张慰慈相信,对新宪的学习,内在地包含了对那些更为古老的宪法的借鉴和反思。当然,所有这些更细致的理由,都在"普遍历史"的观念之下发挥作用。"20世纪"这一时代设定里包含了对"共时性"的认定,而如何处理横向比较产生的"非均衡性",成为历史行动者们进一步讨论的内容。

在此还需要补充探讨若干问题:第一个问题是,为什么20世纪20年代初中国的精英人士没有将1918年7月10日通过的《俄罗斯苏维埃联邦社会主义共和国宪法》作为"20世纪之宪法"的首要典范?从现实历史进程来看,如果没有十月革命的推动,德国社会民主党人不可能将诸多具有一定社会主义色彩的条款写入《魏玛宪法》。不过,本章涉及的"20世纪之宪法"观念讨论的参与者,除了江浩、林可彝等在当时已转向马克思主义的人士,大多数人仍然将苏俄道路视为对社会不平等较为极端的回应,并强调如何通过某种社会改良来避免发生社会全局性革命,大多数人所理解的社会主义,与张君劢所说的"尊社会之公益,而抑个人之私利""重社会之公道,限制个人之自由"相距不远。[96]最有

---

[95] 张慰慈:《欧洲的新宪法》,《东方杂志》1922年第19卷第22号。
[96] 在此交代一下若干人物的去向也许是必要的:国会议员江浩1920年即成为北京共产主义小组成员,曾任两湖特委书记,1931年在符拉迪沃斯托克去世;林可彝1920年留日回国后即积极宣传马克思主义,(转下页)

可能重视苏俄宪法的政治力量,是当时与苏俄关系更为密切的国共两党。然而基于"军政-训政-宪政"三阶段论,孙中山当时的关注重点在于如何改组国民党、推翻北洋政府,建立"军政",其领导的广州国民政府并没有设定近期立宪的议程;中共的核心关注点在于如何与国民党合作开展国民革命,其对苏俄经验的关注重点也在于"革命"而非"立宪"。在20世纪20年代初,青年毛泽东曾深度参与了关于湖南省宪法的讨论。但在短暂的"湖南门罗主义"时刻[97]之后,毛泽东很快淡出湖南省宪运动,于1921年7月登上了嘉兴南湖的红船。而中国共产党在创党之初,关注的当然是"革命"而非成文宪法的制定。因此,国共两党的政治主力,在当时基本没有直接参与关于"20世纪之宪法"的讨论。然而,有句古话叫作"水涨船高",研究"20世纪之宪法"的观念,就如同研究那不断上涨的"水位",最终有助于我们理解"船"为何会在那样一个高位运行。[98]

第二个问题是,20世纪20年代前期中国关于"20世纪之宪法"的讨论,也许会招致这样一种质疑:梁启超等论者是否过于求新、求变,缺乏主见,以至于被一个外在于自

---

(接上页)1923年加入共青团,后加入中国共产党,1928年牺牲于武昌;高一涵在新文化运动中发挥了重要作用,1926年加入中国共产党,"四·一二"后脱党,1949年后曾担任全国政协委员。国会议员沙彦楷、向乃祺后来是国共两党之间的民主人士。

[97] 详见章永乐:《此疆尔界:"门罗主义"与近代空间政治》,生活·读书·新知三联书店2021年版,第235—239页。

[98] 值得补充说明的是,鉴于张君劢等人在国民政府后续制宪中发挥的重要作用,理解他们所持的"20世纪宪法"之观念,对理解民国后续制宪无疑具有重要意义。

身的潮流裹挟?这一质疑从根本上是将欧洲作为"20世纪之宪法"观念的策源地,将中国视为外在于这一观念的存在。然而对历史的深入考察,可以让我们看到,中国并非外在于"20世纪之宪法"的涨潮过程。1904年,日俄战争在中国东北爆发,日本的胜利引发了1905年俄国革命,进而有1905—1911年的波斯革命与1908年的土耳其革命,中国的革命者进而在这些革命的激励之下发动辛亥革命。而中国革命派的社会革命思想,又引发了列宁的密切关注,他撰写了《中国的民主主义与民粹主义》(1912)、《亚洲的觉醒》(1913)和《落后的欧洲与先进的亚洲》等文章介绍亚洲的革命,将欧洲革命与亚洲革命关联起来。因而,从时势与思想的发展来看,十月革命是一个在亚洲系列革命影响之下发生的事件。[99]这场革命使得"一战"提早终结,并推动了欧洲的社会革命浪潮,进而引发通过重新制宪推动社会改良的实践。梁启超、张君劢、林长民等"20世纪之宪法"观念的推动者自身并没有充分意识到这样一种跨国的联系,但将近一个世纪之后的我们却可以凭借"后见之明",揭示出这样一种联系,进而可以尝试以此为基础,思考近代中国国家建设与宪法演变历史经验中所蕴含的普遍性。

## 四 余论

在近代中国的历史语境中,"20世纪之宪法"并非"19世纪之宪法"概念出现之后的自然延续。在"一战"之

---

[99] 汪晖:《世纪的诞生》,第363—421页。

前，尽管中国舆论界已经有大量对"20世纪"及其时代精神的讨论，但"20世纪"与"宪法"尚未组合到一起，成为宪法讨论中的关键词。"一战"爆发带来国际体系的剧变，若干古老的王朝国家解体，一系列新的国家诞生，十年之内诞生了数十部新的宪法。不仅如此，宪法讨论的议程也发生了根本性的重组，公民的经济社会权利、劳工与弱势群体的保护、私有财产权的限制、直接民主形式的探索等议题，都出现在宪法讨论议程之中。"20世纪之宪法"的自觉，由此发生，论者进而向前追溯，为"20世纪之宪法"建构起"19世纪之宪法""18世纪之宪法"的前史。而1919年新生的德国《魏玛宪法》，成为当时部分精英人士眼中"20世纪之宪法"最重要的典范。

本章的探讨表明，在汉语语境中推广"世纪"与"20世纪"概念的先锋人物梁启超及其领导的"研究系"，在"20世纪之宪法"观念兴起的过程之中同样扮演了关键角色。梁启超在1919年欧游过程中的许多思考与判断，对其"研究系"同人的思考起到了重要推进作用。与梁启超同游欧洲的张君劢留德继续学习，于1920年撰文介绍德国革命与《魏玛宪法》。而同属"研究系"的林长民作为宪法起草委员会委员，将"20世纪之宪法"的观念引入宪法起草委员会的讨论中。不过，若非当时有南北对峙下中央层面继续制宪、一系列省份制定"省宪"的历史背景，"20世纪之宪法"的讨论也不会在舆论界引起如此之大的反响。1922年《东方杂志》推出两期宪法研究专号，探讨世界制宪的新趋势。宪法起草委员会中的许多讨论，与张君劢的评论以及《东方杂志》的讨论之间，存在着非常强的呼应关系。如果说战前的德国宪法因为德国国力的迅速上升而引发中国精英的学习热情，战后的《魏玛宪法》则再次触动中国精英的心弦，被视为"20世纪之宪法"的典范之作。中国精英担心中国在"普遍历史"的进程中"落后"的心态并没有根本变化，但"普遍历史"的衡量尺度，已经发生了根本性的变化——在战前深刻影响中国立宪讨论的19世纪"文明等级论"，已经被视为导致世界大战与社会内部分裂的病因之一；而在新的"普遍历史"话语之下，中国有机会超越"追随者"的角色，与世界各国共同探索新的社会组织方式，而中国的历史传统恰恰可以在这一探索过程中提供一些积极资源。

从历史演变过程来看，"20世纪之宪法"的话语如同"渡河之舟"，在"一战"后的"觉醒年代"发挥了阶段性的作用，通过批判"19世纪之宪法"，在宪法领域树立了"社会主义"的正当性。一旦"社会主义"的正当性得以树立，"何种社会主义"的争论，也就凸显出来了。"研究系"的"社会主义"论述，很快受到中国早期马克思主义者的批评，在舆论界丧失了制高点。[100]二者的差别在于，"研究系"主张的"社会主义"与唯物史观和阶级斗争理论并无关系，是一种在私有制基础上加以改良的社会经济制度。1946年8月13日，张君劢起草的《中国民主社会党中央组织委员会宣言》对该党追求的"社会主义"做了这样的界定："一曰大

---

[100] 田子渝等：《马克思主义在中国初期传播史1918—1922》，学习出版社2012年版，第204—222页。

工业国有；二曰国有事业须为社会服务，其为国有事业之负责者，不许其在工商界金融界肆其操纵之伎俩；三曰将所得盈余谋国民福利之增进；四曰劳资冲突必须解除。"[101]在1946年的制宪中，张君劢同样参考《魏玛宪法》中的社会经济制度，试图将其"社会主义"主张写入《中华民国宪法》。

在"研究系"拒斥的马克思主义的解释框架中，"社会主义"是唯物史观视野下的一个社会阶段。一旦确定从封建社会到资本主义社会再到社会主义社会的不同阶段的划分，"世纪"之划分就显得过于形式主义，从而被扬弃。在新的解释框架中，中国被界定为"半封建半殖民地社会"。早期中国共产党人一开始关注的核心是"革命"而非"立宪"，但也坚持"两条腿走路"，借助直系势力推进立宪的时机，宣传自己的主张。在1922年中共二大之后，邓中夏主持的中国劳动组合书记部拟定了《劳动法案大纲》十九条和劳动立法四项原则，并向直系主导的国会提出请愿，希望国会在制宪和立法中加以采纳。[102]1922年9月3日，中国劳动组合书记部在北京大学第三院开会招待三十多名国会议员，就劳动立法进行了交流，铁路工人代表对国会议员李庆芳提出的《保护劳工法案》进行了批评，并促使李庆芳的代表龚震承认李之前的提案为仓促之作。[103]中国劳动组合书

---

[101] 方庆秋主编：《中国民主社会党》，档案出版社1988年版，第228页。
[102] 《中国劳动组合书记部总部邓中夏、毛泽东、王尽美等的请愿书》，常连霆主编：《山东党的革命历史文献选编（1920—1949）》（第1卷），山东人民出版社2015年版，第30—34页。
[103] 刘功成：《中国工运历史人物传略：邓中夏》，中国工人出版社2012年版，第67—68页。

记部的立法请愿，当然未被直系主导的国会所采纳，但通过这一契机，系统的劳动立法纲领被提出了，从而也传播了中国共产党人的主张。

当邓中夏领导中国劳动组合书记部在北方推动劳工运动之时，李大钊与孙中山在上海会面，推进两党合作，改组国民党。不久，以国共合作为基础的国民革命启动。通过革命重塑政治秩序的社会基础，成为两党的首要关注点，而"立宪"不再是优先议题。至1927年国共合作破裂，在第二次国内革命战争中，革命力量如何生存壮大，更是当时最为紧迫的问题。20世纪30年代，中央苏区制定了《中华苏维埃共和国宪法大纲》，但制宪的实践未能催生系统的本土宪法理论。延安时期是马克思主义中国化的关键时期，毛泽东于1940年发表《新民主主义论》，区分"资产阶级专政的共和国"和"无产阶级专政的共和国"，并提出"几个革命阶级联合专政的共和国"[104]；后两种共和国的宪法都可以说是体现了"20世纪之精神"的宪法，但"20世纪之宪法"的具体名称，如同"渡河之舟"，已经隐退。

回顾近代历史，如果没有第一次世界大战带来的深刻冲击，中国或许要在通过自我改造寻求列强承认的道路上徘徊更久。无论"变法"还是"立宪"，都是这种自我改造的一部分，而日本通过自我改革被接纳为列强之一，增加了这一努力方向的可信度。第一次世界大战打破了列强之间的"大国协调"，1917年俄国爆发了布尔什维克革命，进而推动

---

[104] 毛泽东：《新民主主义论》，《毛泽东选集》（第二卷），第675页。

了德国内部1918年"十一月革命"的爆发,社会主义运动在世界政治舞台上迎来了一个"高光时刻"。于是,通过自我改造寻求列强承认的道路不再具有现实性,因为旧列强不仅分裂了,而且它们原本自诩为"文明"的对内对外统治方式,现在也被视为具有深刻的"正当性赤字"。在这一语境之下,宪法的内容体现何种时代精神,宪法究竟应当由何种制宪权主体所制定,成为更为重要的议题。恪守"19世纪之宪法"被认为是守旧落后,而通过社会革命为未来的新宪法奠定更为坚实的社会基础,成为20世纪中国的新方向。

但与此同时,中国绝非国际体系突变的纯粹旁观者与承受者。1904年在中国土地上展开的日俄战争在俄国内部引发了复杂的连锁反应,俄国在1905年的战败引发了国内革命,进而影响到波斯、土耳其与中国的革命;而中国革命者提出的革命方案,以及1911年爆发的辛亥革命,更是给列宁带来了很大的启发。因而"一战"期间国际体系的突变,具有一些重要的"中国元素",尽管它们发挥的作用看起来像是一种"意外后果"。但毫无疑问的是,"一战"之后,在意识形态层面,无论是居于社会中下层的工人农民,还是国际体系中的殖民地、半殖民地民族,都改变了在19世纪"文明等级论"中的"野蛮人"或"半野蛮人"地位,不再被视为被动的"文明输灌"的客体,而是能够组织起来获得自我解放的主体。而这正是"中国式现代化"与当代中国宪法的历史基础所在。

在当代"百年未有之大变局"之下,回望这一来路,有助于我们认识当代中国与"一战"之后的20世纪历史之间的连续性。"一战"之后的中国远离了"铸典宣化"的行为模式,不再是以类似"应试"的心态寻求列强的承认,而是以"出题人"的姿态,从根本上冲击列强所设定的规则。尽管我们在后续的历史中还能看到一些体现"铸典宣化"心态的时刻,但从根本上,中国在20世纪的历史进程所获得的鲜明特征,已经使其日益难于被老牌发达国家的俱乐部所接纳。告别"铸典宣化"心态,走独立自主、"自成体系"的道路,这已经是"中国式现代化"的基本方向。然而对这一事实究竟是漠然视之、加以批判,还是赋予其光荣,不同的选择,必然会产生不同的理论类型和风格。本书的选择是明确的,那就是:自成体系,自建光荣,以主体性的姿态,坦然面对未来的暴风骤雨。[105]

---

[105] 刘海波:《自成体系、自建光荣的自觉自信》,《国企》2012年第12期。

# 后　记

　　《铸典宣化："文明等级论"之下的"旧邦新造"》是我的第五本独著专著，它聚焦的核心问题是"内外关系"。在后冷战时期，"内外关系"问题一度居于边缘地位。毕竟，如果将"融入"单极霸权主导下的全球化进程看作不可抗拒的潮流，将"中美国"（Chimerica）视作值得追求的前景，国内秩序的构造，也不可能不顺应这一大势，那么"内外关系"的处理，只要"顺势而为"即可。但在"百年未有之大变局"之下，单极霸权秩序逐渐松动，国际体系多极化趋势日益显现，"内外关系"问题在中国思想界重新恢复了其活跃度。

　　此时此刻，恰如彼时彼刻。

　　在第一次世界大战之前，东西方列强自居"文明国"，在行动上经常协调一致，共同压抑着殖民地、半殖民地社会，不仅在军事上压制、经济上剥削，而且还指后者为"半文明""野蛮"，在精神上进行支配。在这一体系下，很难看到接受列强治道、寻求列强承认之外的可能性。在"一战"之前的中国思想界、舆论界，以列强的"文明"观念，批评中国秦汉以来的传统压抑竞争、阻碍进步，导致中国在"优胜劣败"的竞争中处于弱势，可谓蔚然成风。而变法、立宪乃至革命,往往被理解为改变中国在国际体系中的"半文明国家"地位,跻身于列强行列的进阶之梯。明治日本通过自我改造而被列强承认为"文明国家"的经历,成为许多中国精英参照的对象。

然而,"一战"打破了列强之间的协调关系,全球殖民秩序出现显著的"薄弱环节",在中国舆论界,"文明"的观念也发生了急剧的转变,战前流行的一元的、等级性的、强调竞争的"文明"观念,被越来越多的人视为第一次世界大战的思想根源。越来越多的论者讨论"东方文明"与"西方文明"的关系,这种并列本身就表明了战前一元的、等级性的"文明"观念正在趋于多元与平等。不同思想流派对于"东方文明"与"西方文明"之间的关系存在不同的意见,但是反对殖民帝国用以支持殖民秩序的一元的、等级性的"文明"观,逐渐成为共识。越来越多的仁人志士主张,需要同时推进国内秩序与国际秩序的重构,而非在被动接受既有国际秩序的前提之下寻求列强的承认。

学术研究如同打仗,总是需要在前人研究的"薄弱环节"做突破,而近代宪法变迁与"文明"观念之间的关系,就是本书找到的一个"薄弱环节"。学界阐述制定和实施成文宪法是政治文明重要标志的文章并不少见,但潜心研究近代历史行动者究竟是如何在涉及立宪的言谈和行动中运用"文明"一词的尝试,仍属凤毛麟角。本书所用的史料,绝大多数不属于稀有史料,但将它们串在一起并加以阐释,则需要一些新的理论思考。本书做出了冲击学术研究"薄弱环节"的尝试,但是否真正有实质性的理论推进,则留待学界同人与广大读者来评价。而本后记的主要使命是为读者了解本书的写作过程和主旨，提供一些粗略的线索。

本书的研究思路，实质上是拙著《万国竞争：康有为与维也纳体系的衰变》的延续。在《万国竞争》的写作过程中，我对"一战"的转折意义形成了清晰的认识：康有为在"一战"之前形成的许多信念，正是在"一战"之中遭到沉重打击，时势迫使他对自己的宪法思想做出重大调整。在后续研究中，我看到更多的近代宪法思想家因为"一战"而改变了自己的论述。由此，可以提炼出这样一种表述：国际体系的变迁重塑了宪法思想，而具有新思想的历史行动者，重塑了战后的宪法变革路径。

在本书的研究过程中，汪晖教授的《世纪的诞生》给予了我很大的启发。汪晖教授指出，真正处于19世纪的中国士大夫们并没有用"世纪"来衡量时间，"世纪"的概念恰恰是在19、20世纪之交兴起的，像梁启超这样的近代中国精英实际上是先有了"20世纪"的概念，进而追溯式地总结"19世纪"的特征。这一论述启发我追问：在法学思想领域，是否存在类似的现象？通过对史料的阅读和梳理，我发现在"一战"结束之后，中国兴起了一个"20世纪之宪法"思潮，而它的推动者就是梁启超以及以其为中心的"研究系"群体。这一发现催生了为本书奠基的论文《发现"二十世纪之宪法"》，发表于《清华法学》2021年第3期。这篇论文可以被视为本书的提纲，既涉及了"一战"之后的新思潮，也涉及了"一战"之前中国知识界、舆论界的主流"文明"观形态与立宪典范。

在写作《万国竞争：康有为与维也纳体系的衰变》之时，我的笔触多次涉及19世纪的"文明等级论"及其国际法载体，但尚未将其作为一本书的核心概念。自从2017年以来，"文明"概念在中国思想界的地位日益上升，当时由邓小南、渠敬东、杨立华教授主持的北京大学人文与社会科学研究院围绕着"文明"概念展开了大量理论探讨，我参与了其中一些讨论，自己也组织了若干围绕着"文明"概念的讨论。[1]在这些讨论之中，问题也逐渐变得更明确：在第一次世界大战前后，"维新变法"、"立宪"乃至"革命"，究竟被赋予了什么样的文明论意义？

本书的主体部分，是在2022年下半年和2023年初完成的。我的写作思路，是将《发现"二十世纪之宪法"》的逻辑论证进一步展开，形成若干章节：第一章讨论19世纪认识"立宪"与"文明"的一般范式；第二章具体探讨立宪派与革命派围绕着日本《明治宪法》的讨论，既总结其差异，也提炼其共同的理论视野；第三章集中讨论第一次世界大战带来的巨大冲击，追溯一系列重要思想人物如何在"一战"过程中改变自己的论述；第四章论述"一战"之后对于宪法的文明论意义的新认识，并总结"一战"所带来的转向对于20世纪中国道路的开拓的巨大意义。

本书的四字标题"铸典宣化"，实为对副标题之意的浓缩表达。近代一些论者认为"谟""典""誓"代表着中国早期的宪法，虽是比附，但也使得本书用"铸典"来指代"立

---

[1] 见《东方学刊》2022年第4期、2023年第1期关于"文明"的专题讨论。

宪",至少有了一点修辞上的根据;"宣化"是今天河北张家口一个区的名字,最早得名于金朝,后在清代被重新启用,具有"宣扬教化"之意,这里的"化",其背景正是中国古代帝制之下的儒家"教化"与"文明"观念。在近代,civilisation被翻译成"文明",但有时候也被翻译成"开化",在西方列强的"文明等级论"中,中国被归为"半文明"或"半开化"国家。"铸典宣化"指向的是近代中国的行动者试图通过立宪提升中国在"文明等级"中的地位的努力。本书试图重构这一努力的历史语境和内在理路,但同时更以百年后的"后见之明"(但也许是"后见之不明"),探讨其历史局限性。

本书既是一部法律/政治思想史的著作,同时也具有"区域国别学"研究的意涵,其主要论述的区域是东亚,但也涉及土耳其、德国等国的立宪经验与思想。近代"区域国别研究"的兴起,本身就与殖民帝国的活动有着密切的关联,而"文明"则是殖民帝国用以建立自身意识形态霸权的"标识性概念"。19世纪的殖民帝国正是根据"文明等级"理论,对广大殖民地与半殖民地进行分类,从而展开其"区域国别研究"的。因而,一种真正具有中国主体性的"区域国别研究",也必然要从如何破除殖民帝国的意识形态霸权开始。而追溯中国如何走出19世纪的主流"文明"观,正是这一工作的重要部分。

"铸典宣化"不仅是对一段历史经历的概括,同时也是对一种政治行为模式的概括。在一个高度不平等的国际秩序中,弱小国家与民族经常按照强国所设定的标准来进行自我改革，以期获得强国的承认。这是一种"应试式"的寻求承认的行为模式。然而寻求承认还有其他的路径，比如在一场生死搏斗中，通过展示自身的意志和能力，使得强者不得不做出让步。这种承认不是"应试式"的，而是"出题式"的，从根本上冲击强者所设定的规则。但采取这样一种路径，从根本上需要弱小国家与民族进行有效的自我组织，而传统社会结构和组织方式，无法产生这样的组织程度的飞跃。因而，在一个高度不平等的国际秩序中，"铸典宣化"的行为模式要远比"出题式"的寻求更高承认的斗争姿势更为普遍，在今日仍然如此。

对于像我这样的心力不足的思考者而言，学术共同体如同空气与水一样不可或缺。本书在写作过程中，获得了汪晖、黄平、王绍光、渠敬东、强世功、杨立华、淡贝宁、王献华、关凯、宋念申、殷之光、田雷、张泰苏、阎小骏、刘晗、昝涛、阎天、左亦鲁、张敏、马建标、陈玉聃、赖骏楠、王锐、罗祎楠、周展安、傅正、邵六益、杨博文、吴双等师友的支持与启发。李西凌、郑涛、李旭、吴应娟等同学参与了本书部分章节的校对工作，在此一并致谢。感谢三联书店编辑钟韵尽心竭力的工作，以及凯风公益基金会、平衡学会对我的学术工作进行的支持。没有各位师友的支持、鼓励乃至催促，本书很可能还只是一场头脑风暴，或者在走向成形的过程中胎死腹中。

我将本书献给亡友刘海波，他经过艰苦卓绝的思想探索，走出了20世纪90年代和21世纪初流行的"铸典宣化"思维模式，力倡中国应当"自成体系，自建光荣"。在今天，他的主张已经获得了广泛接受，而他却已长眠地下，无法看到他的思想在实践中开花结果。本书既是对他的"自成体系，自建光荣"主张的历史阐释，也是一个"接着讲"的探索，既然是探索，就一定会有失误。海波知我，当能原谅其中的错漏。

章永乐

2023年5月11日于燕园